Peter Schallenberg

ETHIK UND EWIGKEIT

Peter Schallenberg

ETHIK UND EWIGKEIT

Wegmarken einer spirituellen Moraltheologie

Ferdinand Schöningh

Umschlagabbildung:
Hiob, Westfalen, 1. Hälfte 16. Jahrhundert,
Holz mit Resten farbiger Fassung, Paderborn, Erzbischöfliches Diözesanmuseum
und Domschatzkammer, Inv.-Nr. SK 830 (Leihgabe aus Privatbesitz)
© Erzbischöfliches Diözesanmuseum und Domschatzkammer, Paderborn
(Foto: Ansgar Hoffmann, Schlangen)

Bibliografische Information der Deutschen Nationalbibliothek

Die Deutsche Nationalbibliothek verzeichnet diese Publikation in der
Deutschen Nationalbibliografie; detaillierte bibliografische Daten sind im Internet
über http://dnb.d-nb.de abrufbar.

Alle Rechte vorbehalten. Dieses Werk sowie einzelne Teile desselben sind
urheberrechtlich geschützt. Jede Verwertung in anderen als den gesetzlich
zugelassenen Fällen ist ohne vorherige schriftliche Zustimmung
des Verlags nicht zulässig.

© 2016 Ferdinand Schöningh, Paderborn
(Verlag Ferdinand Schöningh GmbH & Co. KG, Jühenplatz 1,
D-33098 Paderborn)

Internet: www.schoeningh.de

Einbandgestaltung: Anna Braungart, Tübingen
Printed in Germany
Herstellung: Ferdinand Schöningh GmbH & Co. KG, Paderborn

ISBN 978-3-506-78438-4

INHALT

Gott und Ewigkeit:
Spiritualität der Moraltheologie 9

Urbild und Sünde:
Die Spuren von Adam und Eva 11

Bekehrung und Heilung:
Der Weg des verlorenen Sohnes 27

Staat und Sakrament:
Zwei Reiche bei Augustinus 49

Liebe und Sexualität:
Moralischer Fortschritt als Erbe des Augustinus 65

Armut und Barmherzigkeit:
Päpstliche Revolution und Franziskanische Reform 93

Utopie und neue Welt:
Das Menschenbild der Renaissance 121

Indifferenz und Entscheidung:
Das Leben als Übung bei Ignatius von Loyola 133

Narziss und Gottesfreund:
Zwei Möglichkeiten des Menschen seit Franz von Sales 147

Ausblick:
Mystik und Moral 161

Literaturverzeichnis 165

Personenregister 187

Der die Welt erfuhr,
faltig und ergraut,
Narb an Narbenspur,
auf gefurchter Haut,
den die Not gehetzt,
den der Dämon trieb –
sage, was zuletzt
Dir verblieb.
Was aus Schmerzen kam,
war Vorübergang.
Und mein Ohr vernahm
Nichts als Lobgesang.

(W. Bergengruen, Frage und Antwort, letztes Gedicht).

*Herzlich danke ich für alle Hilfe
meinem Lektor Dr. Hans J. Jacobs vom Schöningh-Verlag,
sowie Johannes Duwe, Patrick Kaesberg, Jonas Klur,
Benedikt Kossmann, Christoph Krauß und Marius Menke,
sowie Prälat Franz Xaver Brandmayr
und der Gemeinschaft im Collegio dell' Anima!*

GOTT UND EWIGKEIT:
SPIRITUALITÄT DER MORALTHEOLOGIE

Von Gott und seiner Ewigkeit soll in den folgenden Überlegungen die Rede sein, und dies mit Hilfe einiger Wegmarken aus der Geschichte der christlichen Spiritualität. Anspruch auf Vollständigkeit wird dabei keineswegs erhoben, ein Panorama soll angedeutet und skizziert werden, das nach Belieben erweitert und ergänzt werden kann und soll. Es geht um die Eigenart der Moraltheologie als theologischer Ethik und damit nochmals unterschieden von philosophischer Ethik. Es geht mithin um die Eigenart einer Theologie, die nach der Relevanz Gottes für das Handeln des Menschen fragt. Damit wird aber zugleich nach der Relevanz der Ewigkeit Gottes für die Zeitlichkeit des Menschen gefragt: Welche Bedeutung hat diese Ewigkeit der Liebe Gottes, auf die eine begrenzte Zeit des Menschen zuläuft?

> „Soweit heute überhaupt noch von Ewigkeit die Rede ist, wird der Begriff oft im Sinne unendlicher, das heißt niemals endender Dauer gebraucht. (...) Dem vulgären Verständnis gemäß handelt es sich bei der Ewigkeit um eine niemals endende zeitliche Dauer. Das Mittelalter kannte diesen Begriff von Ewigkeit als *sempiternitas* und unterschied ihn von der nicht-durativen, göttlichen *aeternitas*."[1]

Wenn Gottes Wirklichkeit als Ewigkeit wirklicher ist als unsere wirkliche Welt der Zeitlichkeit, dann muss diese Wirklichkeit Auswirkung haben für die theologische Ethik, die von Gottes Offenbarung in Jesus Christus aus denkt. Dies umso mehr, als doch sogar philosophische und politische Ethik und jede Form von politischer Theologie bis in die säkulare Moderne hinein vom Begriff einer gedachten Ewigkeit nicht Abstand nehmen kann.[2]

---

[1] Sebastian Ostritsch, Welche Ewigkeit wir weder wirklich wollen noch wirklich denken können, in: Zeitschrift für philosophische Forschung 69(2015)306-325, hier 306f. mit Verweis auf die Unterscheidung bei Boethius, De trinitate; vgl. Brian Leftow, Time and Eternity, Ithaca / London 2009.

[2] Vgl. Hendrik Klinge, Politische Ethik sub specie aeternitatis, Überlegungen zum Verhältnis von Eschatologie und politischer Theologie im 20. Jahrhundert, in: Marie-Christine Kajewski / Jürgen Manemann (Hgg.), Politische Theologie und Politische Philosophie, Baden-Baden 2016, 175-189.

Noch etwas kommt hinzu: Das Nachdenken über die praktische Relevanz Gottes und seine Ewigkeit findet in einer säkularen Zeit statt, Ewigkeit muss doppelt übersetzt werden und ist dem beständigen Zweifel ausgesetzt:

> „Unsere Welt ist geistig eine säkulare Welt, und zwar genau deshalb, weil sie eine Welt des Zweifels ist. Wenn wir die Säkularität wirklich ernsthaft beseitigen wollten, müßten wir die moderne Wissenschaft und die durch sie herbeigeführte Veränderung der Welt eliminieren. Die moderne Wissenschaft gründet sich auf eine Philosophie des Zweifels, im Unterschied zur antiken Wissenschaft, die auf einer Philosophie des *thaumazein*, des Staunens über das, was ist, wie es ist, basiert. Anstatt über die Wunder des Universums, die sich in ihrer Erscheinung den menschlichen Sinnen und der menschlichen Vernunft offenbaren, zu staunen, begannen wir zu argwöhnen, die Dinge könnten nicht sein, was sie schienen."[3]

Dieser Zweifel über Gottes Gegenwart im eigenen Leben ist der berühmte Zweifel des alttestamentlichen Hiob an Gott und dessen Gutheit; in dieser Sicht ist Hiob in der Tat das Sinnbild des säkularen Menschen, der dennoch Gott zu denken versucht; dies geschieht mehr denn je in der Verzweiflung über das Böse und dessen Widerspruch zu Gott.

Da es bei diesem Versuch, Gott und seine gute Ewigkeit angesichts des Bösen und dessen zeitlicher Mächtigkeit zu denken, Vorgänger in der spirituellen Tradition der christlichen Theologie gibt, sollen einige dieser Versuche angeschaut und nachgedacht werden.[4] So könnten Wegmarken einer spirituellen Moraltheologie in den Blick kommen, die Anleitung zu einem vor Gott gelungenen Leben geben.

---

[3] Hannah Arendt, Zwischen Vergangenheit und Zukunft. Übungen im politischen Denken I, München 2015, 306.
[4] Vgl. Gerhard Kaiser / Hans-Peter Mathys, Il libro di Giobbe: poesia come teologia, Brescia 2015; Philippe Nemo, Job et l'excès du mal, Paris 2001.

URBILD UND SÜNDE:
DIE SPUREN VON ADAM UND EVA

Das Bild vom Menschen im Alten Testament könnte skizziert werden unter der umfassenden Frage: Wie kann das menschliche Leben glücken? Oder kürzer noch: Wie kann und soll der Mensch leben? So leben, damit er richtig lebt? Denn – und dies ist die dahinter stehende Überzeugung – dem Menschen ist es, anders als den Tieren und Pflanzen, nicht von der Natur einfach vorgeben, wie er richtig zu leben hat. Vielmehr muss die Frage bedacht werden: Wie lebt der Mensch gut, damit er richtig lebt? Damit ist von Anfang an, ausweislich der beiden biblischen Schöpfungsberichte im Buch Genesis, die ethische Frage berührt; richtiges Leben verbliebe im Raum der Technik, wenn nicht dahinter die Frage nach dem guten Leben und damit der Raum der Ethik aufleuchten würde.

Die Frage der Ethik lautet dann: Wie wird der Mensch zum Menschen? Wie kann er wirklich und wahrhaftig menschlich leben? Wie unterscheidet er sich von anderen Lebewesen? Summarisch gefragt: Was ist der Weg zum Leben? Und die Antwort darauf kann in der Sicht des Alten Testamentes nur lauten: Der Mensch wird zum lebendigen Menschen in der Verbindung mit Gott, dem Schöpfer. Für diese elementar wichtige Verbindung steht ganz am Anfang der alttestamentlichen Überlieferung das Bild des Gartens, das so genannte Paradies. Doch zunächst noch ein Blick auf das geglückte Leben des Menschen: Der Mensch glückt nur, wenn er in geglückter Beziehung lebt.

> „Leben heißt im alttestamentlichen Sinn vor allem in Beziehung stehen. Es gibt keine Welt ohne Gott und keine Welt ohne die Anderen. Der Mensch ist eingebunden in Konstellationen, in eine sich in konzentrischen Kreisen erweiternde Gemeinschaft beginnend bei der eigenen Familie, über die Großfamilie und Sippe zum Stamm oder Volk bis hin zum Ganzen des Menschengeschlechts."[1]

---

[1] Christian Frevel, Wie Tau aus dem Schoß des Morgenrots. Zur Würde des Menschen nach dem Alten Testament, in: Internationale Katholische Zeitschrift Communio 36(2006)120-131, hier 122.

Die moderne Vorstellung eines Individuums liegt hier ganz fern. Die Einbindung des Menschen – vornehmlich übrigens des Mannes; der Frau insofern sie zum Mann und von ihm über die Schwelle ihres neuen Hauses und ihrer neuen Sippe getragen wurde – in Sippe und Familie gilt als vollkommen selbstverständlich und macht den Menschen erst zum Menschen. Hier auch beginnt erst das moralische Leben im eigentlichen Sinn.

> „Die Abgrenzung des Familienbereichs wurde nicht nur als physische, sondern auch als moralische Trennungslinie verstanden. Außerhalb dieser Grenze waren Fremde und Feinde. Wobei zwischen diesen beiden Gruppen nicht klar unterschieden wurde. Anfangs zumindest billigte man Personen außerhalb des Familienkreises nicht die gleichen Eigenschaften zu wie denen innerhalb des Kreises. Man erkannte kein gemeinsames Menschentum an, was sich zum Beispiel in der Praxis der Sklaverei äußerte."[2]

Menschliches Leben wird demnach nicht zuerst als Individualität und Subjektivität verstanden, sondern als Sozialität. Erst sehr spät, in der europäischen Renaissance und vollendet in der französischen Aufklärung und bei Jean-Jacques Rousseau, entfaltet sich der moderne und heute vertraute Begriff einer radikalen Individualität.[3]

So versteht sich auch der hebräische Begriff von Person, der zur Grundlage des modernen Personbegriffs geworden ist:

> „Dem griech. *prosopon*, das im Lateinischen als *persona* wiedergegeben ist, entspricht im Hebräischen zunächst wörtlich *panim*, was soviel wie Gesicht, Vorderseite oder die dem Gegenüber zugewandte Seite meint und manchmal für den Einzelnen bzw. die Person steht (Lev 19,15.32) Zum Menschsein gehört das Hineintreten in eine Beziehung zum Gegenüber."[4]

Die ursprüngliche Beziehung der Gottebenbildlichkeit des Menschen begründet gerade seine einzigartige Würde. Der Mensch ist ohne die Beziehung und ohne die Anschauung Gottes nicht zu verstehen. „In der Situation ‚vor Gott' (coram deo) ereignet sich

---

[2] Larry Siedentop, Die Erfindung des Individuums. Der Liberalismus und die westliche Welt, Stuttgart 2015, 24.
[3] Vgl. Paul Yonnet, La ritirata della morte. L'avvento dell' uomo contemporaneo, S. Maria Capua Vetere 2011, 231-256 (L'individualismo radicale. Jean-Jacques Rousseau).
[4] Christian Frevel, Wie Tau aus dem Schoß des Morgenrots, aaO, 123.

also nach alttestamentlichem Zeugnis die Menschwerdung des Menschen."⁵

Worin besteht also das wahre Glück des Menschen? In der geglückten, weil vollkommenen und nicht bezweifelbaren Gemeinschaft mit Gott (dem Schöpfer) und den Mitmenschen (den Mitgeschöpfen). Für diese vollkommene Gemeinschaft steht das biblische Bild des Gartens Eden, der in der griechischen und lateinischen Tradition auch Paradies heißt.⁶ Das Wort leitet sich ab von zwei altpersischen Begriffen und wandert durch Xenophon vermittelt und mit *paradeisos* übersetzt als Lehnwort in die griechische Sprache: *para daeza* heißt wörtlich „Ziegel herum" und bezeichnet damit eine ummauerte Oase in der Wüste, einen Garten, dessen Mauern das üppig sprießende Grün und die lebensspendende Quelle der Oase vor der todbringenden Versandung schützen. Das hebräische Wort *pardes* wiederum stammt aus der persischen Sprache und bedeutet so viel wie Obstgarten. Das biblische Paradies heißt auf Hebräisch *gan eden*, auf lateinisch *hortus deliciarum*, immer steht die Bedeutung des fruchtbaren Gartens im Vordergrund. Eine bedeutende jüdische Tradition hat das jüdische Paradies auf dem Tempelberg, dem Berg Moriah, angesiedelt, in späteren Zeiten längs des Jordantales, entweder in Jericho oder in Bet Schean.⁷ Die Aussage ist klar: Das wirklich Gute und die Quelle des Lebens sind stets gefährdet und müssen durch eine Kultur der Achtsamkeit geschützt und bewacht werden.

In der abendländischen Kunst ist dieses Motiv fortgeführt und entfaltet worden. Zu denken ist an das berühmte Fresko in der Unterkirche der Basilika S. Francesco in Assisi: Über dem Vierungsaltar werden in den Gewölbezwickeln die drei göttlichen Tugenden Glaube, Hoffnung, Liebe dargestellt und ergänzt im vierten Zwickel durch die Tugend der Keuschheit. Diese zeigt sich dem Betrachter als junge, schöne Frau, die in einem *castrum*, also

---

⁵ Bernd Janowski, Der Mensch im alten Israel. Grundfragen alttestamentlicher Anthropologie, in: Zeitschrift für Theologie und Kirche 101(2005)143-175, hier 173.
⁶ Vgl. Odil Hannes Steck, Die Paradieserzählung. Eine Auslegung von Gen 2,4b-3,24 (Bst 60) Neukirchen-Vluyn 1970.
⁷ Vgl. Alessandro Scafi, Mapping Paradise – A History of Heaven on Earth, London 2006; vgl. Manfred Görg, Beobachtungen zu den biblischen Bildern vom „Garten (in) Eden", in: Münchner Theologische Zeitschrift 63(2012)98-108; Hans-Georg Gradl, Echos aus Eden. Die Vorstellung und Botschaft vom Paradies im Neuen Testament, in: ebd. 122-133.

einer Burg oder einem Kastell, als *castitas* geschützt und bewacht lebt. In der deutschen Sprache wird daraus die Keuschheit, abgeleitet vom lateinischen Adjektiv *conscius,* was zunächst nicht mehr bedeutet als „bewusst" oder „wissend". Was damit gemeint ist, erschließt sich schnell: Der Mensch muss sich der inneren Gefährdung seines Lebens, der drohenden Versandung und Verödung seiner inneren Quellen bewusst sein und er muss wissen um die Gegenmittel, um Mauern und Wälle zur Abwehr tödlicher Sandstürme. Positiv ausgedrückt: Die innere Quelle, aus der jeder Mensch lebt, ist die Beziehung zum geliebten Mitmenschen, ist letztlich – in biblischer Sicht – die Beziehung zum geliebten Gott. Die Quelle ist die unbezweifelbare Gewissheit und Sicherheit der Liebe Gottes. Wenn der Mensch an den letzten Sinn seines Lebens glauben will und sogar auf die Vollendung in der Ewigkeit der Liebe Gottes hofft, dann muss er in Liebe leben. Und das gelingt nicht in dumpfer, bloß instinktgesteuerter Gedankenlosigkeit, sondern nur in bewusster Anspannung und Anstrengung des Geistes und des Denkens.

Schöpfung und Fall des Menschen gruppieren sich im Buch Genesis 2-3 um einen Baum: In der Mitte des alttestamentlichen Gartens steht der Baum schlechthin. Eigentlich, und das ist zunächst etwas rätselhaft, ist von zwei Bäumen die Rede: der Baum der Erkenntnis von Gut und Böse und der Baum des Lebens.[8]

> „Gab es einen oder zwei Paradiesesbäume? Gemäß Genesis 2,9 schuf Gott den Baum des Lebens mitten im Garten und den Baum der Erkenntnis. Demnach waren es zwei. Da aber dann laut Genesis 3,3 der Baum der Erkenntnis mitten im Garten steht, scheinen die Bäume identisch zu sein. Nur ein einziger Baum steht im Mittelpunkt. (...) So scheint die ursprüngliche Form der Geschichte nur einen, den Baum der Erkenntnis, gekannt zu haben, der zum Baum des Todes wurde und dem ein Baum des Lebens beigesellt wurde, ohne daß die Verbindung ganz geglückt wäre."[9]

Andere Exegeten scheinen diese Deutung zu unterstützen: Der Baum steht als Symbol des Lebens und der Fruchtbarkeit, er repräsentiert die Sphäre des übermenschlichen Lebens, von dessen Un-

---

[8] Vgl. Henrik Pfeiffer, Der Baum in der Mitte des Gartens. Zum überlieferungsgeschichtlichen Ursprung der Paradieserzählung (Gen 2,4b-3,24), Teil I: Analyse, in: Zeitschrift für alttestamentliche Wissenschaft 112(2000)487-500; Teil II: Prägende Traditionen und theologische Akzente, in: ebd. 113(2001)2-16.
[9] Alexander Demandt, Über allen Wipfeln. Der Baum in der Kulturgeschichte, Köln 2002, 23.

berührtheit das menschliche Leben buchstäblich abhängt. Er ist, anders gesagt, ein Tabu, ein archaisches Gottessymbol schlechthin. Die Mitte ist der Ursprung und das Leben: Es ist der „Baum in der Mitte des Gartens, was überlieferungsgeschichtlich das Ursprüngliche sein dürfte und intentional wohl den Lebensbaum meint."[10] An diesem Lebensbaum entscheidet sich das Glück des Menschen und in der Erzähltradition des Buches Genesis zerschellen Adam und Eva am Holz jenes Baumes, verfallen der Ursünde und begründen damit das, was der christliche Glaube etwas missverständlich „Erbsünde" nennt. Schöpfung und Sündenfall werden in einer Einheit gesehen.[11] Was war geschehen? Das Böse, verstanden als lebensfeindliche Macht, als todbringender Sandsturm, war in den Garten eingebrochen, besser: hineingetragen, besser: hineingedacht worden. Es kam nicht von außen, sondern gleichsam als fünfte Kolonne von innen, aus der schlummernden Möglichkeit des Menschen.

Wiederum bietet die biblische Überlieferung ein Bild, diesmal die Schlange[12], verbunden mit dem fruchtbringenden Baum in der Mitte, der nicht angerührt werden soll. Gemäß der Erzählung vom Sündenfall im Buch Genesis könnte man so formulieren: Das Böse entsteht aus einer urplötzlich geweckten menschlichen Möglichkeit, aus einer Verführbarkeit zum Zweifel, ausgelöst durch die Schlange. Diese beginnt in der biblischen Erzählung ihr Verführungswerk mit einer suggestiven Lüge:

> „Die Schlange war listiger als alle Tiere des Feldes, die Gott, der Herr, gemacht hatte. Sie sprach zu der Frau: Hat Gott wirklich gesagt: Ihr dürft nicht von allen Bäumen des Gartens essen? Die Frau antwortete der Schlange: Von den Früchten der Bäume dürfen wir essen. Nur von den Früchten des Baumes, der mitten im Garten steht, hat Gott gesagt: Ihr sollt nicht davon essen und nicht daran rühren, damit ihr nicht sterbt. Darauf sprach die Schlange zu der Frau: Keineswegs, ihr werdet nicht sterben. Vielmehr weiß Gott, daß an dem Tag, da ihr davon esst, euch die Augen aufgehen und ihr sein werdet wie Götter, die Gutes und Böses erkennen. Die Frau

---

[10] Friedhelm Hartenstein, „Und sie erkannten, dass sie nackt waren..." (Gen 3,7). Beobachtungen zur Anthropologie der Paradieserzählung, in: Evangelische Theologie 65(2005)277-293, hier 285.
[11] Vgl. Christoph Dohmen, Schöpfung und Tod. Die Entfaltung theologischer und anthropologischer Konzeptionen in Gen 2/3, (SBB 35) Stuttgart 1996.
[12] Vgl. Martina Martinek, Wie die Schlange zum Teufel wurde. Die Symbolik in der Paradiesgeschichte von der hebräischen Bibel bis zum Koran (StOR 37) Wiesbaden 1996.

sah, daß von dem Baum gut zu essen wäre, er lieblich anzusehen war und es begehrenswert wäre, Einsicht zu gewinnen. Und sie nahm von seiner Frucht und aß und gab davon auch ihrem Mann, der bei ihr war und aß. Nun gingen beiden die Augen auf und sie erkannten, daß sie nackt waren."[13]

Das Böse ist demnach keine eigenständige Gegenmacht zu Gott, es ist ein Teil der Schöpfung und eine von Gott zugelassene Möglichkeit des Menschen, eine schlummernde Frage im Geist und im Herzen des Menschen: Ist dieses mein Leben und ist dieser mein Mitmensch wirklich das Beste und das Paradies? Der Zweifel am Sinn des Lebens erscheint „lieblich" und zur höheren Einsicht in den Sinn des Lebens führend. Diese Einsicht aber führt nicht weiter als zur Einsicht der Nacktheit: Einerseits von Natur aus schutzlos und andererseits der schützenden Kultur bedürftig. Das Böse ist ein Teil der menschlichen Freiheit: Freiheit zum Zweifel, zum Nein, ja auch zur Verzweiflung. Freiheit, um bezweifeln zu können, dass dieser Garten und dieser Gott wirklich das Beste sei – damit ist der Tod dieser ursprünglich von Gott als geglückt gedachten Beziehung unwiderruflich eingeläutet. Es fällt nicht allzu schwer, den Bogen zu spannen vom Anfang der alttestamentlichen Heils- und Sündengeschichte bis zum Ende, zum Anfang des Buches Maleachi und zu dessen berühmten kurzen Dialog zwischen Jahwe und dem Volk Israel: „Ich liebe Euch, spricht der Herr, ihr aber sagt: Woran zeigt sich deine Liebe?"[14]

Der Exeget Claus Westermann unterstreicht markant im Blick auf das Böse und seinen Ursprung:

> „Das Böse oder die Kraft der Verführung, von der Genesis 3 spricht, muss ein menschheitliches Phänomen sein, ebenso wie die Sünde des Menschen, die Übertretung. Adam steht in Gn 2-3 in gar keiner Weise für Israel, Adam repräsentiert die Menschheit. Damit, daß in Kap. 3 J die Menschen durch die kluge Schlange, ein Geschöpf Gottes, verführt werden läßt, bringt er zum Ausdruck, daß es nicht möglich ist, die Herkunft des Bösen zu erkennen. Es bleibt bei der schroffen Aporie, daß Gott das Wesen geschaffen hat, das den Menschen zum Ungehorsam verführt; das Böse bleibt in seiner Herkunft absolut rätselhaft."[15]

---

[13] Gen 3, 1-7.
[14] Mal 1,2.
[15] Claus Westermann, Genesis. 1. Teilband Genesis 1-11, Neukirchen-Vluyn 1983, 325.

Schärfer formuliert könnte es heißen: Gott hat den Menschen als Wesen geschaffen, das sich selbst zum Ungehorsam – besser: zum zweifelnden Hören – verführt. Der Ursprung des Bösen[16] hat mit dem Innersten des Menschen zu tun, mit seiner innersten Existenz, mit seinen letzten Fragen nach dem Ziel und dem Sinn des Lebens und nach der tieferen Bedeutung des bloßen Überlebens, kurz: mit dem Wunsch nach der Erkenntnis von Gut und Böse im Sinne von lebenszuträglichen und lebensfeindlichen Gütern. Vielleicht ist die Schlange auch als Hinweis auf eine animalische Verführbarkeit des Menschen hin zu einer bloßen Bedürfnisbefriedigung zu verstehen: Es läge dann im Wesen des Menschen, sich mit Zufriedenheit statt mit Glück zu sättigen. Jedenfalls soll der Ursprung des Bösen nicht wie etwa im babylonischen Dualismus erklärt werden, sondern im Blick auf den Menschen und seine Möglichkeit zum Zweifel an Gottes Liebe.

> „Vom ‚Anfang' her gibt es in der Welt kein Böses. Alles, was Gott geschaffen und geordnet hat, ist gut. Erst der Mensch hat das Böse auf die Erde gebracht, und nicht aus dem Zwang mythischer Notwendigkeiten heraus, sondern weil er so wollte. Das Böse bildet kein Prinzip dieser Welt."[17]

Und noch schärfer kann aus der Sicht der Schöpfungserzählungen das Böse als Auflehnung gegen Gott und seine geschenkte Güte charakterisiert werden:

> „Im Tiefsten des Menschenherzens, neben der Sehnsucht nach dem ewigen Ursprung, aus welchem das Geschöpf kommt, und in dem allein Fülle ist, schlummert auch der Widerstand gegen den gleichen Gott, die Urgestalt der Sünde, und wartet auf die Gelegenheit."[18]

Diese grundsätzliche Möglichkeit des Menschen, sich ohne Gott abzufinden und sich mit vegetierender Zufriedenheit zu arrangieren, war ganz am Anfang der Menschheit Wirklichkeit geworden. Demgegenüber – so der theologische Gedanke hinter der Paradieserzählung – wollte und will Gott diese unglückliche Freiheit des

---

[16] Vgl. Willibald Sandler, Wie kommt das Böse in die Welt? Zur Logik der Sündenfallerzählung, in: Josef Niewiadomski / Nikolaus Wandinger (Hgg.), Dramatische Theologie im Gespräch, Münster 2003, 127-153.
[17] Romano Guardini, Der Anfang aller Dinge. Meditationen über Genesis Kapitel 1-3, Mainz 1987, 30; vgl. auch Ulrich Berner, Auslegung der Genesis im Spannungsfeld zwischen Monotheismus und Dualismus, in: Erwin Sedlmayr (Hg.), Schlüsselworte der Genesis II, Berlin 1997, 279-294.
[18] Romano Guardini, Der Herr (1937), Würzburg 1951, 49.

Menschen zur Selbstverneinung und Selbstvernichtung begrenzen und ummauern. Da dies nicht gelang, war der Weg aus dem ummauerten Garten unausweichlich. Elaine Pagels hat darauf hingewiesen, dass die scharfe Profilierung einer negativen Anthropologie mit der Betonung der erbsündlichen Veranlagung des Menschen erst in nachkonstantinischer Zeit entfaltet wurde, um eine starke politische äußere Gewalt zu rechtfertigen, wohingegen vorkonstantinisch eher eine positive Anthropologie geherrscht habe.[19] Dies mag sein, ändert aber doch nichts am Befund, die Möglichkeit der Sünde und des Bösen – immer verstanden nicht als äußeren Verstoß gegen ein Gesetz, sondern als inneren Selbstwiderspruch – im Menschen selbst zu verorten: Hier nimmt das Verhängnis des inneren Todes seinen Anfang.

Gott ist die Liebe, absolute Notwendigkeit und Schöpfer der Notwendigkeit des Menschen. Das Böse ist die Zufälligkeit; es kommt in den Blick durch den Zweifel an der Notwendigkeit Gottes und an der Zusage dieser Notwendigkeit, die sich Liebe nennt. Wer sagt „Ich liebe Dich!", der sagt letztlich „Du bist unbedingt notwendig!" – eine für ein endliches, begrenztes und relatives Wesen wie den Menschen immer nur konjunktivische und im Modus des Wunsches gültige Aussage. Wer zum anderen Menschen sagt: „Du bist unbedingt notwendig!", der sagt implizit: „Es müßte ein unbedingtes Wesen geben, gleichsam als personale Garantie dieser ansonsten unsinnigen Aussage!" Wer unbedingt lieben will, der behauptet letztlich Gott. Aber umgekehrt verlangt die Zusage unbedingter Liebe ein unbedingtes Vertrauen, sonst läuft sie ins Leere. In dieser Sicht beansprucht Gott in den biblischen Schöpfungserzählungen das vollkommene Vertrauen des Menschen und will daher dem überprüfenden Vergleichen zwischen Gut und Besser und Böse wehren. Als dies nicht gelingt, ist der Raum unbedingter Liebe aufgesprengt. Denn die Erkenntnis der vollkommen genügenden Liebe einer Person, sei es eines Gottes oder eines Menschen, gelingt niemals im Vergleich und immer nur im abgrundtiefen Vertrauen ohne den Hauch eines Beweises. Ein solcher Glaube ist eine Leistung der Freiheit und des Geistes des Menschen, der in der Lage ist, sich ohne evaluierende Überprüfung und im Vorgriff auf eine durchaus ungewisse Zukunft zu binden. In dieser Sicht sollte das Verbot Gottes die menschliche Freiheit heilsam begren-

---

[19] Vgl. Elaine Pagels, Adam, Eve, and the Serpent, New York 1988, 98-126 (The Politics of Paradise).

zen; dies Verbot beanspruchte zugleich das Zutrauen und Vertrauen des Menschen. Es ist von Gott aus Zutrauen und Zumutung zugleich und daher kein äußeres Verbot, das äußerlichen Gehorsam verlangen würde, sondern ein personaler Aufruf zu Treue und Mut.

> „Das Gebot eröffnet somit eine Möglichkeit, sich zu dem Gebietenden zu verhalten. Es wird dem Menschen in diesem Gebot etwas zugetraut, er wird in einen Raum der Freiheit gestellt, die das Tier nicht hat, es ist keine Einengung, sondern eine Erweiterung seiner Existenzmöglichkeiten."[20]

Was den Menschen vom Tier unterscheidet, ist seine Freiheit, so sagen wir landläufig. Wir meinen damit nicht eine Freiheit des naturalen (oder biologischen Bereichs), etwa die Freiheit zu atmen oder zu verdauen, ja nicht einmal die Freiheit, beleidigt zu sein. All dies geschieht zunächst zwangsläufig und von Natur aus. Wir meinen vielmehr eine moralische Freiheit, also etwa die freie Entscheidung, im Zustand der Kränkung zu verharren oder ihn zu überwinden. Letztlich ist das geistige Reich des freien Willens gemeint, uns selbst zum Guten zu bestimmen. Das erste Gut aber, zu dem sich der Mensch bestimmen muss und soll – der erste Schritt sozusagen der Lebenstüchtigkeit –, ist das Gut des Lebens, des Da-seins, und zwar des eigenen und des fremden Da-seins. Die erste moralische Haltung des Menschen ist das Ja zum Leben, das er sich nicht selbst ausgesucht und ausgewählt hat. Es ist ein nachgesprochenes Ja zu sich selbst und zum Mitmenschen, das man im Vertrauen auf das Ja-Wort der Eltern und – so die Überzeugung am Anfang des Buches Genesis – auf Gott spricht. Man soll und muss vertrauen, dass dieses Leben und dieser Lebensraum für mich selbst das Beste bedeutet: genau das meint im Kern Schöpfung und genau das ermöglicht erst eigenständiges und selbstbewusstes Leben. Man soll und muss glauben, dass man selbst und gleichermaßen jede andere menschliche Person unbedingt notwendig ist, da unbedingt geliebt. Das ist höchste Zumutung und höchste Anforderung. Diese Notwendigkeit heißt in biblischer Sprache „Schöpfung"; in christlicher Tradition ist von Liebe die Rede. Gott selbst ist nach der berühmten kurzen Definition des ersten Johannesbriefes die Liebe, und das heißt ganz nüchtern: Gott existiert in reiner Notwendigkeit. „Actus purus" nennt das die scholastische Theolo-

---

[20] Claus Westermann, Genesis, aaO, 304.

gie seit Thomas von Aquin und meint die Tatsache reiner Wirklichkeit, ohne die Möglichkeit des Nicht-Seins. Und diese Person der vollkommenen Notwendigkeit will und schafft die Notwendigkeit des Menschen – das meint Schöpfung, sowohl als Erschaffung des ersten Menschen wie auch als Erschaffung eines jeden Menschen seither, von dem die Theologie behauptet, er bekomme zum Zeitpunkt der biogenetischen Individuation von Gott seine individuelle Geistseele verliehen.

Liebe ist Gottes Wesen: Liebe als Ja zu sich selbst und Liebe als Ja zum Menschen. Und es ist seine Zumutung an den Menschen, dieses göttliche Wesen zu empfangen durch göttliche Ansprache: das meint Gottebenbildlichkeit.[21] Diese Ebenbildlichkeit Gottes als Vertrauen in das Beste des eigenen Daseins und in das Beste des Daseins des anderen Menschen zu leben, bildet den ersten Raum der menschlichen Freiheit. Von hier erwächst die Möglichkeit, ein freies Ja zu sprechen zur vorgegebenen Tatsache des eigenen und des fremden Lebens. Erst wenn dies freie Ja gelingt, eröffnet sich der zweite Raum der menschlichen Freiheit, nämlich das freie Wählen und Vergleichen und Entscheiden. Daher spricht Claus Westermann zu Recht von einer „Erweiterung der Existenzmöglichkeiten", die durch das göttliche Verbot, den Baum der Erkenntnis von Gut und Böse zu berühren, gegeben werden sollte: Wer Gott und die eigene Person in die Abwägung von Gut und Besser und Schlechter bringen will, scheitert notwendig. Man kann nicht über sich selbst und über andere Menschen im Modus des Vergleiches entscheiden und man kann erst recht nicht bewertend vergleichen. Man muss vielmehr im Modus der Gabe von Seiten eines absoluten und unbezweifelbaren Gottes sich und andere zunächst bedingungslos annehmen – dann erst gelingt Existenz und Wahl und Entscheidung. Sünde als Leben im Bösen hieße dann: Die unbezweifelbare Tatsache des Lebens als gut zu bezweifeln und diesen Zweifel aggressiv in destruktives Verhalten umzusetzen.

Noch einmal kann an den Baum der Erkenntnis von Gut und Böse gedacht werden: Dieser Baum, dessen Wahlmöglichkeit Gott als reine Gutheit und reine Wirklichkeit nicht kennt, symbolisiert

---

[21] Vgl. Johannes Thon, Adams Sprache und die Stimme Gottes: Der Zusammenhang von Sprache und Gottebenbildlichkeit in der Urgeschichte, in: Jürgen Tubach u.a. (Hgg.), Sehnsucht nach dem Paradies. Paradiesvorstellungen in Judentum, Christentum, Manichäismus und Islam, Wiesbaden 2010, 49-59.

die eigentümliche Verschattung der menschlichen Existenz: Der Mensch, so die Quintessenz der beiden biblischen Schöpfungsberichte, hat die von Gott zugelassene Möglichkeit, aus der ersten existenziellen Freiheit zum höchsten Gut, nämlich zum Ja zum Dasein, herauszufallen. Er kann bezweifeln, dies – nämlich Gott – sei wirklich das höchste Gut. Er kann diesen seitdem nagenden Zweifel an der unbedingten Notwendigkeit des Lebens durch den Vergleich mit anderen Gütern und den gierigen Konsum dieser vergänglichen Güter stillen wollen. Im Hintergrund steht also der Gedanke, der Mensch sei das Wesen der doppelten Freiheit: einer existenziellen Freiheit zum Guten (als Ja zum geschenkten Dasein) und einer auswählenden und vergleichenden Freiheit (als Entscheidung für unterschiedliche Optionen). Und die scheinbare Grenzsetzung des göttlichen Verbotes erweist sich aus biblischer und theologischer Sicht als erste und notwendige Festsetzung der menschlichen Freiheit zum Guten. Fast gleicht dies, rein philosophisch betrachtet, einem existenziellen Taschenspielertrick: an den unbeweisbaren und unsichtbaren Gott zu glauben und damit der erdrückenden Beweislast der Notwendigkeit jeder menschlichen Person zu entgehen.

Adam – der Mensch schlechthin – wusste ursprünglich, besser: er wusste idealerweise nichts von der fundamentalen Möglichkeit, sein Leben zu verfehlen. Natürlich sind Adam und Eva kollektive Persönlichkeiten; was von beiden ausgesagt wird, ist vom Menschen gesagt in seiner gebrochenen Daseinsbewältigung. Im Hintergrund steht die semitische Vorstellung von der Korporativpersönlichkeit: Wir alle sind Adam. Dann aber muss Erneuerung als Rückkehr zum Eigentlichen gedacht werden; Adam ist keinesfalls der Eigenname des ersten *homo sapiens*; die biblische Aussage ist metaphysisch und nicht biogenetisch gemeint. „Nicht war Adam der unbeholfene Beginn späterer Hochentwicklung, sondern die Menschheit galt als die defiziente Nachahmung der Urform des Menschen, die aus Gottes Hand gekommen ist. Die Erstform war vollkommen."[22] Das irdische Leben, so die biblische und christliche Überzeugung, ist durchaus verschieden vom Idealzustand; das ideale glanzvolle Abbild Gottes leuchtet nur noch schwach in der Realität auf. Dies wird ausgedrückt mit dem doppelten Begriff von Ursünde und Erbsünde. Sünde ist hier, im Vergleich zu unserer

---

[22] Kurt Flasch, Eva und Adam. Wandlungen eines Mythos, München 2004, 57.

alltäglichen Verwendung des Begriffs, analog gemeint: Gedacht ist an ein im Menschen faktisch liegendes Defizit der Daseinsbewältigung.

Ein solcher Mangel an Gewissheit über sich selbst und die Gutheit des Daseins ist Gott unbekannt und sollte – eigentlich, der Idee nach und als idealer Garten gedacht – dem Mensch als Gottes Abbild durch Tabu entzogen bleiben. Und doch wurde das Tabu von Adam, dem gedachten ersten Menschen, angerührt und gebrochen. In dieser Sicht ist dann aber auch der in der theologischen Tradition oft genannte Hochmut des Menschen, der sich angeblich in der Übertretung des göttlichen Verbotes zeigt, nur ein abgeleitetes und oberflächliches Phänomen. Auch die Charakterisierung der Ursünde von Adam und Eva als Ungehorsam trifft den eigentlichen Sachverhalt nur unzureichend, jedenfalls wenn unter Ungehorsam ein bloß formales Abweichen von einer äußerlich gesetzten Norm verstanden wird. Zutreffender scheint mir das in der Väterexegese anzutreffende Motiv der Ungeduld zu sein. Der Kirchenvater Tertullian (vor 170 – nach 220) etwa vermerkt in seiner frühen Schrift „De paenitentia" neben der Willensfreiheit die Ungeduld als Ursache des Sündenfalls und verknüpft zugleich Schöpfung und Erlösung:[23]

> „Der Mensch befand sich im Stande der Unschuld, er war Gott ein Freund, ein Bewohner des Paradieses, solange er über die Tugend der Geduld verfügte. Mit dem Unterliegen unter die Ungeduld setzt das Unvermögen ein, verständig zu sein für Gott und die himmlischen Dinge zu ertragen. Die Tugend der Geduld, die Gott selbst als erstem Vorbild eignet und Gerechte wie Ungerechte, Würdige und Unwürdige gleichermaßen bedenkt, ist in der Inkarnation sichtbar geworden, indem Gott seinen Geist mit dessen ganzer Geduld in seinen Sohn gelegt hat, der durch sein Leben und vor allem seine Passion gleichsam unüberbietbar geduldig war."[24]

Ähnlich interpretiert Cyprian von Karthago (um 200 – 258) und zieht eine interessante Parallele zur Gestalt des alttestamentlichen Dulders Hiob:

> „Als Prototyp der Leidensfähigkeit bei gleichzeitiger Bewahrung der Geduld werden Hiob und sein Ergehen vorgestellt. In einer stei-

---

[23] Vgl. Claude Rambaux, Tertullien face aux morales des trois premiers siècles, Paris 1979.
[24] Gabriele Spira, Paradies und Sündenfall. Stoffe und Motive der Genesis 3-Rezeption von Tertullian bis Ambrosius, Frankfurt/M. 2015, 62.

gernd angeordneten Reihe der Widerwärtigkeiten, denen Ijob ausgesetzt wird, wie des Verlustes seines Vermögens und seiner Nachkommen, der Wunden und Krankheiten des Leibes, gipfelt die Aufzählung in der Beeinflussung von Ijobs Frau durch den Teufel gegen ihren Mann."²⁵

Tertullian seinerseits zeichnet auch für die wachsende Bedeutung des Begriffs der Konkupiszenz als bleibendem Kern der Sünde – der Begriff der Ursünde (*peccatum originale*) findet sich prominent erst bei Augustinus (356-430)²⁶ – verantwortlich: Gemeint ist eine menschliche Begierde in wachsender Opposition zum göttlichen Willen, geradezu ein verliebtes Streben nach vergänglichen Gütern²⁷ bei gleichzeitiger Ignoranz gegenüber den wesentlichen Zielen des Lebens.²⁸ Erst mit Laktanz (250-325) allerdings beginnt eine zunehmend philosophische, wesentlich ciceronianische Interpretation der biblischen Erzählung von Schöpfung und Sündenfall und zugleich damit ein erster Ansatz zu einer frühen christlichen Anthropologie mit dem originären Akzent auf dem eschatologischen Ziel des menschlichen Lebens und der Ethik.²⁹

Noch einmal zurück zur Erzählung vom Sündenfall: In Frage steht letztlich eine göttliche Befähigung zur Bewältigung des Daseins. Was ist dazu notwendig? Die Antwort der biblischen Erzählung von Schöpfung und Sündenfall wie auch der daraus sich entwickelnden christlichen Theologie lässt sich wohl so zusammenfassen: Die Möglichkeit zum sinnvollen Leben entspringt zuallererst dem freien Geschenk und dem freien Empfangen unbedingter

---

[25] Ebd. 120 mit Hinweis auf Cyprian von Karthago, De bono paenitentiae 18 (SC 291): „Ac ne quid omnino remaneret quod non Job in suis temptationibus experiretur..."

[26] Vgl. Jean-Michel Maldamé, Le péché original. Foi chrétienne, mythe et métaphysique, Paris 2008; Timo Nisula, Augustine and the Functions of Concupiscence (SVigChr 116), Leiden / Boston 2012.

[27] Tertullian nennt in „De cultu feminarum" das Streben nach äußerlicher Schönheit, in „De spectaculis" das Streben nach Schaulust, in „De pudicitia" das Streben nach sexueller Lust.

[28] Vgl. Manfred Hauke, Heilsverlust in Adam. Stationen griechischer Erbsündenlehre: Irenäus – Origenes – Kappadozier (KKTS 58), Paderborn 1993; Bernhard Stoeckle, Die Lehre von der erbsündlichen Konkupiszenz in ihrer Bedeutung für das christliche Leibethos, Ettal 1954.

[29] Vgl. Ulrich Volp, Die Würde des Menschen. Ein Beitrag zur Anthropologie in der Alten Kirche (SVigChr 81), Leiden / Boston 2006, 212: „Während die Lehren der Philosophen und vor allem ihre Ethik ohne überzeitliche Folgen bleiben, hat die christliche Lehre ein genau umrissenes Ziel, nämlich die Unsterblichkeit, die der christliche Gott allein gewähren kann."

Liebe; dies gilt für (den aus guten Gründen so definierten) dreifaltigen Gott wie für den Menschen als dessen Abbild.[30] Wird dies verkannt oder verweigert, kommt es zur fundamentalen Sünde der Ablehnung seiner selbst als unbedingt und je zuvor geliebter Mensch. Darin aber liegt genau die erste und fundamentalste Versuchung des Menschen: In der stillen und doch unbändigen Verzweiflung darüber, dass das Notwendigste des Lebens nur empfangen, und das Möglichste nicht erworben oder hergestellt, sondern nur ersehnt und vorbereitet werden kann. Adam und Eva – der Mensch schlechthin – scheitern an der Zumutung bedingungslosen Vertrauens auf das Geschenk des Lebens und zwar eines unbedingt geliebten Lebens. Der Mensch scheitert in diesem „Ur-Drama" einer nicht bestandenen Glaubensprobe, wenn er sich und dem Nächsten und zuletzt Gott solche Liebe nicht zutraut, sondern verängstigt im Pferch der bloßen Bedürfnisbefriedigung verharrt:

> „Dieses urgeschichtliche Drama kennzeichnet in biblischer Sicht die währende geschichtliche Situation des Menschen. Diese wird in Genesis 4-11 in einer sich rasch steigernden Abfolge von analogen Versuchen der frühen Menschheit illustriert, in welchen die in die Menschheitsgeschichte eingebrochene Macht der Sünde immer neu mächtig wird."[31]

Der Mensch unter dem Fluch der Sünde erkennt sich als unfähig zu letztem Vertrauen in die Gutheit des Lebens: Daraus erst entspringen die einzelnen konkreten Sünden und Verfehlungen. Sie können erst vermieden werden, wenn das Grundübel geheilt und die menschliche Freiheit zum Leben erlöst ist. Von den vergeblichen Versuchen des Menschen, aus eigener Kraft und eigenem Glauben an Jahwe diese Erlösung zu erreichen, handelt das Alte Testament.[32] Im Hintergrund freilich steht der bange und grundsätzliche

---

[30] Vgl. Henri Crouzel, Théologie de l'image de Dieu chez Origène, Paris 1955.
[31] Alfons Deissler, Wer bist du, Mensch?, Freiburg/Br. 1985, 29.
[32] Vgl. Thomas Krüger, Sündenfall? Überlegungen zur theologischen Bedeutung der Paradiesgeschichte, in: Konrad Schmid / Christoph Riedweg (Hgg.), Beyond Eden. The Biblical Story of Paradise (Genesis 2-3) and its Reception History, Tübingen 2008, 95-109; Paul Kübel, Metamorphosen der Paradieserzählung, Göttingen 2007; Irmgard Rüsenberg, Verbotene Lust. Grenzfälle und Selbstermächtigung im zweiten Schöpfungsbericht, in: Münchner Theologische Zeitschrift 63(2012)109-121; Willibald Sandler, Hat Gott dem Menschen eine Falle gestellt? Theologie des Sündenfalls und Sündenfall der Theologie, in: Zeitschrift für katholische Theologie 129(2007)437-458; Konrad Schmid, Die Unteilbarkeit der Weisheit. Überlegungen zur sogenannten Para-

Zweifel des Menschen, das umfassende Glück sei „überhaupt nicht durchführbar, alle Einrichtungen des Alls widerstreben ihm; man möchte sagen, die Absicht, daß der Mensch glücklich sei, ist im Plan der Schöpfung nicht enthalten."[33] Die katholische Theologie speichert in ihrer Tradition die glaubende Überzeugung des genauen Gegenteils: dass nämlich der Schöpfung, ja selbst dem Sündenfall und sodann der Heilung und Erlösung ein *logos*, eine göttliche Logik, ein letzter Sinn und eine göttliche Vorsehung innewohne.[34]

---

dieserzählung in Gen 2f. und ihrer theologischen Tendenz, in: Zeitschrift für alttestamentliche Wissenschaft 114(2002)21-39.

[33] Susan Neiman, Das Böse denken, Frankfurt/M. 2006, 343, in Anlehnung an ein bekanntes Diktum von Sigmund Freud.

[34] Vgl. Leo Scheffczyk, Urstand, Fall und Erbsünde. Von der Schrift bis Augustinus (HDG 2, 3a, 1 Teil), Freiburg/Br. 1981.

Bekehrung und Heilung:
Der Weg des verlorenen Sohnes

Dass der Weg der Menschheit und des Menschen seit dem Auszug aus dem Paradiesgarten grundsätzlich in zwei unterschiedliche Richtungen gehen kann, ist die Überzeugung des Alten Testamentes: Dem Weg zum Leben in der Erkenntnis Gottes steht der Weg zum Tod in der Leugnung Gottes gegenüber. Hier ist nochmals wichtig, was zunächst und ganz einfach mit Gott gemeint ist: nicht Gott als gleichsam zusätzliche numinose Person, der man gehorchen muss, weil man sonst vernichtet wird. Sondern Gott als Gutheit – in der ursprünglichen Bedeutung des Wortes Güte – in Person, der man gehorchen muss, weil er das Leben ist. Welches Leben? Das Leben als Liebe, philosophisch gesprochen: als Notwendigkeit. Und der Gehorsam besteht in nichts anderem als dem Verzicht auf gewaltsame Durchsetzung der eigenen Überlebensinteressen, positiv ausgedrückt: Der Gehorsam besteht im hingebenden und liebenden, nicht im raffenden und hassenden Leben. Allerdings trägt die Entscheidung zum Weg des Lebens die Beweislast, denn das Paradies wurde bereits verlassen und alle Erfahrungen der Menschheit und des Menschen auf dem Weg des Todes sind kontaminiert durch mehr oder minder deutliche Bosheit. Die Zeit heilt in diesem Fall nicht alle Wunden, sondern sie reißt im Gegenteil ständig die alte Wunde des Zweifels an wirklicher Gutheit und der Verzweiflung über das nutzlose Leben auf. Die Zeit ist mit einem Wort der unbesiegbare Feind des Guten, des Weges zum Guten: allzu blass und verschwommen ist die fabulöse Erinnerung an das Gute, allzu stark und mächtig ist dagegen die lustvolle Erinnerung an das Böse. Das genau meint Augustinus mit Konkupiszenz: Die Vernunft des Menschen ist nicht mehr auf das wirklich Gute ausgerichtet, sie ist verblendet und eingeschränkt, weder in der Deutung der äußeren Welt noch in der Ordnung der inneren Welt Herr im Haus.

„Die Vernunft muß eine Welt deuten und bewältigen, die sie nicht mehr vollkommen unter Kontrolle hat. Und das gilt sogar innerhalb des Ichs. Absichten werden häufig, und mögen sie noch so rechtschaffen sein, von Fakten eingeschränkt. Und nichts ist in Augusti-

> nus' Augen faktischer als die Fesseln, die wir uns selber anlegen. Darin liegt das Dilemma des Menschen – in der Korruption des Willens. Durch das Gedächtnisvermögen sind die Menschen ihren erworbenen Vorlieben und Neigungen untertan. Sie sehen sich den häufig unvorhersehbaren Konsequenzen ihrer früheren Entscheidungen ausgeliefert."[1]

Das Leben des Menschen mit seiner eigenen Vergangenheit im Rücken erweist sich als verhängnisvoll und unheilvoll lustgeschwängert. Das grell illustrierte Böse prägt sich dem Kurzzeitgedächtnis prägnanter ein, als das blass flirrende Gute. „Die Lust, die aus früheren Handlungen resultierte, wird dem Gedächtnis „auferlegt", eine Lust, die auf „geheimnisvolle" Weise durch Erinnerung und Wiederholung verstärkt wird."[2] Es bräuchte eine Art von Verwandlung, nicht allein des Willens, sondern des ganzen Seins. Es bräuchte, mit einem Wort, eine grundlegende Bekehrung.

Bekehrung oder Umkehr ist nun in der Tat das Schlüsselwort der moralischen Botschaft der Evangelien: Bekehrung zum Reich Gottes ist die zentrale Botschaft des Jesus von Nazareth. Es ist eine Umkehr zum neuen Blick und zur neuen Erfahrung. Es fehlt nämlich dem verloren gegangenen Abbild fatalerweise ein attraktives Vorbild; es fehlt an gelungenen Erfahrungen mit gelebter Gutheit, es fehlt an Gotteserfahrung. Und dies trotz der deutlichen Botschaft der Propheten; daher der letzte Versuch Gottes am Ende der Tage der Menschheit. „Vielmals und auf vielerlei Weise hatte Gott von alters her zu den Vätern gesprochen durch die Propheten. Am Ende dieser Tage hat er zu uns gesprochen durch den Sohn."[3] Das Urbild wird in der göttlichen Offenbarung im Fleisch des Menschen zum Vorbild; Gott spricht sich aus und wird Fleisch in Jesus von Nazareth. Die frühesten schriftlichen Zeugnisse über diesen Jesus von Nazareth sind uns von Paulus erhalten, der diesen Menschen als Gott bekennt, als Christus, also als Messias und Erlöser des Menschen, als Gott in der Welt. Und dieses Bekenntnis erwächst bei ihm selbst aus einer grundlegenden Bekehrung um das Jahr 34 nach Christus: „Schon war er auf seiner Reise bis in die Nähe von Damaskus gelangt, da umstrahlte ihn plötzlich ein Licht vom Himmel. Er fiel zu Boden und hörte eine Stimme, die ihm

---

[1] Larry Siedentop, Die Erfindung des Individuums, aaO, 131.
[2] Ebd. 132.
[3] Hebr 1,1.

zurief: Saul, Saul, warum verfolgst du mich?"⁴ Paulus selbst berichtet um das Jahr 55 nach Christus davon im Brief an die Galater: „Doch als es dem, der mich vom Mutterschoß an ausersehen und durch seine Gnade berufen hat, gefiel, mir seinen Sohn zu offenbaren, damit ich ihn unter den Heiden verkündige..."⁵ Die Bekehrung und Umkehr ereignet sich durch Offenbarung einer neuen Wirklichkeit: Gott wie er ist, nicht wie er bisher gedacht war. Und dieser neue Gott eröffnet einen neuen Weg – „Anhänger des neuen Weges" nennt man die frühen Christen – und ein neues, besseres Selbst.

Die Bekehrung des Paulus lässt sich analog zu den Bekehrungen lesen, die in den Evangelien geschildert werden. Diese Bekehrungen als Umkehr zum Weg des Guten sind nur verständlich auf dem alttestamentlichen Hintergrund vom doppelten Exodus, dem Auszug der Menschheit und dem Auszug des Volkes Israel. Es ist der verderbliche und todbringende Auszug aus dem Paradies, dem der Brudermord von Kain an Abel folgt, und der verheißungsvolle und heilbringende Auszug des Volkes Israel aus dem Sklavenhaus Ägypten, dem das Zwielicht des gelobten Landes Kanaan folgt: das Land von Milch und Honig, in dessen Grenzen dennoch König David die Frau des Urija begehrt und sich gewaltsam aneignet⁶ und König Ahab den Weinberg des Nabot begehrt und sich gewaltsam aneignet.⁷ Zwischen beiden Wegen steht der Brudermord des Kain an Abel, als unmittelbares Ergebnis des verlorenen Paradieses und als Vorahnung künftiger Gewalt von Menschen an Menschen. Ja, Kain symbolisiert geradezu das Böse schlechthin und die überwältigende Macht des Satans: Das Böse überflutet die Menschheit.⁸ Die beiden alttestamentlichen Brüder Kain und Abel, ebenso typologisch wie Adam und Eva für die Menschheit stehend, finden allerdings eine überraschende neutestamentliche Fortsetzung im Gleichnis Jesu vom verlorenen und daheim gebliebenen Sohn,⁹

---

⁴ Apg 9, 3f.
⁵ Gal 1, 15.
⁶ 2 Sam 11.
⁷ 1 Kön 21.
⁸ Vgl. Oded Yisraeli, Cain as the Scion of Satan: The Evolution of a Gnostic Myth in the *Zohar*, in: Harvard Theological Review 109(2016)56-74.
⁹ Lk 15, 11-32; vgl. Anke Inselmann, Affektdarstellung und Affektwandel in der Parabel vom Vater und seinen beiden Söhnen. Eine textpsychologische Exegese von Lk 15, 11-32, in: Gerd Theißen / Petra von Gemünden (Hgg.), Erkennen und Erleben. Psychologische Beiträge zur Erforschung des Urchristentums, Gütersloh 2007, 271-300; Christian Münch, Der barmherzige Vater und die beiden

eine Geschichte der Bekehrung und Umkehr par excellence mit weitreichender Resonanz in der europäischen Geistesgeschichte.[10] Das Thema der beiden konkurrierenden und rivalisierenden Brüder durchzieht das ganze Alte Testament seit den Adamiten Kain und Abel über die Abrahamiten Ismael und Isaak hin zu den Isaakiten Esau und Jakob und wird auch nochmals variiert im Verhältnis der elf Söhne Jakobs zu ihrem Bruder Josef. Dieser entgeht immerhin in buchstäblich letzter Minute dem Mord durch seine Brüder und bleibt nur dadurch am Leben, dass er zunächst in die Zisterne geworfen und dann für zwanzig Silberstücke in die Sklaverei nach Ägypten verkauft wird, was wiederum zum Ursprung der israelitischen Ansiedlung im Sklavenhaus Ägypten wird.[11] Archaisch und ursprünglich geht es um einen Antagonismus der sozialen Bewertung, um die Bewertung des eigenen Lebens und um eine letzte sinnfeststellende Instanz. Letztlich also geht es immer um Erwählung durch den selbst keiner Erwählung bedürfenden Gott, und damit um einen überzeitlichen und endgültigen Sinn des Lebens, den der Mensch sich nicht selbst zusprechen kann, den er daher erhofft von Gott.

> „Der Herr ist der gemeinsame Bezugspunkt der antagonistischen Brüder. An sich sind die Männer nicht gleich oder ungleich. Ihre Beziehung zum Herrn schafft die Bewertung. Der Herr stellt die Gesamtordnung dar, von der die Brüder die ungleichen Teile bilden. Die Genesis führt also nicht substantielle Einheiten vor, die als Individuen über besondere Qualitäten verfügen, sondern soziale Personen treten auf, deren sozialer Wert sich aus ihrer Beziehung zum Ganzen ergibt."[12]

Es ist ein Gott, der scheinbar willkürlich das Opfer des Abel annimmt und das Opfer des Kain verwirft, der Esau hasst und Jakob liebt, der Josef begünstigt und seine Brüder hungern lässt, der schließlich den vom Schweinepferch zurückkehrenden Sohn der

---

Söhne (Lk 15, 11-32): Annäherungen an eine allzu bekannte Geschichte, in: Internationale katholische Zeitschrift Communio 38(2009)481-493; Karl-Heinrich Ostmeyer, Dabeisein ist alles (Der verlorene Sohn) Lk 15, 11-32, in: Ruben Zimmermann (Hg.), Kompendium der Gleichnisse Jesu, Gütersloh 2007, 618-633.

[10] Vgl. Wolfgang Bretschneider, Die Parabel vom verlorenen Sohn. Die biblische Geschichte in der Entwicklung der europäischen Literatur, Berlin 1978.
[11] Gen 37.
[12] Georg Pfeffer, Alter als Kategorie: Der Antagonismus der Brüder, in: Erwin Sedlmayr (Hg.), Schlüsselworte der Genesis II, aaO, 243-264, hier 246.

Sünde mit Freuden aufnimmt und den im Haus verbliebenen Sohn der Rechtschaffenheit ganz ohne Auszeichnung lässt. Das Gleichnis vom verlorenen Sohn im 15. Kapitel des Lukasevangeliums ist daher eigentlich eine Erzählung von zwei Brüdern;[13] zugleich ist es eine Erzählung vom barmherzigen Vater und steht in deutlicher Parallele zum Gleichnis vom barmherzigen Samariter. Jesus erzählt es zusammen mit dem Gleichnis vom verlorenen Schaf und von der verlorenen Drachme als Antwort auf das Murren der Pharisäer angesichts seines großmütigen Umgangs mit Zöllnern und Sündern. Das Thema ist die Erlösung des Menschen aus der Verlorenheit an das Nichts; diese Erlösung wird möglich durch die suchende und erwartende Liebe Gottes. Erklärt werden soll der messianische Weg der Heilung durch Bekehrung, der als Weg zurück in das Vaterhaus, als Weg voran in die ewige Liebe Gottes verstanden werden muss. Es geht um die Frage nach Gott, die im Alten Testament, am Anfang des Buches Maleachi, mit den misstrauischen Worten „Woran zeigt sich deine Liebe?" den Ausblick auf den endlich notwendigen Messias eröffnet, der endgültig Gottes Liebe unbezweifelbar zeigen wird.[14] Es geht um den Vater, dessen Liebe und Barmherzigkeit sich als zweite Schöpfung durch den zweiten und letzten Adam[15], nämlich Christus erweist. Es geht um die Frage nach der ethischen Relevanz Gottes: Was tut Gott und wozu ist er – ganz wörtlich gemeint – gut? Eine Antwort auf diese Frage hat zu tun mit dem typisch jesuanischen Begriff der Barmherzigkeit.

Das Gleichnis vom verlorenen Sohn, das bekanntlich nur vom Evangelisten Lukas überliefert wird, steht im Kontext der, wie Thomas Söding es nennt, „Tischgespräche", und damit in einer Reihe von jesuanischen Erklärungen der göttlichen Barmherzigkeit angesichts der Sünde und Verlorenheit des Menschen. Verloren ging die Drachme, verloren ging das Schaf, verloren ging der Sohn – dieser aber unter ganz neuen und verhängnisvollen Vorzeichen, nämlich der scheinbaren Un-Verlorenheit des älteren Sohnes und

---

[13] Vgl. Jakob Kremer, Der barmherzige Vater. Die Parabel vom verlorenen Sohn (Lk 15, 11-32) als Antwort Gottes auf die Fragen der Menschen zu „Leid – Schuld – Versöhnung", in: Paulus Gordan (Hg.), Leid – Schuld – Versöhnung: die Vorlesungen der Salzburger Hochschulwochen 1989, Graz 1990, 91-117.
[14] Vgl. Hermann Spieckermann, Die Liebeserklärung Gottes. Entwurf einer Theologie des Alten Testaments, in: Ders., Gottes Liebe zu Israel. Studien zur Theologie des Alten Testaments (FAT 33), Tübingen 2001, 197-223.
[15] 1 Kor 15, 45: *eschatos* Adam!

dessen Empörung über verdienstlose Barmherzigkeit. Diese Barmherzigkeit des Vaters scheint der ursprünglichen Gerechtigkeit im Verhältnis der Söhne zum Vater gänzlich zu widersprechen; diese Barmherzigkeit im Kontrast zur gewohnten Gerechtigkeit wird damit selbst zum Problem.[16]

> „Deshalb führt das Gleichnis vom verlorenen Sohn auf eine Meta-Ebene. Es stellt das in Frage, was erzählt und in den beiden ersten Gleichnissen mit Gott in Verbindung gebracht worden ist. Es stellt die Praxis Jesu in Frage, ein Gastmahl mit Sündern zu feiern; es stellt die himmlische Freude über die Umkehr eines Sünders in Frage; es stellt auch die Barmherzigkeit in Frage: Wie ist sie begründet? Welchen Preis kostet sie? Wo ist ihre Grenze? In welchem Verhältnis steht sie zur Gerechtigkeit?"[17]

Offenkundig macht die Sünde und die Bekehrung des jüngeren Sohnes mehr nötig als die immer schon gegebene Gerechtigkeit. Anders gesagt: Angesichts der Verlorenheit und Umkehr des Sohnes verändert die statische Gerechtigkeit ihr Gesicht, sie wandelt sich zur dynamischen, den Umweg und Rückweg des Sohnes aufnehmenden Barmherzigkeit. Auf vier Knotenpunkte der Bekehrungsgeschichte möchte ich den Blick lenken, nämlich: Der verlorene Sohn ist eigentlich ein toter Sohn; der Vater geht zu beiden Söhnen hinaus; der ältere Bruder spricht überhaupt nicht von seinem Bruder; schließlich endet die Erzählung offen. Die Erzählung der Erlösung spielt im Dreieck vom Vater und den beiden Söhnen: die verlorene und wiedergefundene Existenz des Sohnes steht zwischen der Pro-Existenz des Vaters und der Anti-Existenz des älteren Sohnes.[18]

Zuerst zur Gestalt des so offenkundig bei den Schweinen gescheiterten und verlorenen Sohnes: Er war nach Aussage des Vaters tot und lebt wieder. Wodurch war er gestorben bei lebendigem Leib? Er wollte maßlose Freiheit und zuteilende Gerechtigkeit, er sucht das Weite und das ferne Land. Die Parallele zu Adam, der sich urplötzlich außerhalb des Paradieses wiederfindet, ist nicht zufällig: Der jüngere Sohn verlässt das Vaterhaus und damit

---

[16] Vgl. auch Dirk Ansorge, Gerechtigkeit und Barmherzigkeit Gottes. Die Dramatik von Vergebung und Versöhnung in bibeltheologischer, theologiegeschichtlicher und philosophiegeschichtlicher Perspektive, Freiburg/Br. 2009.
[17] Thomas Söding, Eine Frage der Barmherzigkeit. Das Gleichnis vom verlorenen Sohn (Lk 15, 11-32), in: Internationale katholische Zeitschrift Communio 45(2016)215-229, hier 218.
[18] Vgl. Jakob Kremer, Der barmherzige Vater, aaO, 105f.

gleichsam den umzäunten und ummauerten Garten der väterlichen Liebe. Er flieht die Begrenzung und sucht die unbegrenzte Freiheit. Damit aber beginnt der Raum und die Stunde der Ethik, die sich als Verwaltung des Mangels, als kompensatorische Kunst des Zweitbesten nach dem Verlust des Besten – nämlich des Paradieses und der sicheren Existenz Gottes – versteht.[19] Wäre das Ideal identisch mit der Realität, wie es in der Vorstellung vom Paradies vor Augen schwebt, dann bräuchte es keine Ethik. Wo das Gute notwendig ist (wie im Paradies zur Stunde Null) oder wo das Gute zwanghaft auferlegt wird (wie in der Theokratie), da braucht es keine Ethik. Wo hingegen Freiheit oder Zufall walten, da wird Ethik notwendig, denn jetzt muss eine doppelte Frage vom Menschen beantwortet werden: Wo müssen Grenzen um eines zu schützenden Gutes willen respektiert und geachtet werden? Und weiter: Wo müssen, gerade umgekehrt, Grenzen überwunden werden, um womöglich ein höheres Gut zu gewinnen? Der Mensch außerhalb des naturalen Gartens unschuldiger Gutheit – der faktische Mensch also, nicht der fiktive Mensch des Traumes – muss künstliche Grenzen ziehen. Und jede Ethik ist ein System künstlicher, weil kultureller Eingrenzungen und Umhegungen, die je die Frage nach nötigen Grenzüberschreitungen um des Besseren willen stellen lassen.

Dies zeigt ein Blick auf das Recht, verstanden als kodifizierte und einklagbare Ethik: Das Recht zieht Grenzen angesichts der Aggression des Kain gegen den Abel. So beginnt der Krieg aller gegen alle nach Auskunft von Thomas Hobbes (1588-1679) in der Tat dort, wo der Bürger Abel aus Angst vor dem Mitbürger Kain die Eingangstüre und im Haus die Kästen verschließt.[20] Die allmähliche Ausfaltung der modernen Menschenrechte hat wesentlich zu tun mit der Entfaltung von Grenzziehungen zum Schutz der Individuen gegenüber denen der Zugriff eines Herrschers oder des

---

[19] Vgl. Odo Marquard, Der angeklagte und der entlastete Mensch in der Philosophie des 18. Jahrhunderts, in: Ders., Abschied vom Prinzipiellen, Stuttgart 2015, 39-66, mit Blick auf den Erfinder des Begriffs der Kompensation im Rahmen der Theodizee: „Weil der globale Trost des Bestmöglichkeitsgedankens entgleitet, müssen die vielen mittleren und kleinen Tröstungen mobilisiert werden, die der Kompensationsgedanke ermöglicht." (46) Vgl. auch ders., Glück im Unglück. Zur Theorie des indirekten Glücks zwischen Theodizee und Geschichtsphilosophie, in: Günther Bien (Hg.), Die Frage nach dem Glück, Stuttgart 1978, 93-111.
[20] Vgl. Thomas Hobbes, Leviathan, Frankfurt/M. 1984, 97.

Staates oder anderer Individuen an eine streng definierte Grenze stößt.[21] Das Recht schützt namentlich den Schwachen vor der rücksichtslosen Durchsetzungskraft des Starken, es schützt ohne doch heilen zu können. Der Preis des Rechtsschutzes nämlich ist hoch: Der Abel wird vor Kain geschützt, aber um den Preis, um dessen Missgunst und Hass zu wissen, die durch kein Recht und kein Gesetz aus dieser Welt entfernt werden können. An der Grenze der inneren Welt von Hass und Liebe endet der äußere Zugriff des Rechtes. Es müsste der innere Raum des Menschen verwandelt werden. Dazu aber ist kein Recht der Welt imstande, hier liegen Grenze und Ohnmacht des Rechtes; der Raum der Denkfreiheit des Kain ist ihm unzugänglich. Daher bleibt auch die Welt des Rechtes und der Gesetzesgerechtigkeit, die Welt von Kain und Abel also, eine im Grunde traurige Welt, deren mühsam kaschiertes Scheitern und deren selbstironische Melancholie durch eine kalte Gerechtigkeit lediglich überlebbar gemacht wird.

Jenseits von Eden zeigt sich die Ethik zunächst im Recht. Und das Recht konfrontiert den Menschen mit der nüchternen und schon zur Normalität gewordenen Tatsache, dass der Mensch dem Menschen im besten Fall befreundet, oft einfach nur gleichgültig, im schlimmsten Fall aber verhasst ist. So zieht das Recht als äußerer Ausdruck von Ethik und Moral nicht nur Grenzen, die das Scheitern des Menschen im Dschungel der Normalität erträglich machen wollen, es hat umgekehrt auch Grenzen, die ihrerseits wieder das Scheitern des Menschen im Angesicht des Mitmenschen überdeutlich vor Augen führen. Nochmals zugespitzt: Das Recht verwandelt nicht das Leid, es strukturiert bloß die Unordnung.

Zurück zum neutestamentlichen Gleichnis: Der jüngere Sohn verlässt das Vaterhaus und verprasst sein Vermögen. Im lateinischen Text wird Vermögen mit "substantia" ausgedrückt und meint das eigene Wesen, das der Sohn außerhalb seines eigentlichen Ortes und seiner Bestimmung verschleudert und erst bei den Dirnen und dann bei den Schweinen endet. Der innerliche Lebenssinn geht verloren und wird vergessen, da das Denken und Fühlen sich in

---

[21] Man denke etwa an einen Ursprung der modernen Menschenrechte, nämlich die englische Habeas-Corpus-Akte von 1679, mit der bekanntlich die Grenze des physischen Körpers eines Individuums als unbedingt schützenswert aufgerichtet wurde. Von hier bis zum Schutz des physischen Eigentums und der Meinungsfreiheit war der Weg nicht weit.

äußerlichen, rein rechtlichen Kriterien des Tausches und der Gerechtigkeit verliert. Der Vater ist unter der Hand zum bloßen Erblasser reduziert, von Liebe und unteilbarem gemeinsamem Vermögen ist längst keine Rede mehr. Nicht mehr die Gabe (oder Vergebung) wird gesehen, nur mehr der Anspruch und das scheinbar gute Recht – in Wirklichkeit ist es ein schlechtes Recht, denn es tritt an die Stelle der Gabe.

> „Kurzum, der jüngere Sohn verlangt sein Kapital (*fonds*), welches ihm gemäß dem Erbrecht zur Verfügung steht; von diesem Gesichtspunkt aus gibt ihm der Vater nur, was ihm zusteht; anders gesagt, er gibt ihm nichts mit dem, was er ihm überläßt und übereignet, er läßt allein Gerechtigkeit im gleichen Tausch walten. Und der Vater gibt ihm wirklich vollen Besitz über sein eigenes „Leben" (Vers 12), verzichtet auf jegliches väterliches Recht über das, was er ihm nunmehr ohne Rückerstattung zugeteilt hat. Die Forderung nach dem Besitzfonds kommt also einer Verneinung der Gabe gleich, mehr noch einer Bestreitung der Vaterschaft des Vaters."[22]

Der Sohn vergisst für lange Zeit, dass er aus Liebe entstand und aus grundloser Liebe lebte und nicht zum nützlichen Schweinehüten bestimmt war. Vielleicht liegt der entscheidende Unterschied wirklich brennglasartig gebündelt in dem winzigen sprachlichen Unterschied von „essen" und „fressen"? Bestünden dann die Schuld und Sünde darin, sich als Tier misszuverstehen?[23]

> „Am Ende ist alles verbraucht. Der ganz frei Gewesene wird nun wirklich zum Knecht – zum Schweinehüter, der froh wäre, wenn er Schweinefutter zu essen bekäme. Der Mensch, der Freiheit als radikale Willkür des bloß eigenen Wollens und Weges versteht, lebt in der Lüge, denn von seinem Wesen her gehört er in ein Miteinander, ist seine Freiheit geteilte Freiheit; sein Wesen selbst trägt Weisung und Norm in sich, und damit von innen her eins zu werden, das wäre Freiheit. So führt eine falsche Autonomie in die Knechtschaft: Die Geschichte hat es uns unübersehbar gezeigt. Für Juden ist das

---

[22] Jean-Luc Marion, Gabe und Verzeihung. Die Rückkehr des verlorenen Sohnes, in: Walter Schweidler / Émilie Tardivel (Hgg.), Gabe und Gemeinwohl. Die Unentgeltlichkeit in Ökonomie, Politik und Theologie: Jean-Luc Marions Phänomenologie in der Diskussion, München 2015, 155-165, hier 157. Vgl. auch Vladimir Jankélévitch, Pardonner?, in: Ders., Das Verzeihen, hg. von Ralph Konersmann, Frankfurt/M. 2003, 243-282.

[23] Christian Wirz, Der gekreuzigte Odysseus, Regensburg 2005, 209, weist auf Dante hin, der in der „Divina Commedia" Odysseus auf seiner Irrfahrt zu der müden Mannschaft sagen läßt: „Bedenkt euer Erbteil, ihr seid nicht geschaffen zu leben wie das Vieh, sondern für Bewährung und Erkenntnis."

Schwein ein unreines Tier – der Schweineknecht also der Ausdruck der äußersten Entfremdung und Verelendung des Menschen. Der ganz Freie ist ein erbärmlicher Sklave geworden."[24]

Der verlorene Sohn hat sich, so deuten es schon die Kirchenväter und nicht zuletzt Augustinus mit Blick auf die eigene Lebensgeschichte von Sünde und Bekehrung, wieder in der Sklaverei Ägyptens verstrickt, indem er sich vom Vater entfernte: „Diese Entfernung ist Entfremdung."[25] Schlimmer aber noch: Er fühlt sich nicht unwohl, bar jedes Vermögens und weit entfernt von seinem ursprünglichen Wesen, er hat den Mut zum Aufbruch und zur Bekehrung verloren, er hat sich eingerichtet in der existentiellen wie moralischen Anspruchslosigkeit der Schweine und ihrer Futterschoten, die Augustinus übrigens an den eigenen Birnendiebstahl aus purer Lust am Bösen und das Wegwerfen der Birnen zu den Schweinen erinnert.[26] Die Sünde wird zur guten Gewohnheit der Vergangenheit. Der Zumutung der Zukunft gilt kein Gedanke mehr.

> „Der Blick des Sünders kettet sich an seine unselige Vergangenheit, um seine Gegenwart und Zukunft nicht wahrnehmen zu müssen. So schraubt er insgeheim nicht nur seine Erwartungen, sondern auch sein ethisches Anspruchsniveau zurück. Er arrangiert sich mit der Welt, wie sie faktisch ist, sein Handeln läßt sich bestenfalls einem taktischen Manöver vergleichen, das den labilen Ausgleich konfligierender Kräfte herzustellen und zu wahren sucht, wagt aber keine Neuheit, die an den Mut zum Selbstverlust gebunden ist. Der Sünder versagt – so gesehen – vor dem Anspruch christlicher Tapferkeit."[27]

---

[24] Joseph Ratzinger, Jesus von Nazareth, Bd. I, Freiburg/Br. 2007, 244.
[25] Vgl. Albert Raffelt, „profectus sum abs te in regionem longinquam" (conf. 4, 30). Das Gleichnis vom „verlorenen Sohn" in den „Confessiones" des Aurelius Augustinus, in: Theologie und Glaube 93(2003)208-222, hier 209; vgl. auch Bernhard Blumenkranz, La parabole de l'enfant prodigue chez saint Augustin et saint Césaire de Arles, in: Vigiliae Christianae 2 (1948)102-105; Leo Charles Ferrari, The theme of the prodigal son in Augustine's „Confessions", in: Recherches Augustiniennes 12(1977)105-118; Karl Thieme, Augustinus und der „ältere Bruder". Zur patristischen Auslegung von Lk 15, 25-32, in: Ludwig Lenhart (Hg.), Universitas. Dienst an Wahrheit und Leben, Bd. I, Mainz 1960, 79-85.
[26] Augustinus, Confessiones 2,9; vgl. Leo Charles Ferrari, Symbols of Sinfullness in Book 2 of Augustine's Confessions, in: Augustinian Studies 2(1971)93-104.
[27] Klaus Demmer, Fundamentale Theologie des Ethischen, Fribourg 1999, 303.

In der Tat erfordert die Bekehrung, ja mehr noch: die ständige Bereitschaft zur Selbstüberprüfung und Revision eine besondere Form der Tapferkeit, nämlich die Bereitschaft, sich selbst zur Frage zu werden: „Factus eram ipse mihi magna quaestio – Ich war mir selbst zur großen Frage geworden."[28] Denn „die Bekehrung ist nur der Anfang einer schwierigen Reise, einer Reise, während der das neue Ich von Zweifeln und Versuchungen heimgesucht wird, die sich nur mit Hilfe der Gnade überwinden lassen."[29] Die entschlossene Annahme des eigenen Lebens und der eigenen Grenzen ist damit gemeint wie auch die schonungslose und nüchterne Einsicht in eigene Verwirrung und eigene Schuld. Nur wenn solche Einsicht gepaart ist mit der Entdeckung neuer moralischer Möglichkeiten und neuer Wege des guten Lebens, kann eine Umkehr gelingen. Man kann dies zu Recht die eigentliche moralische Bewährungsprobe eines Menschen in seiner stets angefochtenen Lebensgeschichte nennen,

> „wo der Mensch mit der ganzen Abgründigkeit seines Wesens konfrontiert ist, nämlich mit dem letztlich unerklärbaren Geheimnis seines Schuldigwerdens. Die Versuchung, es weg zu erklären, ist groß; andere Instanzen wie Umwelt, Gesellschaft, vorgegebene Strukturen aller Art, sollen die eigentlichen Verantwortlichen sein. Schuld nimmt so die Züge eines unausweichlichen Verhängnisses an; sie wird erlitten, nicht begangen. Eine Ästhetisierung greift um sich, man macht sich zum Zuschauer seiner selbst und erlebt eine Erschütterung aus zweiter Hand. Sie ist die sublimste Form des Selbstbetrugs und Quelle aller Unwahrhaftigkeit. Man erträgt die Beschämung nicht, weil die Verkrümmung in die eigene Endlichkeit die erlittenen Grenzen übermächtig werden läßt und jede Heilung an der Wurzel verhindert. Der selbst gewählte Kerker der Seele hält keinen Ausweg mehr offen; die Kaschierung der Angst wird zur Lebensaufgabe."[30]

Hier ist zu denken an die moraltheologische Lehre von der Grundentscheidung.[31] Ein Mensch bedarf der grundlegenden und stets erneuerten Entscheidung zum Guten im eigenen Leben, und diese Grundentscheidung braucht eine beständige und nachreifende Ent-

---

[28] Augustinus, Confessiones 4,9.
[29] Larry Siedentop, Die Erfindung des Individuums, aaO, 130.
[30] Klaus Demmer, Fundamentale Theologie des Ethischen, aaO, 295.
[31] Vgl. Tadeusz Kuzmicki, Umkehr und Grundentscheidung. Die moraltheologische *optio fundamentalis* im neueren ökumenischen Gespräch, Regensburg 2015.

faltung. Umgekehrt kann sie freilich auch unter der Hand und fast unbemerkt zerfasern und versanden, weil etwa die ursprüngliche Faszination für das konkret Gute im eigenen Leben verblasste oder weil hochgespannte Erwartungen sich vor der Zeit abgeschliffen hatten. Theologisch gesehen handelt es sich stets um eine allmähliche Entfernung von Gott und seiner faszinierenden Güte; Gottes Anspruch wird zunehmend weniger gedacht und erfasst; der Tod der lebendigen Beziehung zu Gott ist die Folge.

> „Anspruchslosigkeit ist die Signatur; daß Gott nicht mehr vermisst wird, beunruhigt zusehends weniger. Der Sünder lebt am Tod Jesu vorbei und fällt so in seinen eigenen. Es ist wie ein Strudel, der ihn ergreift und von dem zu befreien immer schwerer fällt. Verwirrung und Verdunkelung des Geistes halten mit diesem Fall Schritt, in der Folge stellt sich Angst ein, weil der Kompaß der Seele seine Ausrichtung verliert."[32]

Mit Blick auf das Gleichnis vom verlorenen Sohn heißt das: Längst bevor das Vaterhaus physisch verlassen wurde, hatte sich dieser Auszug psychisch und in der Welt der Gedanken vorbereitet. Das Ideal des eigenen Lebens hatte sich geistig unmerklich verschoben, und der körperliche Auszug war nur die logische Konsequenz der geistigen Verlorenheit. Denn immer bereiten sich äußere Taten in der inneren Welt der Gedanken vor. Entscheidungen sind längst innerlich gefallen, bevor sie ausgeführt werden. Und immer liegt die Wurzel jeder Schuld verschüttet in der Tiefe sich verwirrender und verwirrt gehaltener Gedanken.[33] Der verlorene Sohn geht verloren durch die Innere und äußere Entfernung vom Vater, durch ein schleichendes und fast unmerkliches Absinken vom zweckfreien Genuss der Liebe des Vaters hin zur berechnenden Verwertung des Lebens. Nicht zufällig steht am Beginn des geistigen Abgrundes der folgenschwere Satz: „Gib mir den Anteil des Vermögens, der mir zusteht!"[34] Damit aber ist die Lebensgemeinschaft der Liebe schon zerbrochen, alles weitere ist eine Frage der Gerechtigkeit und der Gütertrennung. Am Ende des Weges und der Reise in den inneren Tod lautet der entscheidende Satz: „Gern hätte er..., aber

---

[32] Klaus Demmer, Fundamentale Theologie des Ethischen, aaO, 297.
[33] Dies wird meisterlich auf den literarischen Punkt gebracht im Schlußteil von Carl Zuckmayer, Die Fastnachtsbeichte, Frankfurt/M. 1983, 140: „Gedacht – ging es Henrici durch den Sinn, während er versuchte, mit den Worten seines Glaubens ihr Zuspruch und Trost zu geben – gedacht – Gedanke – Wurzel aller Schuld."
[34] Lk 15, 11.

niemand gab ihm..."³⁵ Tot ist der Sohn durch den unaufhaltsamen Weg in die innere Beziehungslosigkeit: Äußerlich kann er seinen Hunger stillen mit den Futterschoten der Schweine, innerlich verhungert er, weil ihm niemand davon gibt. Denn der Mensch lebt vom Geben und vom Empfangen, nicht vom Nehmen und Raffen.

Die entscheidende Wende kommt am tiefsten Punkt des Abstiegs, sie beginnt im Inneren, der Sohn hält ein inneres Zwiegespräch in der fast verblassten Erinnerung an die Tagelöhner im Haus des Vaters. Dieses innere Gespräch bringt die Umkehr des Denkens und bereitet im Denken die Bekehrung und das Gespräch der Reue mit dem Vater vor. Ohne große Mühe kann man in diesem Moment der Bekehrung die christliche Lehre vom Gewissen in Reinform entdecken: Gemeint ist ein schlummerndes und doch abrufbares Mit-Wissen um das ursprünglich Gute. Es ist ein zweifaches Vermögen des Menschen: zuerst als Urgewissen die Fähigkeit zur Unterscheidung von Gut und Böse, zur nachdenkenden Erinnerung an das eigentlich Gute; sodann und auf dieser Grundlage als Urteilsgewissen die Unterscheidung von Zielen und die Beurteilung konkreter Handlungsschritte. Alles beginnt mit dem inneren Dialog, mit dem ehrlichen Selbstgespräch, mit der Vorstellung der Heimkehr zu Gott und der tastenden Vorwegnahme des dann folgenden Gesprächs. Gewissen heißt zuerst und ganz besonders immer Erinnerung, Urerinnerung an das Gute, das mir zuteil wurde und auf das ich dankbar antworten will durch das eigene Leben. Gewissen heißt Nachdenklichkeit in Erinnerung und Vorausdenken. Gewissen heißt Überwindung der inneren wie äußeren Sprachlosigkeit.

Der Sohn wird durch die innere Bekehrung und die äußere Umkehr wieder lebendig, er wird im Haus des Vaters wieder zum Sohn des Vaters. Zu denken ist an die alttestamentliche Verheißung des Propheten Nathan an David: „So läßt der Herr dir also verkünden, daß der Herr dir ein Haus bauen wird... Ich will ihm Vater sein und er wird mir Sohn sein."³⁶ Gerade in diesem wiedergefundenen Kindsein des Sohnes[37] liegen sein Leben und seine

---

[35] Lk 15, 16.
[36] 2 Sam 7, 11. 14.
[37] Diesen Aspekt macht stark André Gide, Le Retour de l'enfant prodigue (1907), Paris 1951; vgl. Hans C. Askami, La parabole du „fils prodigue" dans la Bible et chez André Gide, in: Positions luthériennes 57(2009)1-21; ich danke Thomas Söding für den Hinweis.

Erlösung; dies wird deutlich unterstrichen von Romano Guardini (1885-1968):

> „Das Kindsein, das Jesus meint, ist die Entsprechung zu Gottes Vaterschaft. Für das Kind hängt ja alles mit Vater und Mutter zusammen. Durch diese kommt alles heran. Sie stehen überall. Sie sind Ursprung, Maßstab und Ordnung. Für den Erwachsenen verschwinden Vater und Mutter. Überall steht eine zusammenhanglose, feindselige, gleichgültige Welt. Der Vater und die Mutter sind weggegangen, und alles ist heimatlos geworden (...) Der kindliche Sinn ist die Haltung, die in allem Entgegentretenden den Vater im Himmel sieht. Um das aber zu können, muß das, was im Leben geschieht, verarbeitet werden; aus der bloßen Verkettung des Daseins muß Weisheit, aus dem Zufall muß Liebe werden. Das echt zu vollziehen, ist schwer. Es ist der Sieg über die Welt (1 Johannes 5,4). Kind werden im Sinne Christi ist das nämliche, wie christliches Reifen."[38]

Eine solche Sicht des Lebens entsteht aus dem Glauben an eine echte Vorsehung Gottes: Vorsehung ist gemeint, nicht Vorherbestimmung oder Vorausplanung. Damit kommt der zweite Knotenpunkt der Erzählung in den Blick: Der Vater sieht den Sohn und kommt hinaus: Der Umkehr des Sohnes entspricht die erwartende und entgegenkommende Haltung des barmherzigen Vaters. Beiden Söhnen kommt der Vater entgegen und tritt dazu aus dem Haus und gleichsam aus sich heraus. Der Vater ist vom Wesen her lebendige Erwartung und genau in diesem Sinn gütige Vorsehung, nicht im Sinne einer starren Vorherbestimmung, sondern ganz im Sinn der scholastischen Lehre vom *concursus divinus*, also wörtlich vom göttlichen „Mitlaufen", von der göttlichen Mitwirkung mit der menschlichen Entscheidung: Das Gute, das der Mensch will, will auch Gott und fördert es durch seine Gnade; das Böse hingegen, das der Mensch wählt, lässt er mit Rücksicht auf die menschliche Freiheit zu. Diese Vorstellung einer Zusammenarbeit von göttlicher Gnade und menschlicher Freiheit steht dem Gottesbild des Deismus gegenüber, der gemäß Gott nach vollendeter Schöpfung nicht mehr in den Lauf der Welt eingreift. Im Gnadenstreit des späten 16. Jahrhunderts spitzte sich die Kontroverse um die adäquate Zuordnung von göttlicher Gnade und menschlicher Freiheit zu und zwar mit der Veröffentlichung des Buches „Concordia liberi arbitrii" des Jesuiten Luis de Molina (1535-1600) 1588, der gegen den Dominikaner Domingo Banez (1528-1604)

---

[38] Romano Guardini, Der Herr (1937), Würzburg 1951, 218.

die neuere Lehrmeinung einer *scientia media,* eines mittleren göttlichen Wissens vertrat:[39] Gott könnte zwar grundsätzlich die vom Menschen gewählten Optionen vorherwissen (*scientia ultima*), da er außerhalb von Raum und Zeit existiert und die Zeit gleichsam überblickt, aber er verzichtet um der menschlichen Freiheit willen auf dieses vorherbestimmende Vorwissen und beschränkt sich auf das mittlere Wissen, das sich in der Form der Mitwirkung bei guten und der Zulassung bei bösen Entscheidungen zeigt.[40] Göttliche Vorsehung wird gedacht als frei lassende und dennoch die größere Liebe erhoffende Liebe des Vaters, als beständige Sicht des Vaters nicht nur auf ein allgemeines Gutes, sondern auf das konkrete und individuelle Gute des Sohnes. Der Vater sieht gerade als Vater stets mehr an Möglichkeiten als der Sohn, der sein Versagen und seinen Schiffbruch bei den Schweinen sieht und erschüttert gar nicht daran zu denken wagt, als Sohn zurückzukehren, sondern schlicht und höchstens als Tagelöhner.

Dass der Vater mehr sieht als nur die Gerechtigkeit einer Rückkehr zu ermäßigten Konditionen, das gerade ist seine Barmherzigkeit: Barmherzigkeit überbietet die bloß zwischenmenschliche Gerechtigkeit und ist daher spezifisch göttlich. Oder nochmals anders: Vom Wesen her ist Gottes Gerechtigkeit im Zugehen auf den Menschen stets Barmherzigkeit als konkrete Sicht auf das Herz des konkreten Menschen und dessen Möglichkeiten der Umkehr und Bekehrung. In dieser Sicht freilich setzt die Barmherzigkeit Gottes stets die menschliche Bereitschaft zur Umkehr voraus und läuft ihr parallel. Denn ohne das Gleichnis vom verlorenen Sohn und vom barmherzigen Vater zu überdehnen ist doch zu vermerken, dass der Vater dem Sohn nicht zu den Schweinen nachläuft, er kommt ihm entgegen bei dessen Umkehr. Der Umkehr des Sohnes entspricht genau das Entgegenkommen des Vaters. Diese entgegenkommende Vergebung aber ist das Geben: die Gabe der Anerkennung des wiedergefundenen Sohn-Seins, die Gabe der nicht nachtragenden und niemals berechnenden Liebe:[41]

---

[39] Vgl. Luis F. Ladaria, Antropologia teologica, Casale Monferrato 1995, 346-348.
[40] Bekanntlich erklärte Papst Paul V. (1605-1621) im Jahre 1607 durch autoritativen Lehrentscheid den Gnadenstreit zwischen Jesuiten und Dominikanern für vorläufig beendet und behielt dem Hl. Stuhl eine endgültige Lehrentscheidung vor, auf die bis heute gewartet wird... (DS 1997, auch 2008, 2509, 2564).
[41] Vgl. Risto Saarinen, Liebe, Anerkennung und die Bibel. Die Gabetheorien der heutigen Theologie, in: Jahrbuch für Biblische Theologie 29(2014)321-338:

„Der Vater gibt dem Sohn, was der Sohn nicht mehr forderte, nämlich die Sohnschaft, ohne sogar darauf zu hören, was der Sohn erbat – den Tausch. Der Vater antwortet auf die Anfrage, das Tauschverhältnis wieder herzustellen, durch die Gabe, oder vielmehr durch das Übermaß der Gabe, das heißt durch die Wiederholung der Sohnschaft, durch das Verzeihen, welches die anfängliche und verlorene Gabe wiedergibt."[42]

Die Selbstanklage des Sohnes bei seiner Rückkehr hingegen wird vom Vater mit keiner Silbe erwähnt oder gar beantwortet, stattdessen wird der Sohn wie zuvor als Sohn behandelt und mit dem besten Kleid ausgestattet. Für die Kirchenväter ist dies ein deutlicher Hinweis auf das Taufkleid als Gabe Gottes, das der verlorene Mensch im rettenden Bad der Taufe von Gott als himmlisches Hochzeitskleid verliehen bekommt: Die verlorene Gabe der Gottesähnlichkeit wird wieder geschenkt und soll die bleibende Dankbarkeit des Menschen über das Geschenk der erlösenden Taufe entfachen. Für die scholastische Theologie ist es zugleich ein Hinweis auf das Sakrament von Buße und Beichte, dessen Lossprechung von Sünden die Taufgnade immer wieder verleiht und den Menschen befähigt, die Sünde zu überwinden. Gott, der nur das Gute kennt, holt den Menschen, der Reue und Umkehr zeigt, stets neu in den Raum des Guten und in das Vaterhaus zurück. Nicht zuletzt, so Hanna-Barbara Gerl-Falkovitz, macht der sprachliche Unterschied zwischen Vergebung und Verzeihung, oder deutlicher: zwischen Lossprechung und Rücksendung auf den eigentümlichen Charakter der biblischen Rückgabe des ursprünglich Guten und die endgültige Zurückweisung des Bösen aufmerksam:

> „Die Präzision des Lateinischen unterscheidet zwischen *absolutio* (Ablösung, Lossprechung, Vergebung) und *remissio*, was im Deutschen unscharf mit Verzeihung übersetzt wird. Verzeihung ist jedoch etwas anderes als *remissio*. Etymologisch enthält Verzeihung einen Verzicht, betont den subjektiven Preis der Vergebung für den vergebenden („der Herr zahlt für die Knechte"). *Remissio* aber

---

„Die Gabe der göttlichen Anerkennung bildet einen Grund, auf dem die herkömmlichen Liebesbegriffe *philìa*, *éros* und *agápe* wachsen können." (338, mit Verweis auf Werner G. Jeanrond, A Theology of Love, London / New York 2010). Vgl. auch Christine Büchner, Wie kann Gott in der Welt wirken? Überlegungen zu einer theologischen Hermeneutik des Sich-Gebens, Freiburg/Br. 2010.

[42] Jean-Luc Marion, Gabe und Verzeihung, aaO, 160. Zum Ganzen auch ders., Gabe und Vaterschaft, in: Walter Schweidler / Émilie Tardivel (Hgg.), Gabe und Gemeinwohl, aaO, 53-83.

> meint wörtlich ein Zurückschicken, Zurückweisen, und betont damit den objektiven Charakter des Vorgangs: das Rücksenden eines Bösen in seine Nichtswürdigkeit, die Rückführung des Scheins auf sein Gar-Nichts."[43]

Der Vater als der Vergebende, so könnte man nochmals etwas anders gewendet sagen, vergibt gerade, weil er mehr sieht als die Sünde und den Sünder; er sieht beständig und trotz der körperlichen Abwesenheit des Sohnes dessen Ideal und ursprüngliche Idee als Hausgenosse des Vaters. Das Ideal umreißt die wirklich mögliche und erreichbare Idee. Im Blick auf die menschliche Person ist die geistige maximale Wirklichkeit der Idee dieses konkreten Menschen gemeint, die im Geist Gottes aufrecht erhalten wird trotz und gegen alle Abirrungen: Der eigentliche Sohn ist immer im Haus, auch wenn der uneigentliche Sohn weit entfernt ist. Zugespitzt könnte man fast sagen: Der Vater sieht: Es ist gut, dass der Sohn (der Idee und der Möglichkeit nach) hier im Haus ist. Er denkt nicht einfach: Es wäre gut, wenn der Sohn da wäre. Der Konjunktiv des Guten ist bei dem Vater immer ein Indikativ, auch das ist mit *actus purus* gemeint: reine Wirklichkeit des Guten.

Diese metaphysische Idee des Christentums von Bekehrung und Heilung steht der antiken und heidnischen Vorstellung eines tragischen Schicksals schroff gegenüber: Die tragische Weisheit der griechischen Tragödie etwa

> „will nicht das Leiden moralisch rechtfertigen, sondern einweisen zum Sich-fügen in den Willen der Götter und das Begreifen der menschlichen Grenze. Damit deutet sich dem Menschen das logisch Unbegreifliche der Schickung als leidvolle Weisheit. Das Rätsel bleibt ungelöst stehen, das Warum, das „Leiden am Leiden", löst sich nicht in Wissen auf, sondern behält das Moment intellektueller Ausweglosigkeit bei sich."[44]

Solche ausweglose und bloß duldende Tragik aber passt weder zur zugeschickten Gnade eines gnädigen göttlichen Schicksals[45] noch zur Vorsehung Gottes:

---

[43] Hanna-Barbara Gerl-Falkovitz, Verzeihung des Unverzeihlichen. Anmerkungen zu Schuld und Vergebung, in: Internationale katholische Zeitschrift Communio 45(2016)250-259, hier 256.
[44] Karl Matthäus Woschitz, De Homine: Existenzweisen. Spiegelungen, Konturen, Metamorphosen des antiken Menschenbildes, Graz 1984, 78.
[45] Vgl. Romano Guardini, Freiheit, Gnade, Schicksal (1948), München 1967, bes. 173ff.

„Zum Tragischen gehört eine Welt, die nicht in der Hand des lebendigen Gottes liegt. Es bedeutet, daß in dieser Welt das Edle untergeht, weil es mit Schwäche oder Überhebung verbunden ist; durch eben diesen Untergang aber in einen „idealen" Raum aufsteigt. Der letzte Kern des Tragischen ist – trotz aller Erhebung und Freiheitsahnung, die der Miterlebende empfinden mag – doch Ausweglosigkeit. Hinter der alten Tragödie stand noch die Adventshoffnung; hinter jener der Neuzeit aber steht eine in sich geschlossene Welt, die keine wirkliche Möglichkeit mehr über sich hat, sondern nur einen Traum. Auf ihr liegt ein schrecklicher Ernst; aber auch er ist im Grunde nur ästhetisch. Das zeigt sich gerade in jener darüber aufsteigenden „idealen" oder „geistigen" Sphäre. Sie ist der letzte verblassende Schimmer des einst geglaubten wirklichen Reiches der Freiheit, nämlich Gottes und seiner Gnade. Davon ist nur dieser Rest geblieben, der zu nichts verpflichtet; der den Betrachtenden nur tröstet, solange er nicht genau zusieht.. Für den christlichen Glauben gibt es weder eine derart in sich verschlossene Welt, noch einen derartigen geistig idealen Raum. Es gibt den Menschen und die Dinge, und sie stehen vor Gott. Gott ist ihr Herr, aber auch ihr Erlöser; der unbestechlich Richtende, aber auch der über alles menschliche Hoffen hinaus Vergebende und Neuschaffende. Tragisch ist im Geschick eines Menschen, wenn etwas Hohes hätte sein können, aber verloren ging; doch im letzten Sinne ist selbst das in den Willen Gottes aufgenommen, welcher der Liebende und Allmächtige ist – allmächtig auch über Schuld und verlorene Möglichkeit."[46]

Der jüngere Sohn kehrt heim in seine eigentliche, lang verloren geglaubte und scheinbar vergessene beste Möglichkeit. Sein Scheitern außerhalb seines eigentlichen Wesens, bis hin zu den Schweinen, war bloße Episode, nein mehr: Es war Möglichkeit und Weg, um die anfangs wertlos scheinende Möglichkeit des Lebens beim Vater als beste Möglichkeit des eigenen Lebens zu erkennen. Denn was zerbrach und verloren ging, was geheilt und wiedergefunden wurde, ist nun besonders kostbar. Unverdiente Gnade erweckt Dank, verdientes Recht hingegen nur Anspruch.[47]

Diesen Weg, und das ist der dritte Punkt von besonderem Interesse im Gleichnis, hatte der ältere Sohn – wiederum wiederholt sich ja der alttestamentliche Antagonismus der beiden Brüder – nicht, und genau dies wird ihm zum Verhängnis. Er bleibt verstei-

---

[46] Ders., Der Herr, aaO, 379.
[47] Vgl. aus evangelischer Perspektive Christoph Landmesser, Die Rückkehr ins Leben nach dem Gleichnis vom verlorenen Sohn (Lukas 15, 11-32), in: Zeitschrift für Theologie und Kirche 99(2002)239-261.

nert im Blick auf die bloße Gerechtigkeit. Die Wucht dieser inneren Versteinerung lässt sich erschütternd erkennen an seiner beharrlichen Weigerung, den Bruder beim Namen zu nennen: Er ist für ihn nur „dieser dein Sohn", als sei schon lange jede Herzensverwandtschaft und Herzensbindung erloschen, als gäbe es nur noch den kalten Raum zuteilender und beanspruchender Gerechtigkeit. Die zwei Brüder sind ja in Wahrheit nur zwei Möglichkeiten im Menschen schlechthin. Auch der jüngere Sohn begann einst seinen Weg mit dem Anspruch auf gerechte Zuteilung des Erbes. Sein Weg jedoch führte von der Gerechtigkeit tief hinein in die Erfahrung eines kalten und nur von den Schweinen erwärmten Elends. So ringt er sich zur Umkehr durch und zur Rückkehr zum Vater. Damit aber wird Gerechtigkeit depotenziert, einfacher gesagt: als durchaus vorläufig erwiesen, als bloßer Platzhalter der Liebe, deren Notwendigkeit gerade durch die Gerechtigkeit schmerzlich bewusst bleibt und die früher oder später – spätestens in dem, was der christliche Glaube Ewigkeit nennt – an die Stelle der Gerechtigkeit treten muss. Tut sie es nicht, dann ist Hölle. Daher ist im Kern jede Bekehrung und jeder Neuanfang ein Ärgernis für jene kalte Gerechtigkeit, die sich für endgültig hält.

> „Wirklich, je länger man es bedenkt, desto klarer fühlt man, daß es für den bloßen Gerechtigkeitssinn im Grunde ein Ärgernis bedeutet, wenn Bekehrung geschieht! Die Gerechtigkeit steht in Gefahr, nicht zu sehen, daß über ihr das Reich der Freiheit und schöpferischen Liebe, die Anfangskraft des Herzens und der Gnade sind. Wehe dem Menschen, der nur in der Gerechtigkeit leben wollte! Wehe der Welt, in welcher es nur nach der Gerechtigkeit ginge!"[48]

Das Gesetz nämlich und seine letztlich hilflosen Versuche, wenigstens einen Rest von Liebe vor dem behenden Abgleiten in die schiere Brutalität zu bewahren, sind niemals auf Dauer geeignet, ein vollkommenes Glück des Menschen in den Blick zu bekommen, vielmehr soll ein vom Gesetzgeber gesicherter Standpunkt ermöglicht werden, von dem aus jeder Mensch seine Würde und sodann seine Liebenswürdigkeit zur Entfaltung bringen kann. Diesen Standpunkt nennen wir Grundrechte; in vielen Verfassungen wird dies in den Grundrechtsartikeln festgeschrieben; im deutschen Grundgesetz ist dies verankert in Artikel 1: „Die Würde des Menschen ist unantastbar. Sie zu achten und zu schützen ist Verpflich-

---

[48] Romano Guardini, Der Herr, aaO, 305.

tung aller staatlichen Gewalt."[49] Das Gesetz und ein Leben im Gesetz ist daher einer beständigen Gratwanderung vergleichbar: wer sich auf dem Grat und dem Gesetz ausruhen will, der scheitert und stürzt ab, nur wer sich nach mehr sehnt als Gesetz und Gerechtigkeit, wird auch mehr sehen. Die Ethik Jesu schaut aus nach der besseren Gerechtigkeit, nach der Gerechtigkeit der entgegenkommenden Vergebung, die allerdings – ärgerlicherweise – jede weltliche Gerechtigkeit endgültig überholt und überflüssig machen wird.[50]

Das Gleichnis vom verlorenen Sohn endet offen und fast enttäuschend, als erwarte es ein Weitererzählen und eine Fortsetzung – und ein gutes Ende? – vom konkreten Leben des Lesers selbst. Das Gleichnis sagt nämlich nichts von einer Antwort des älteren Bruders, von einer Antwort mithin des Menschen im inneren Dialog mit sich selbst: ob sich die Liebe lohne und der erste Schritt der Vergebung, ob mehr möglich sei als nur ein Leben nach Recht und Gesetz, ob vielleicht am Ende überhaupt keine buchhalterische Bilanzierung des eigenen Lebens möglich und sinnvoll sei, ob der Blick auf Gewinn und Verlust gar dauerhaft das Leben vergifte? Alles hängt vom Ausgang dieses inneren Dialoges im Leben des Menschen ab: ob der Sprung aus der Selbstsicherung gelingt oder ob Angst um die vermeintliche eigene Identität das Handeln diktiert. Hier und nur hier entscheidet sich der Mehrwert der theologischen Ethik: ob Gott wirklich mehr sehen lässt oder ob er bloße Chimäre bleibt, ob Gott die Liebe nicht nur für sich und in sich ist, sondern wirkmächtig in der Welt christlicher Ethik.[51] Hier ist wirklich der Ort für den moralischen Gottesbeweis: Ermöglicht der Glaube an den unsichtbaren Gott ein neues und radikal anderes

---

[49] Vgl. Norbert Brieskorn, Das Grundgesetz in seinem Verhältnis zur abendländischen Theologie, in: Jakob Kraetzer (Hg.), Das Menschenbild des Grundgesetzes. Philosophische, juristische und theologische Aspekte, Berlin 1997, 27-47 mit Blick auf Art. 1: „Mögen auch die Antike und die an der Antike einseitiger ausgerichtete Renaissance zu dieser Bewertung des Menschen beigetragen haben, um am Menschen die ihm eigene Würde zu erkennen, so wirkt doch unbestreitbar die jüdisch-christliche Botschaft von der Gottebenbildlichkeit des Menschen mit." (33)

[50] Vgl. Manuel Vogel, Die Ethik der „besseren Gerechtigkeit" im Matthäusevangelium, in: Zeitschrift für Neues Testament 36(2015)57-63.

[51] Vgl. Réal Tremblay, La figura del buon Samaritano, porta d'entrata nell'Enciclica di Benedetto XVI „Deus Caritas est", in: Studia Moralia 44(2006)393-409.

sichtbares Leben und ermöglicht er einen neuen Sinn und ein gänzlich neues Ziel der Geschichte?[52]

„So wird die Rückkehr des jüngeren Bruders für den älteren zur Schicksalsstunde. Das Gleichnis sagt weiter nichts von ihm; sicher aber steht er vor einer weittragenden Entscheidung. Wenn er bei der bloßen Gerechtigkeit bleibt, muss er in eine Enge kommen, die ihm die Freiheit des Geistes und des Herzens zerstört. Alles hängt davon ab, ob er sieht, was die Worte des Vaters bedeuten; was eigentlich Vergebung und Bekehrung sind, und so in jenes Reich der schaffenden Freiheit eintritt, welches über der Gerechtigkeit liegt."[53]

---

[52] Vgl. Knut Backhaus, „Maranatha. Unser Herr, komm!" Das Neue Testament über den Sinn der Geschichte, in: Theologie und Glaube 90(2000)93-115.
[53] Romano Guardini, Der Herr, aaO, 306.

STAAT UND SAKRAMENT:
ZWEI REICHE BEI AUGUSTINUS

Augustinus denkt, gedrängt durch die eigene Biographie und durch die weitschweifenden Irrungen und Wirrungen des eigenen Lebens, ständig über den Weg des Menschen zum Ziel nach. Er denkt nach über den Sinn der Umwege und Abwege, und über die Möglichkeit von Korrektur und Umkehr im eigenen Leben, und grundsätzlich bekennt er die Notwendigkeit der Bekehrung[1] auf dem Weg zum wahren Glück: Bekehrung und Umkehr sieht er explizit nicht als vermeidbares Unglück, sondern als entscheidendes Nadelöhr auf dem Lebensweg zum vorher kaum geahnten Glück.

> „Was das Glück des Menschen ausmache und wie es zu erreichen sei, war eines der Standardthemen der griechischen und römischen Philosophie. Den unterschiedlichen Angeboten, welche die einzelnen Philosophenschulen ihren Anhängern machten, hielt der Neubekehrte entgegen: Wer Gott hat, ist glücklich."[2]

Und so fragt Augustinus in seinem für die gesamte christliche Theologie ungemein folgenreichen Büchlein „De beata vita" (Über das glückselige Leben) gleich zu Beginn: „Hat uns Gott oder die Natur in diese Welt wie in ein stürmisches Meer geworfen? Und durchaus überraschend fährt er fort: Wenn es so wäre, „wie wenige könnten da erkennen, woran sie sich halten und auf welchem Wege sie zurückkehren müssen, verschlüge nicht irgendwann ein Sturm – den Toren scheinbar ein Unglück – die unkundigen Irrfahrer gegen Willen und Widerstand ins heiß ersehnte Land?"[3] Etwas nüchterner ausgedrückt: Jeder Mensch sieht sich – zunächst vollkommen unbefragt und ohne eigenen Willen – ins Leben und ins Dasein geworfen. Niemand wurde um seine Einwilligung zum Lebensbeginn gefragt, jeder sieht sich zur Existenz verurteilt, jeder muss sein Leben als widerwilliges Glück wider Willen begreifen. In biblischer (und augustinischer) Sprache bringt es Hannah

---

[1] Vgl. Robin Lane Fox, Augustine: Conversions to Confessions, New York (Basic Books) 2015.
[2] Klaus Rosen, Augustinus. Genie und Heiliger, Darmstadt 2015, 78.
[3] Augustinus, De beata vita I 1 (PL 32, 959-976).

Arendt (1906-1975) auf den Punkt: Jedem wurde von Gott ein Anfang gegeben, und dieser Anfang trägt den Namen Liebe, als Ausdruck für die von Gott gewollte unbedingte Notwendigkeit des Geschöpfes Mensch.[4] Der Anfang deutet die Vollendung schon an und wartet doch auf die konkrete Ausfaltung im Leben des angefangenen Menschen: Je nachdem, wie der Anfang gedeutet wird, leuchtet die Vollendung der Weg dorthin auf. Wenn der christliche Glaube Gott als Anfang aller Dinge und jedes Menschen begreift und zwar als Liebe, dann konturiert sich der Weg zur Vollendung dieses Anfangs in liebender Antwort auf den Ruf zum Leben. Grundlegend steht dahinter die existentielle Frage: Hat dieses Leben mehr Sinn und Bedeutung als dereinst einfach nur dagewesen zu sein? Gibt es mehr als das bloß biologische Überleben? Könnte es sein, dass der Mensch das einzige Lebewesen ist, das in der Lage ist, innerhalb des physischen Lebens einen metaphysischen Sinn zu erkennen und sein physisches Überleben nach diesem metaphysischen Sinn auszurichten, woraus erst Richtung und Wahrheit eines Lebens erwüchsen, bis hin zum Verzicht auf ein weiteres physisches Überleben um eines metaphysischen Sinnes willen, wie im Fall der Märtyrer?

Augustinus spinnt den Gedanken als Theologe und neu bekehrter Christ noch etwas weiter: Ist der Mensch eigentlich überhaupt in der Lage, in seinem Leben ein Glück und einen letzten Sinn zu erkennen? Könnte etwa das Meer des Lebens, immer stürmisch und scheinbar zum Schiffbruch führend,[5] nur den Toren als Unglück, den an Gott Glaubenden aber als zielführende Schwierigkeit erscheinen? Ist alles am Ende eine Frage der Perspektive, der innerlichen Einstellung und der Deutung der äußeren Umstände und Ereignisse? Handelt Gott letztlich gar nicht so sehr durch äußere Ereignisse als vielmehr durch die Ermöglichung innerer Perspektiven die zur wirkmächtigen Deutung und Gestaltung der äußeren Umstände führen? Schon in den „Confessiones", seinen in Gebets-

---

[4] Vgl. Hannah Arendt, Der Liebesbegriff bei Augustin, Berlin 1929; zu dieser Dissertation von Arendt bemerkt Annette Vowinckel, Hannah Arendt, Stuttgart 2014, 17: „In seiner Rückbezogenheit auf den göttlichen Ursprung sieht der Mensch sich als abhängiges Geschöpf, wie er sich auch im liebenden Begehren als abhängig erfährt."

[5] Vgl. Hans Blumenberg, Schiffbruch mit Zuschauer, Frankfurt/M. 1997, 13: „Der Schiffbruch ist in diesem Vorstellungsfeld so etwas wie die legitime Konsequenz der Seefahrt, der glücklich erreichte Hafen oder die heitere Meeresstille nur der trügerische Aspekt einer so tiefen Fragwürdigkeit."

form gehaltenen Bekenntnissen und Lobpreisungen über den eigenen Lebensweg und die Bekehrung, ermahnt Augustinus sich und den Leser zu solcher Innerlichkeit. Die Bekenntnisse sind eine Rückschau auf die Bekehrung. Sie beschreiben – Kurt Flasch weist nachdrücklich auf Möglichkeiten einer psychoanalytischen Interpretation nicht zuletzt im Blick auf das komplizierte Verhältnis zur Mutter Monica hin – „exemplarisch die Rückkehr der Seele zu ihrem Ursprung, und das heißt:

> Aufs Ganze gesehen ist unser Leben Nacht, glückselig sind wir hier nur der Hoffnung nach. Insgesamt charakterisiert Augustin in den *Confessiones* unser Leben als mühselig, herumirrend und zerrissen. Seine Unruhe ist göttlichen Ursprungs, garantiert aber nicht von sich aus die Erreichung des Ziels."[6]

Die Wanderschaft des Menschen erfolgt nicht, wie in der antiken Welt gedacht, aus eigener Kraft und Anstrengung; „die Wanderschaft der Seele ist die Tat des als wählend und handelnd gedachten Gottes."[7] Die transparente Innerlichkeit des inneren Dialogs des Ich mit sich selbst wird erst ermöglicht durch die eschatologische Perspektive: Das Ich bekennt die Wege und Umwege zum Ziel des Vaterhauses.[8] Erst der überzeitliche Gott ermöglicht die Rückkehr des Menschen aus der Zeit in die Ewigkeit; diese Rückkehr ist Umkehr von den vergänglichen zu den unvergänglichen Gütern; diese Umkehr bewirkt gegen alle Zerrissenheit des menschlichen Wollens. Diese Innerlichkeit hat

> „das Bewußtsein von Geschichte; das Wissen um Führung und Verantwortung, und das gibt ihr den sittlich-personalen Ernst. Denn wenn wir von der augustinischen Innerlichkeit sprechen, dürfen wir nicht vergessen, daß zu den *Confessiones*, die von seiner inneren religiösen Erfahrung handeln, einmal die *Retractationes* gehören, die er am Ende seines Lebens geschrieben hat, um sich das denkerische Werk dieses Lebens vor Augen zu bringen und es endgültig zu be-

---

[6] Kurt Flasch, Augustin. Einführung in sein Denken, Stuttgart 2013, 258, mit Verweis auf Charles Kligerman, A Psychoanalytical Study of the Confessions of St. Augustine, in: Journal of the American Psychoanalytic Association 5(1957)469-484, und ebd. 245: „Nachdem die psychoanalytische Forschung auf diese Parallele zwischen Äneas und Augustin hingewiesen hat, läßt sie sich im Text der *Bekenntnisse* schwerlich übersehen."
[7] Kurt Flasch, Augustin, aaO, 258.
[8] Vgl. Roberto Gatti, Storie dell'Anima. Le *Confessioni* di Agostino e Rousseau, Brescia 2012, mit Verweis auf Augustinus, Confessiones X 6, 4, und in aufschlußreichem Vergleich mit Jean-Jacques Rousseau, Les confessions.

urteilen; dann aber noch die *Civitas Dei*, worin er das geschichtliche Gesamtdasein und innerhalb dessen das christliche aufzurufen und zu verstehen sucht. Die augustinische Innerlichkeit hat die ganze Kraft eines ungewöhnlichen Selbstgefühls, welches sich dem übrigen Sein gegenüberstellt – wir denken an das Wort der *Soliloquia*: „Gott und meine Seele, sonst nichts!"⁹

Im Inneren und in seinem Gewissen entdeckt der Mensch das Gute und damit Gott. Es ist eine Innerlichkeit, die sich in der Gestaltung der äußeren Ordnung fortsetzt und eine solche Ordnung des menschlichen Zusammenlebens beherrschen und gottgemäß machen möchte und vom inneren Abbild Gottes zum äußeren Abbild voranschreitet. Diese Innerlichkeit Gottes ist der eigentliche Kern der *civitas Dei*, des idealen Gottesstaates, der der faktischen *civitas terrena*, dem Erdenstaat gegenüber steht: im Gewissen durch die Schöpfung angelegt, durch die Erbsünde geschwächt, durch die Menschwerdung Christi erlöst und wiederhergestellt, durch die Sakramente der Kirche Christi dauerhaft und bis zum Anbruch der Ewigkeit gesichert. *Civitas* meint immer einen moralischen Ort von religiöser und politischer Zivilisation, im Unterschied zum physischen Ort der *urbs*, also der Stadt. Anders gesagt: Wir erfahren in uns selbst, „daß es einen Gottesstaat gibt, dessen Bürger wir aufgrund jener Liebe zu sein verlangt haben, die uns sein Gründer eingegeben hat", wir begreifen den zweifachen Raum der Liebe Gottes in uns und in der uns umgebenden Welt:

> „Dieselbe Liebe zu Gott, die Augustinus die „Bekenntnisse" schreiben ließ, drängte ihn, Bürger des Gottesstaates zu werden. Diese Liebe war keine Regung des autonomen Individuums, sondern Gott gab sie dem Menschen ein, und so wurde er zum Gründer seines Staates. Es war der dreifaltige Gott, weshalb auch Christus als Gründer erschien. Die Staatsgründung fand statt, als Gott die Welt und den Menschen nach seinem Bild schuf und diesem die Liebe zum Schöpfer mitgab."¹⁰

Augustinus entfaltet sein Bild von Mensch und Geschichte im Ausgang von der Erschaffung des ersten Menschenpaares Adam und Eva, die natürlich wiederum typisch und typologisch für die Menschheit stehen. Im Zweifel an Gottes vollkommen genügender Liebe verlor der Mensch das Paradies und verfiel dem zweckbe-

---

⁹ Romano Guardini, Augustinus. Der innere Vorgang in seinen Bekenntnissen (1935), Mainz 1989, 31.
¹⁰ Klaus Rosen, Augustinus, aaO, 170.

stimmten Denken von Konkurrenz und Aggression. Ein erster Höhepunkt ist mit dem wiederum typologischen Brüderpaar Kain und Abel außerhalb des Paradieses erreicht: „Von den beiden Eltern des Menschengeschlechts ward also zuerst Kain geboren, der dem Menschenstaate angehört, darauf Abel, der Angehörige des Gottesstaates."[11] Nachdem der Gottesstaat, der Garten der guten Gemeinschaft mit Gott, verlassen ist, nachdem sich der Mensch in Scham voreinander und vor Gott verbirgt, beginnt das Elend des Menschenstaates, die Not der feindlichen Brüder. Der entscheidende kurze Dialog zwischen Gott und Kain ist zweigeteilt und spielt sich vor und nach dem Brudermord ab.

„Abel wurde ein Schafhirt, Kain aber wurde ein Ackerbauer. Nach geraumer Zeit geschah es nun, daß Kain von den Früchten des Feldes dem Herrn ein Opfer darbrachte. Auch Abel brachte ein Opfer dar von den Erstlingen seiner Herde, und zwar von den Feststücken. Der Herr schaute gnädig auf Abel und sein Opfer. Auf Kain und sein Opfer aber schaute er nicht. Deshalb wurde Kain sehr zornig und senkte seinen Blick. Da sprach der Herr zu Kain: Warum bist du zornig und senkst deinen Blick? Wenn du recht handelst, erhebst du dann nicht das Haupt? Wenn du aber nicht recht handelst, steht dann nicht die Sünde an der Tür, ein lauerndes Tier, das nach dir verlangt und das du beherrschen sollst? Hierauf sprach Kain zu Abel, seinem Bruder: Lass uns aufs Feld gehen! Als sie aber auf dem Feld waren, erhob sich Kain gegen seinen Bruder Abel und schlug ihn tot. Da sagte der Herr zu Kain: Wo ist dein Bruder Abel? Er antwortete. Ich weiß es nicht. Bin ich denn der Hüter meines Bruders? Darauf sprach er: Was hast du getan? Das Blut deines Bruders schreit zu mir von der Erde."[12] Das Böse ist kein blindes Verhängnis, der Mensch ist ansprechbar auf die Versuchung und die Entscheidung zum Guten oder zum Bösen, der Mensch sollte Hüter des Bruders sein. Das Wort „Hüter" übersetzt das lateinische Wort „custos" der Vulgata, das griechische Wort „phylax" der Septuaginta, das hebräische Wort „shamar" des Urtextes: All das heißt identisch „behüten" und „beschützen". Der Mensch steht vor der Entscheidung, den Mitmenschen gegen die Versuchungen des eigenen Herzens zu schützen und sein Recht auf Leben höher zu schätzen als das eigene Recht auf Wohlergehen. Freilich ist der Kontext wichtig, den auch Augustinus zum Aus-

---

[11] Augustinus, De civitate Dei XV 1 (PL 41).
[12] Gen 4, 2-10.

gangspunkt seiner Überlegungen nimmt: es werden Opfer gebracht, der Mensch versichert sich der Gunst der Götter, Gott selbst wird offenbar funktionalisiert und in den Dienst des erfolgreichen Überlebens gestellt. Genau hier sieht nun Augustinus die scharfe Trennlinie zwischen Gottesstaat und Erdenstaat, zwischen dem Reich der reinen und genießenden Liebe, dem „frui", und dem Reich der verzwecklichenden und nutzbringenden Eigenliebe, dem „uti".[13] Augustinus deutet konsequent vom Inneren, von der Gesinnung und von der Motivation her; hier sieht er die Wurzel des Bösen und die Entscheidung zwischen Gott und Ich verortet. Für den Gottesstaat steht Abel, für den Erdenstaat Kain, beide verkörpern zwei grundsätzliche Möglichkeiten im Herzen und in der Gesinnung des Menschen: Gott zu lieben oder sich selbst in Eigensucht zu lieben. So deutet er den Kain,

> „weil Kain insofern schlecht teilte, als er Gott zwar etwas von dem Seinen gab, aber nicht sich selbst. Das tun alle, die nicht Gottes Willen folgen, sondern ihrem eigenen, demnach nicht rechtschaffenen, sondern verkehrten Herzen leben und dennoch Gott eine Gabe darbringen, seine Gunst zu erkaufen, daß er ihnen behilflich sei, nicht etwa ihre bösen Begierden abzulegen, sondern sie zu befriedigen. (...) Denn die Guten gebrauchen die Welt zu diesem Zweck, um Gott zu genießen; die Bösen dagegen wollen Gott gebrauchen, um die Welt zu genießen, sofern sie überhaupt glauben, daß er ist und sich um die menschlichen Verhältnisse kümmert."[14]

Zwei Bürgerschaften oder zwei Zivilisationen beschreibt Augustinus, nichts anderes als zwei äußere Abbildungen von zwei inneren Zuständen. Der Erdenstaat, die *civitas terrena*, hat das bloße Überleben des Menschen zum Ziel, wohingegen der Bürger des Gottesstaates, der *civitas Dei*, danach strebt, in der Bindung an Gott, die durch die Taufe an die Stelle der ursprünglichen und verlorenen Bindung des Paradieses tritt, sein ihm ursprünglich eingestiftetes Ziel und sein Wesen zur Entfaltung zu bringen.[15] Diese augustinische Deutung von Kain und Abel ist allegorisch, oder auch mystisch; sie dient ihm letztlich zur Verdeutlichung des Gegensatzes von Staat und Sakrament; das Staatsverständnis ist gänzlich anders als in der heidnischen Antike. Der Staat steht dem Sakrament, dem

---

[13] Vgl. Oliver O'Donovan, The Problem of Self-Love in St. Augustine, New Haven 1980.
[14] Augustinus, De civitate Dei XV 7.
[15] Vgl. Etienne Gilson, Les métamorphoses de la cité de Dieu, Paris 2005.

mysterion gegenüber und vertritt es zugleich in der öffentlichen Sphäre. Er bildet ab, was eigentlich nicht abgebildet werden kann: Das höchst individuelle und intime Verhältnis der Seele und des Gewissens zu Gott.

„Zum irdischen Staat machte Augustinus eine Bemerkung, die auch Licht auf den Gottesstaat warf: Der irdische Staat strebt nach Herrschaft, ja die Herrschsucht selbst beherrscht ihn, obwohl seine Völker als Sklaven dienen. Beide Staaten sind also nicht die Gesamtsumme ihrer Mitglieder, wie das dem personalen antiken Staatsverständnis entsprochen hätte. „Ein Staat (polis), das sind seine Männer", hieß es beim Historiker Thukydides. „Gottesstaat" und „irdischer Staat" sind vielmehr übergeordnete Begriffe. „Mystisch" nannte sie Augustinus, was man mit „allegorisch" oder „metaphorisch" übersetzt hat. Allegorien waren Jerusalem für den Gottesstaat und Babylon für den irdischen Staat. Aber mit „mystisch" meinte Augustinus auch das *Mysterium*, das Geheimnis beider Staaten, weshalb „symbolisch" die bessere Übersetzung ist. Wie bei Symbolen unausgesprochene Bedeutungen mitschwingen, so auch bei den mystischen Staaten. Ihr Geheimnis wird bis zum Ende der Zeiten dauern, bis zum Übergang von ihrer irdischen zur ewigen Existenz. Dann wird der Weltenrichter Christus beim Jüngsten Gericht die beiden bis dahin ineinander verwobenen Staaten trennen, und es wird zu einem überraschenden Ergebnis kommen: Nicht alle, die auf Erden im Gottesstaat mitpilgern, werden sich im ewigen Los der Heiligen befinden, selbst wenn sie durch sakramentale Gemeinschaft mit ihm verbunden waren. Auf der anderen Seite gibt es unter den bisherigen Feinden des Gottesstaates solche, die von der Vorsehung zu seinen Freunden bestimmt waren, ohne daß sie davon gewußt haben."[16]

Der Erdenstaat ist nach Augustinus ein durch die Ursünde von Adam und Eva notwendig gewordenes Übel, das endgültig im Brudermord die letzte Begründung findet. Dass nämlich der Bruder den Bruder umbringt, kennzeichnet monströs die Macht des Bösen und bedarf der Eindämmung durch die künstliche Zivilisation des irdischen Staates, der wenn schon nicht den Zustand der Liebe, so doch den Zustand der Gerechtigkeit herstellt: *status iustitiae*. Genau von daher hat der Staat den Namen und den Sinn: den moralischen Grundwasserspiegel der Grundrechte zu gewährleisten und im Gesetz zu verankern. Zwar kann die Liebe des Kain zu Abel nicht erzwungen werden, das wäre Gnade, und die ist durch kein Gesetz der Welt erzwingbar. Dennoch kann wenigstens

---

[16] Klaus Rosen, Augustinus, aaO, 161.

das Recht des Abel auf Überleben auch gegen den Machtanspruch des Kain gesichert werden: Das ist nicht genügend für das Glück eines vollkommen guten und geglückten Lebens, aber es genügt zumindest für ein schieres Überleben und lässt immerhin die Erfahrung von Liebe erhoffen. Mehr kann der Staat nicht leisten, er versichert gegen die Überlebensrisiken, nicht gegen die Liebesrisiken. Dem gegenüber jedoch bildet die durch die Taufe und die übrigen Sakramente geformte Bürgerschaft Gottes das pilgernde Gottesvolk (in der Wüste ständiger gegenseitiger Feindschaft), das sich zwar im Erdenstaat befindet und dennoch durch die Sakramente ständig über dessen Verhältnisse hinaus lebt, nämlich im Angesicht und in der Ewigkeit Gottes.

Die so entstehende augustinische Ethik erhofft und ermöglicht die noch ausstehende Ewigkeit.[17] Augustinus stellt sich die beiden Bürgerschaften als vermischt vor, er denkt in diesem Punkt mehr eschatologisch als politisch. Auch wenn sein großes geschichtstheologisches Werk von den beiden Staaten unter dem Eindruck der Belagerung Roms und dem absehbaren Sturz des römischen Reiches durch das Gotenheer unter Alarich im Jahre 410 entstand, so ist doch klar, dass die Bürgerschaft Gottes nicht einfach identisch ist mit der sichtbaren und geschichtlich fassbaren Kirche. Vielmehr findet sich die Zugehörigkeit zu einer der beiden Bürgerschaften zunächst im *forum internum*, also in der unsterblichen Seele einer menschlichen Person, die zwischen den von Augustinus markierten gegensätzlichen Haltungen des rein egoistischen Nützlichkeitsdenkens und dem Geben wie Empfangen selbstloser zweckfreier Liebe wählen kann, bevor solche Wahl sich dann im *forum externum*, im äußeren Handeln und in Taten äußert. Aus dieser unterschiedlichen inneren moralischen Haltung entstehen in der Sicht des Augustinus dann zwei unterschiedene Arten der Zivilisation, die durch zwei sehr verschiedene Arten der Liebe und des Begehrens charakterisiert sind:

> „Demnach wurden die beiden Staaten durch zweierlei Liebe begründet, der irdische durch Selbstliebe, die sich bis zur Gottesverachtung steigert; der himmlische durch Gottesliebe, die sich bis zur Selbstverachtung erhebt."[18]

---

[17] Klassisch nach wie vor Joseph Mausbach, Die Ethik des heiligen Augustinus, 2 Bde, Freiburg/Br. 1929.
[18] Augustinus, De civitate Dei XIV 28.

Der Mensch bedarf, so die dahinter stehende Überzeugung des Augustinus, eines christologischen Naturrechtes als gleichsam zweite Natur einer moralischen Zivilisation. Diese zweite Natur der erlösten und befreiten Liebe wird erst durch Christus und seine Offenbarung der Liebe des Vaters ermöglicht.[19]

Aus diesem eschatologischen Denken des Augustinus folgt – im Unterschied zum griechisch-römischen Modell der Zeit[20] – ein lineares Geschichtsbild: So wie die menschliche Seele so hat auch die menschliche Geschichte ein Ziel, so wie die Menschheitsgeschichte so hat auch die Lebensgeschichte des Individuums ein Ziel. Den Kern dieser Geschichtstheologie bildet die lineare jüdische Zeitwahrnehmung und die platonische Idee des Fortschrittes der Seele auf dem Weg der Läuterung, so dass die Heilung von der Verwundung durch die Ursünde sich gerade in Zeit und Geschichte abspielt. Genauer: Das Ziel der Geschichte ist gerade die Heilung der Seele, wie Augustinus deutlich zu Beginn seines Büchleins „De vera religione" betont: „Ut anima sanetur...", auf dass die Seele geheilt werde.[21] Das Bild trifft sich mit dem Bild der verwundeten Seele vor dem Angesicht des unbestechlichen Richters im platonischen Mythos des „Gorgias":

> „Alles liegt klar zutage an der Seele, wenn sie des Körpers entledigt ist, sowohl die natürliche Beschaffenheit wie auch die Eigentümlichkeiten, die der Mensch durch seine jeweiligen Beschäftigungen der Seele eingepflanzt hat. Wenn sie nun vor den Richter kommen, da hält Rhadamantys sie an und beschaut eines jeden Seele, ohne zu wissen wessen sie ist. (...) Und er sieht nichts Gesundes an der Seele, sondern allenthalben zeigt sie gleichsam Spuren der Geißelhiebe und ist voller Narben infolge der Meineide und der Ungerechtigkeit, wie sie entsprechend der jedesmaligen Handlungsweise der Seele aufgeprägt wurden; und alles ist verkrümmt an ihr infolge der Ver-

---

[19] Vgl. Klaus Demmer, Ius Caritatis. Zur christologischen Grundlegung der augustinischen Naturrechtslehre, Roma 1961.
[20] Vgl. Larry Siedentop, Die Erfindung des Individuums, aaO, 71: „Für Griechen wie Römer war das vorherrschende Modell zum Verständnis von Veränderung zyklisch – der Zyklus von Geburt, Entwicklung und Verfall schien sich nur allzu gut mit ihrer Erfahrung zu decken, der Erfahrung von politischen Verfassungen, die mit Füßen getreten wurden, und von „Tugenden", die durch „Luxus" verdorben wurden. Nur die Bemühungen heroischer Gesetzgeber konnten die Tugenden wiederherstellen, aber auch das nur vorübergehend, bevor der Zyklus seinen Lauf vollendete. Dauer lieferte der Zyklus selbst."
[21] Augustinus, De vera religione III 4, 15 (PL 34, 121-172)

logenheit und Prahlerei, und nichts gerade, weil sie sich nie an die Wahrheit gewöhnt hat."[22]

Der Text gehört zu den Grunddokumenten der europäischen Ethik und der mit ihr verbundenen Geschichtstheologie: Zeit und Geschichte heilen und verderben nicht aus sich, besitzen also moralische Qualität nicht aus sich heraus, sondern nur infolge der moralischen Haltung des Menschen, der gerade in Zeit und Geschichte lebt und ihre gleichsam zunächst neutrale Quantität mit moralischer Qualität aufzufüllen vermag. Anders gesagt: Moralität eignet nicht der Zeit, sondern nur der Geschichte als der vom Menschen gedeuteten und erfüllten und gelebten Zeit. Ethik steht in dieser Sicht im Dienst an der Heilung von Sünde (als grundlegende Lebensverfehlung) und im Dienst an der Versöhnung mit der eigenen Lebensgeschichte.[23] Damit verbunden bestimmt Augustinus den Ich-Begriff neu; wichtig wird jetzt dauerhaft der Begriff des persönlichen Willens, und zwar im Gegenüber zur göttlichen Gnade:

> „Augustinus' Beharren auf der Komplexität des menschlichen Willens – und auf der Bedeutung der Gnade für die menschliche Motivation – sollte die christlichen Ich-Vorstellungen dauerhaft prägen. Die in der Antike vorherrschende, sehr vereinfachte Auffassung des Willens als ein (rationaler oder nicht rationaler) „Akt des Begehrens" wich einem Begriff des Willens als Seelenvermögen",[24]

von nun an spielten die Individualität des Begehrens und eine Psychologie der Gnade eine große Rolle.

Mit den heidnischen Religionen verband sich im eigentlichen Sinne keine politische Ethik oder gar eine Sozialethik, auch wenn es, etwa in der Stoa, starke Ansätze einer individuellen Tugendethik gab. Traditionell galt die Ethik den Pflichten in der Familie.

> „Caritas und Mitmenschlichkeit galten nicht als Tugenden und wären wahrscheinlich nicht verstanden worden. Entscheidend war allein, die Pflichten zu erfüllen, die mit der eigenen Rolle in der Familie verknüpft waren."[25]

---

[22] Platon, Gorgias 525c.
[23] Vgl. Klaus Demmer, Die Lebensgeschichte als Versöhnungsgeschichte. Ein paradigmatisches Thema spiritueller Moraltheologie, in: Freiburger Zeitschrift für Philosophie und Theologie 31(1988)375-398.
[24] Larry Siedentop, Die Erfindung des Individuums, aaO, 137.
[25] Ebd. 27, und ebd. 113 der Hinweis auf Kaiser Julian Apostata, der bereits um die Mitte des 4. Jahrhunderts eine moralische Erneuerung des Heidentums anstrebte: „Die neue Priesterschaft, die er sich wünschte, sollte daran gemessen

Auch das frühe Christentum entwickelte nur zögerlich politisch-moralische Ordnungsvorstellungen; im Zentrum der Bemühung stand stets die persönliche und höchst individuelle Bekehrung; die innere Überzeugung wurde wichtiger als die äußere Erfüllung von Gesetzen. Sozialpolitische Schlagkraft entwickelte jedoch maßgeblich die genuin christliche Idee einer grundlegenden Gleichheit der Seelen auf der Suche nach Erlösung. „Die Rhetorik der Liebe zu den Armen trug den Keim einer neuen Gesellschaft in sich."[26] Damit war aber auch das antike Freund-Feind-Denken im Ansatz überwunden und der Weg frei zur Feindesliebe über die Freundesliebe in der eigenen Familie hinaus.

> „Die politischen Institutionen waren an sich kein Gegenstand christlicher Reflexion. Was das Christentum leistete, war etwas anderes: die konsequente Betrachtung des Politischen unter dem Gesichtspunkt der persönlichen, allerdings von religiösen Autoritäten bestimmten Entscheidung."[27]

Endgültig mit dem augustinischen Geschichtsdenken war nun die Brücke zur sozialpolitischen Gestaltung der Welt vor Augen und wurde bald zaghaft und dann immer entschiedener beschritten. Erst jetzt entwickelt das jesuanische Evangelium vom anbrechenden Reich Gottes auf Erden politische Sprengkraft;[28] man könnte geradezu von der schrittweisen Entwicklung eines augustinischen Liberalismus sprechen. Papst Gelasius I. (492-496) wird diese augustinische Zwei-Reiche-Lehre[29] ein Menschenalter nach dem Tod des Augustinus in einem Brief an den oströmischen Kaiser zur Zwei-Gewalten-Lehre ausfalten, und es lohnt sich, den Wortlaut wahrzunehmen, da der Vorrang des *forum internum* vor dem *forum externum*, der geistlichen vor der weltlichen Gewalt gerade mit dem eschatologischen Gedanken des endzeitlichen Gerichtes begründet wird. Wenn Ewigkeit das Ziel der Zeit ist, dann gebührt

---

werden, ob sie Gott und ihre Mitmenschen liebte und „caritas" als ihre Berufung ansah."

[26] Ebd. 106.
[27] Hartmut Leppin, Politik und Pastoral – Politische Ordnungsvorstellungen im frühen Christentum, in: Friedrich-Wilhelm Graf / Klaus Wiegandt (Hgg.), Die Anfänge des Christentums, Frankfurt/M. 2009, 308-338, hier 335.
[28] Vgl. beispielhaft Eric Gregory, Politics and the Order of Love: An Augustinian Ethic of Democratic Citizenship, Chicago (University Press) 2010.
[29] Vgl. Ulrich Duchrow, Christenheit und Weltverantwortung. Traditionsgeschichte und systematische Struktur der Zweireichelehre, Stuttgart 1970.

dem inneren und unvergänglichen Gewissen der Vorrang vor den äußeren und vergänglichen Strukturen:

> „Es sind deren zwei, erhabener Kaiser, von denen diese Welt in der Hauptsache regiert wird, die geheiligte Autorität der Priesterschaft und die königliche Macht. Dabei bekommt die Verantwortung der Priester insofern mehr Gewicht, als diese am Tage des göttlichen Gerichtes für die Könige der Menschen Rede und Antwort stehen müssen."[30]

Und dies ist dann in der Tat neu gegenüber dem politischen Denken in der heidnischen Antike, aber durchaus konsequent in der Weiterentwicklung der politischen Eschatologie des Alten Testamentes. Zugleich entfaltet sich damit die Differenzierung von sakramentalem *forum internum* und politischem *forum externum*, die zwar als Kirche und Staat unterschieden und dennoch aufeinander bezogen bleiben, und zwar in der typisch augustinischen Rangfolge von Innen vor Außen, von innerer Entscheidung im Gewissen vor äußerer Umsetzung im Handeln. Jede nachfolgende Unterscheidung von geistlicher und weltlicher Macht beruht auf der Vorrangstellung des individuellen Gewissens.

Die damit verbundene Spannung zwischen der inneren Erkenntnis der Liebe Gottes und der äußeren Gestaltung einer gerechten Welt ist die typisch eschatologische Spannung der jetzt beginnenden christlichen Ethik. Im Grunde ist sie eine sakramentale Spannung, getragen von der Überzeugung, der unsichtbare Gott mit seinen moralischen Forderungen mache sich sichtbar in den Sakramenten der Kirche, aus denen sichtbare und rechtlich verfasste Normen entspringen. Diese Spannung ist nicht nur typisch für die augustinische Geschichtstheologie und sein Bild vom Menschen in der Zeit, aber auf dem Weg zur Ewigkeit. Sie ist ebenso typisch für den Weg der christlichen Ethik hinein in die Neuzeit und in die Moderne. Die Spannung bleibt nicht nur, sie wird stärker, je eigenständiger und autonomer und erfolgreicher die „Welt" – verstanden als naturwissenschaftlich orientierter Raum der *poiesis*, des herstellenden Handeln der Technik – wird. Einerseits ist das Christentum auf Selbsttranszendenz angelegt, also auf ein Jenseits über das menschliche zeitliche gedeihliche Überleben hinaus, andererseits soll und muss dieses gedeihliche Überleben gerade um der Vorbereitung auf die Ewigkeit willen gefördert werden. Die neuzeitliche

---

[30] Zit. bei Larry Siedentop, Die Erfindung des Individuums, aaO, 250.

Ethik steht in vielfältiger Weise – keineswegs nur im Blick auf die Sexualethik – im langen Schatten des Augustinus. Charles Taylor kennzeichnet diese augustinische Spannung christlicher Ethik im Blick auf die Neuzeit und die Moderne so:

> „Man sollte hinausgehen über die Wertvorstellungen des normalen *homme moyen sensuel*, dem es in erster Linie um das eigene Wohl, um das eigene Leben geht und der vielleicht sogar bereit ist, zahllose andere dem eigenen Wohl zu opfern. Statt dessen sollte man Gott bejahen, und also auch seine Agape, seine Liebe zur ganzen Menschheit und die Bereitschaft, rückhaltlos zu schenken und allen Besitz aufzugeben, um an der Bewegung der Liebe teilzuhaben. Doch was den normalen Bürger betrifft, scheint diese Antwort eine paradoxe Forderung zu enthalten: Man soll sein Leben zwar im Rahmen aller Praktiken und Institutionen des Gedeihens führen, aber zugleich nicht ganz darin aufgehen. Man soll darin sein, ohne ihnen wirklich anzugehören; man soll in ihnen sein, aber trotzdem Abstand halten und bereit sein, sie zu verlieren. Augustinus hat das so formuliert: Gebrauche die Dinge dieser Welt, aber genieße sie nicht – uti, non frui."[31]

Etwas anders und im Blick auf die bleibende Spannung von Individualethik und Sozialethik formuliert: Das Christentum erhebt politischen und öffentlichen Anspruch, aber im Namen einer gänzlich anderen Politik, als sie im Diesseits denkbar wäre, nämlich gerade im Auftrag und im Namen einer Heilsökonomie Gottes. Diese göttliche Ökonomie trägt den Namen *caritas*; das Wesen Gottes ist die Liebe und soll als konsistente Liebe sichtbar institutionalisiert werden. Die Begriffe *amor* und *caritas* für Liebe waren freilich auch schon in der Stoa, besonders bei Cicero, bekannt, jedoch eher abstrakt als „Basis des bewussten Lebens" aller Menschen:

> „Diese menschliche Universalität, die sich hier das erste Mal kundtut, ist in der allen Menschen gemeinsamen Vernunft begründet. Als vernunftbegabte Wesen beziehen die Menschen *amor nostri* und *caritas* auf das ganze Menschengeschlecht: *caritas generi humani*."[32]

So entstehen frühchristliche Verknüpfungen von Tugendethik und Institutionenethik: Die persönliche Tugend des barmherzigen Sa-

---

[31] Charles Taylor, Ein säkulares Zeitalter, Frankfurt/M. 2009, 145.
[32] Julia Kristeva, Fremde sind wir uns selbst, Frankfurt/M. 2013, 67, mit Hinweis auf Cicero, De finibus bonorum et malorum (dt.: Vom höchsten Gut und größten Übel), V, 23, 65.

mariters soll und kann zu dauerhaften Einrichtungen universaler Nächstenliebe führen; dies soll und kann zugleich im Dienst der Mission und Evangelisierung dienen.

> „Neben der religiösen Motivation, die so oder ähnlich immer wieder eingeschärft wurde, war ein weiterer Vorteil der christlichen *caritas*, dass sie nicht allein auf spontaner Eigeninitiative basierte (die ja auch wieder erlahmen konnte), wodurch Verlässlichkeit, Effizienz und Nachhaltigkeit der Fürsorge gewährleistet waren und ihre Attraktivität sich nach außen hin noch steigern konnte."[33]

Die diesseitige Welt soll verwandelt werden gemäß den Kriterien des Jenseits, der ewigen Welt Gottes. Für das Bild solcher Verwandlung stehen sehr bald nun exemplarisch die neuen Mönchsgemeinschaften, die an die Stelle des äußeren Gesetzes die innere Verpflichtung des Gewissens und den Willen zur gemeinschaftlichen Askese einer dezidiert „urchristlichen Strenge" einer „elitären Gemeinschaft"[34] setzen:

> „In der antiken Familie und Polis hatte man lediglich eine äußere Konformität des Verhaltens erwartet. Dem setzte das Mönchswesen ein Konzept entgegen, welches die Gesellschaftsordnung auf das Gewissen gründet, auf mühsam errungene individuelle Absichten statt auf öffentlich erzwungene Statusunterschiede."[35]

Dementsprechend sind Recht und Gesetz nur – höchst unzureichend, aber unbedingt notwendig – Instrumente der Verwirklichung von Tugend und Güte. Im Hintergrund vibriert ständig und mahnend die grundsätzliche Frage, die Giorgio Agamben so formuliert:

> „Ist eine Lebens-Form denkbar, also ein dem Zugriff des Rechts vollständig entzogenes Menschenleben und ein Körper- und Weltgebrauch, der nicht in einer Aneignung mündet? Das aber heißt, das Leben als etwas zu denken, das einem nicht als Besitz, sondern zum Gebrauch gegeben ist."[36]

---

[33] Franz Dünzl, Fremd in dieser Welt? Das frühe Christentum zwischen Weltdistanz und Weltverantwortung, Freiburg 2015, 133; vgl. ebd. 149: „Dass die christliche *caritas* über die Grenzen der Kirche hinaus Aufmerksamkeit auf sich zog, wird auch durch heidnische Quellen bestätigt..."
[34] Ebd. 159.
[35] Larry Siedentop, Die Erfindung des Individuums, aaO, 124.
[36] Giorgio Agamben, Höchste Armut. Ordensregel und Lebensform, Frankfurt/M. 2012, 12.

Der franziskanische Armutsstreit und die franziskanische ethische Bewegung wird diese Frage später aufgreifen; unter anderen Vorzeichen auch die Entwicklung der Sakramententheologie, insbesondere die Entfaltung der Sakramente von Ehe und Buße. Dahinter steht natürlich ein ursprünglich platonisch inspiriertes Verständnis der Zeit als ein allmählich zu durchschreitendes Gefängnis der unsterblichen Seele, die mehr und mehr die vergängliche Zeit als unzulänglich und doch zugleich als schillerndes Bild der Ewigkeit durchschaut. Das frühe Christentum, insbesondere in der Person und im Denken des Augustinus, greift diese Idee auf und personalisiert sie im Licht der Offenbarung des ewigen Gottes in der zeitlichen Gestalt seines Sohnes: Gott betritt gleichsam die Bühne der Zeit durch Menschwerdung und Kreuzestod und öffnet schließlich in der Auferstehung die sich verkrümmte und zur Vergeblichkeit verdammte Zeit hin zur allein wirklichen Wirklichkeit seiner Ewigkeit.[37]

Maßgeblich für diese typisch augustinische Geschichtstheologie und für die damit verbundene Deutung von Zeit und Ewigkeit ist das Buch XI der *Confessiones* des Augustinus: Zeit ist der Handlungsraum des Menschen, nicht derjenige Gottes, aber Gott erreichte selbst in der Menschwerdung diesen Handlungsraum und verwandelte ihn – symbolisiert im Johannesevangelium in den sieben großen Wundern als Wiederherstellung der sieben Schöpfungstage – durch Handeln, durch Gleichnisse, durch die Auferstehung als endgültige Überwindung der Zeit. Noch einmal unterstreicht Charles Taylor diese Interpretation der Zeit in ihrer Relevanz für die neuzeitliche Ethik:

> „Nach Augustinus ist Gott nicht nur dazu imstande, jegliche Zeit in einen solchen Augenblick des Handelns zu verwandeln, sondern er tut es tatsächlich. Daher sind alle Zeiten für ihn Gegenwart, und er hält sie in seiner ausgedehnten Gleichzeitigkeit. Sein *Jetzt* enthält die ganze Zeit. Es ist ein *nunc stans*. Der Aufstieg zur Ewigkeit ist ein Aufstieg zur Teilhabe am göttlichen Augenblick. Augustinus begreift die normale Zeit als Zerstreuung, Ausdehnung, Einheitsverlust, Abtrennung von der eigenen Vergangenheit und Abschneiden der Verbindung zur eigenen Zukunft. Wir verirren uns in unserem Päckchen Zeit. Aber wir haben eine ununterdrückbare Sehnsucht nach Ewigkeit, und daher sind wir bestrebt, darüber hinaus zu gehen. Leider nimmt dieses Bestreben allzu oft die Form des Versuchs

---

[37] Vgl. Jean Guitton, Le Temps et Eternité chez Plotin et Saint Augustine, Paris 1933.

an, unser Päckchen mit ewiger Bedeutsamkeit auszustatten und daher Dinge zu vergöttlichen, so daß wir immer tiefer in die Sünde geraten."[38]

Freilich wird hier auch die innere Gefährdung dieser augustinischen Dualität von Ewigkeit und Zeit, von *forum internum* mit der begnadeten Tugend des *frui* und *forum externum* mit dem gebändigten Laster des *uti*, von Gottesstaat und Erdenstaat, von Sakrament und Staat, von Gnade und Geschichte deutlich: Wird die fragile Spannung zerrissen oder überdehnt, dann droht entweder eine deistisch unterfütterte Gottvergessenheit zugunsten der technischen Verbesserung äußerer Strukturen oder eine spiritualistisch abgefederte Weltvergessenheit zugunsten der geistlichen Pflege innerer Tugenden. Denn die eschatologisch ermöglichte „Befreiung von der Geschichte" ist nicht unbedingt und aus sich heraus

> „ein dialektisches Moment für ein neues Sich-Einlassen mit der Geschichte (unter eschatologischem Vorbehalt gleichsam). Das „frui" Gottes duldet zwar ein „uti" der Welt und macht für dieses frei. Aber es ist *nur* ein „uti", ein Gebrauchen des zum Pilgern Notwendigen. Ein letzter Zusammenhang von „frui" und „uti", eine Bedeutung des „uti" für das „frui", d.h. eine innere Bezogenheit von Welt und Gnade wird nicht sichtbar. Zwischen Geschichte und Gnadenwirklichkeit bleibt ein Hiatus, auch wenn dieser einerseits vom Schöpfungs- und Vorsehungsglauben her, andererseits im Blick auf die *caritas*, die sich in der Geschichte zu bewähren hat, seine letzte Schärfe verliert."[39]

Auch und gerade diese gefährdete Dialektik gehört zum bleibenden moraltheologischen Erbe des Augustinus.

---

[38] Charles Taylor, Ein säkulares Zeitalter, aaO, 105.
[39] Gisbert Greshake, Gnade als konkrete Freiheit. Eine Untersuchung zur Gnadenlehre des Pelagius, Mainz 1972, 269.

Liebe und Sexualität:
Moralischer Fortschritt als Erbe des Augustinus

Natürlich kann man die Entwicklung einer christlichen Theologie von Liebe und Ehe und eine damit verbundenen Sexualethik verstehen und lesen als verschattete Entfaltung einer zutiefst pessimistischen Fixierung des Augustinus auf die menschliche Sexualität, und man kann durchaus zugeben, Augustinus habe gerade durch seine biographische Erfahrung eigener sexueller Kämpfe „das Bewußtsein menschlicher Zerrissenheit einseitig auf die Sexualität konzentriert"[1]; von einer möglichen psychoanalytischen Deutung der augustinischen Theologie war schon kurz die Rede. Aber es ist auch wahr: „Der Sexualpessimismus Augustins ist mittlerweile eine Platitüde der gehobenen Art", und dahinter steht die Erkenntnis: „Man kann von Augustin lernen, daß es keine unproblematische Sexualität gibt."[2] So ist es auch möglich, neben dem langen Schatten des Augustinus in sexualethischer Hinsicht[3] die Entwicklung einer eigenständigen christlichen Lehre von Liebe und Sexualität gerade im Ausgang von Augustinus zu begreifen. Denn spezifisch christlich und katholisch ist ja die Idee von der sakramentalen Ehe und der sakramental verfaßten intimen menschlichen Liebe, die nochmals über die Liebe der Freundschaft hinaus geht. Wenn also Augustinus nachdenkt über das Gegenüber von Staat und Sakrament, dann denkt er auch nach über die Eigenart des Ehesakramentes und den moralischen Kontext menschlicher Liebe. Dies geschieht, wie überhaupt in der frühen Kirche, in Auseinandersetzung mit der heidnischen Sexualpraxis im römischen Kaiserreich;

---

[1] Kurt Flasch, Augustin, aaO, 230, und ebd. 254: „Aber im 20. Jahrhundert muß man die Frage stellen, ob nicht aus der Mutterbindung Augustins und aus seiner rigorosen Sexualethik die paradoxe Verbindung von Weisheitsstreben, Gottesliebe und Streitsucht entstand, die ihn charakterisiert und die die geistige Physiognomie zölibatärer Theologen der Folgezeiten prägte."
[2] Klaus Demmer, Selbstaufklärung theologischer Ethik, Paderborn 2014, 143, Anm. 20.
[3] Vgl. Eberhard Schockenhoff, Der lange Schatten des Augustinus – oder: Was heißt menschenwürdige Sexualität?, in: Internationale katholische Zeitschrift Communio 41(2012)197-212.

Sexualität galt allgemein als männlich dominierte Domäne der Triebbefriedigung ohne Schutz der Rechte von Frauen und Kindern.⁴ Dagegen wird nur eine Gegenbewegung verzeichnet: „Schon seit dem ersten Jahrhundert der Kaiserzeit erregt die Verschleppung ausgesetzter Kinder für eine Karriere im Bordell die harsche Kritik christlicher Autoren."⁵

Die christliche Theologie, die sich allmählich und unter dem Einfluss paulinischer Naherwartung entfaltete, hat es von Anfang an schwer gehabt, eine ausgewogene Sexualethik zu entwickeln, und dies obwohl – oder weil? – Jesus selbst sich kaum konkret zu Fragen der menschlichen Sexualität äußert;⁶ er setzt zunächst schlicht die Wirklichkeit der Ehe voraus und versteht sie zugleich als Abbild der ewigen Liebe Gottes zum Menschen – nicht mehr und nicht weniger. Der Mensch ist vom Wesen her ein Wesen der sexuellen Kommunikation und soll in seiner Berufung als Ebenbild Gottes auch diese Kommunikation gestalten und zivilisieren, als Bürger der *civitas Dei*. So kann Romano Guardini nüchtern konstatieren:

> „Der Mensch kann nach freiem Entschluß die Ehe eingehen, das liegt in seiner Gewalt. Tut er es aber, dann knüpft sich darin eine Bindung von Gott her, über die er keine Macht mehr hat. Das ist der übermenschliche Charakter der Ehe, der zu einem glückseligen, über allen Wandel hinaus Frieden und Halt gebenden Geheimnis werden kann; freilich auch zu einem schweren Schicksal."⁷

Natürlich muss vor allem an den Hinweis Jesu auf die ursprüngliche Absicht des Schöpfers bei der Erschaffung des Menschen gedacht werden: „Was Gott verbunden hat, das soll der Mensch nicht trennen."⁸ Zum Kontext gehört auch die anschließende Aussage Jesu zum Eheverzicht.⁹ Stets steht die eschatologische Erwartung

---

4 Vgl. Barbara Stumpp, Prostitution der römischen Antike, Berlin 1998, 29: „Es kam vor, daß sich aus der Aussetzung von Kindern Prostituierte rekrutierten. Sie wurden von Zuhältern aufgezogen und von klein auf zur Prostitution abgerichtet."
5 Ebd. 74.
6 Vgl. William Loader, Sexuality and the Jesus Tradition, Grand Rapids/ Mich. (Eerdmans) 2005; Ders., Sexuality in the New Testament, Understanding the Key Texts, London 2010.
7 Romano Guardini, Der Herr, aaO, 322.
8 Mt 19, 6; vgl. dazu Luis Sánchez-Navarro, Marriage Revisited: Reading Matt 19, 3-9 Contextually, in: Anthropotes 29(2013)223-248.
9 Vgl. Alexander Sand, Reich Gottes und Eheverzicht im Evangelium nach Matthäus, Stuttgart 1983.

der anbrechenden Herrschaft Gottes mit der neuen Ordnung der Liebe im Hintergrund.

> „Was Gott verbunden hat, das soll der Mensch nicht trennen. Das ist eine extreme Forderung, die ohne Rücksicht auf die irdischen Verhältnisse mit ihren Schwierigkeiten aufgestellt wird und die sich letztlich nur aus der von Jesus verkündeten Gottesherrschaft verstehen läßt: Sie bringt eine neue Ordnung, verlangt ein neues, dem bisherigen entgegengesetztes Verhalten, ähnlich wie in der Frage von Macht und Gewalt."[10]

Wichtig hieran ist der Verweis auf eine ursprüngliche und infolge der Herzenshärte und des mildernden Gesetzes verlorengegangene Idealität. Dies lenkt den Blick auf die alttestamentliche Überlieferung, die in den beiden Schöpfungsberichten die zwei Grundelemente von Nachkommenschaft durch die Ehe von Mann und Frau einerseits und den Ehebund von Mann und Frau als vollkommene Gottebenbildlichkeit andererseits deutlich herausstellt. Unterstrichen wird dies auch deutlich durch das Wort Jesu aus der Bergpredigt: „Jeder, der seine Frau entläßt, außer wegen Unzucht, der macht sie zur Ehebrecherin, und wer eine Entlassene heiratet, der begeht Ehebruch."[11] Das Wort – mit der sogenannten „Unzuchtsklausel" und der in der Tradition seitdem vielfach diskutierten matthäischen Einschränkung des „außer", die sich bei Lukas und Markus nicht findet[12] – folgt auf die grundsätzlich radikalisierten Aussagen zum Ehebruch: „Jeder, der eine Frau begehrlich anschaut, hat in seinem Herzen schon die Ehe mit ihr gebrochen."[13] Problematisiert wird damit, im Anschluss an die beiden letzten Gebote des mosaischen Dekaloges, die sich auf falsches Begehren beziehen, der Bund von Mann und Frau unter dem Stichwort des Begehrens. Damit ist schon die innere Problematik berührt. Der französische Phänomenologe Michel Henry macht im Anschluß an

---

[10] Rudolf Schnackenburg, Die sittliche Botschaft des Neuen Testaments. Bd. I: Von Jesus zur Urkirche, Freiburg/Br. 1986, 150.
[11] Mt 5,32.
[12] Vgl. Rudolf Schnackenburg, Die sittliche Botschaft, aaO, 151: „Zur Debatte stehen heute noch zwei Lösungswege: eine Deutung der „Unzucht" auf illegitime Ehen zwischen nahen Verwandten (zenut), die für Judenchristen unerträglich waren und die auch (in gemischten Gemeinden) Heidenchristen meiden sollten (vgl. Apg 15,20.29), oder die Annahme einer wirklichen Ausnahme im Fall von Ehebruch."
[13] Mt 5,28.

Sören Kierkegaard auf den ambivalenten Charakter des sexuellen Begehrens aufmerksam und notiert:

> „Das Begehren hat nichts mit einem naturhaften Phänomen, mit irgendeinem materiellen – biologischen oder chemischen – Prozeß zu tun. Das Begehren ist nur in der Angst möglich. Die Welt des Begehrens ist die Welt der Angst. Die Charaktere, die Motivationen, die Geschichte, das Geschick des Begehrens sind die Motivationen und das Geschick der Angst."[14]

Die Problematisierung in der Norm „Du sollst nicht begehren" zeigt deutlich: Das Bewusstsein für ein übergriffiges Macht- und Sexualverhalten ist vorhanden und ebenso die Angst vor dem fatalen Übergriff,[15] und es entfaltet sich in der alttestamentlichen Tradition. In jeder Idealität schlummert die Möglichkeit zur Verfehlung der ursprünglichen Idee und damit zu Schuld und Sünde.

> „Eine schwere Hypothek hinterläßt das Alte Testament bezüglich des Begehrens aus geschöpflicher Bedürftigkeit. Unter dem Gesichtspunkt des Treuebundes erscheint es als Anreiz zur Sünde, zum Treuebruch. Und der weisheitliche Eros wertet das Begehren als ein Hindernis auf dem Weg zu Gott, das überwunden werden muß. Ob Eros, Mystik oder personale Bindung, sie alle verbinden sich gegen das Begehren. Gleichwohl gehört es nach dem jahwistischen Schöpfungsbericht zur geschöpflichen Ergänzungs- und Hilfsbedürftigkeit. Deshalb muß es grundsätzlich möglich sein, das Begehren in der geschöpflichen Wirklichkeit positiv zu entfalten – auch auf Gott hin."[16]

Der jesuanische Hinweis auf den Anfang und die Erschaffung von Mann und Frau ist zugleich eine bemerkenswerte Erläuterung zu Sinn und Grenze des mosaischen moralischen Gesetzes: Es dient als Platzhalter einer ursprünglich idealen Gutheit, in der Hoffnung, diese sei dereinst einmal von Gott selbst wiederherstellbar und damit das Gesetz überflüssig geworden. Nichts anderes ist ja im Prolog des Johannesevangeliums gemeint: „Denn das Gesetz wur-

---

[14] Michel Henry, Inkarnation. Eine Philosophie des Fleisches, Freiburg/Br. 2011, 319.
[15] Vgl. ebd. 318: „Diese Macht, den „Geist" des Anderen in dessen Leib zu erreichen, besteht nicht nur in dem Vermögen, die Hand bis zu ihm auszustrecken, ihn dort zu berühren, wo seine Sensualität am zugänglichsten ist, vielleicht schon wartet."
[16] Georg B. Langemeyer, Als Mann und Frau leben. Biblische Perspektiven der Ehe, Zürich 1984, 105.

de durch Mose gegeben, die Gnade und die Wahrheit kamen durch Jesus Christus."[17]

In einer zweiten zentralen Textstelle der Evangelien zum Thema der Ehe und der Sexualität weitet sich der Blick hin zur endgültigen Erfüllung der anfanghaften Idee Gottes vom Menschen und dessen normativ gedachten Urstand: Zu denken ist an die jesuanische Absage an eine Ehe nach der Auferstehung von den Toten, nachdem das Scheidungsverbot in Radikalisierung der mosaischen Scheidungserlaubnis unterstrichen wurde:[18] „Denn wenn sie von den Toten auferstehen, heiraten sie nicht, noch lassen sie sich heiraten, sondern sind wie die Engel im Himmel."[19] Natürlich ist der Kontext zunächst auf die Frage nach der Auferstehung bezogen, dennoch erfolgt eine eschatologische Redimensionierung von Ehe und Sexualität. Die hier erfolgte eschatologische Zuspitzung einer Sexualnorm im Angesicht der Sadduzäer und ihrer Ablehnung der leiblichen Auferstehung und einem ewigen Leben, das nun von Jesus gerade nicht als bloße Fortsetzung des irdischen Lebens, sondern als dessen Verwandlung und Überbietung skizziert wird, ist bemerkenswert. Die Ehe wie die Sexualität erhalten einen durchaus vorläufigen Charakter. Die Lebensform der exklusiven Ehe von Mann und Frau gehört zur diesseitigen Welt. Der Ursprung einer einigen Zweiheit von Mann und Frau wird hier und jetzt, also im anbrechenden Reich Gottes, durch die Überwindung der Herzenshärte wiederhergestellt, aber in der Ewigkeit – nach der Auferstehung – nicht einfach fortgesetzt, sondern überboten in der ewigen Gemeinschaft mit Gott, die eine exklusive Bindung des Menschen an einen anderen Menschen in ein seliges Vergessen rücken wird: Gott wird sein alles in allem. Allerdings wird dies in den Evangelien nur angedeutet und in den paulinischen Briefen nur ansatzweise entfaltet: Paulus ermahnt zum Kampf gegen die Unzucht,[20] wobei zunächst offen bleibt, was konkret damit gemeint

---

[17] Joh 1,17.
[18] Vgl. Heinz Schürmann, Die Verbindlichkeit konkreter sittlicher Normen nach dem Neuen Testament, bedacht am Beispiel des Ehescheidungsverbotes und im Lichte des Liebesgebotes, in: Ders., Studien zur neutestamentlichen Ethik, Stuttgart 1990, 147-171, bes. 150-162.
[19] Mk 12,25; par Lk 20,34f.
[20] 1 Kor 6,18; vgl. dazu Gerhard Dautzenberg, Pheugete ten porneian (1 Kor 6,18). Eine Fallstudie zur paulinischen Sexualethik in ihrem Verhältnis zur Se-

sei; Paulus ermahnt zu grundsätzlicher Askese auch im Blick auf die Ehe und eine grundsätzlich wünschbare Ehelosigkeit;[21] Paulus ermahnt schließlich zur Absage an homosexuelle Sexualpraxis.[22]

In den ersten frühchristlichen Jahrhunderten scheint sich diese neutestamentliche radikalisierte moralische Norm zu Ehe und Sexualität[23] noch nicht in einer äußeren und wahrnehmbaren sakramentalen Form auszudrücken: „Die Christen heiraten wie die anderen."[24] Erst seit dem 4. Jahrhundert entwickelt sich zögernd ein kirchlicher Ritus als Angebot zur öffentlichen Eheschließung. Dieses Zögern hängt auch mit der Skepsis der frühen Kirchenväter gegenüber der Sexualität, nicht zuletzt auf dem Hintergrund der paulinischen Naherwartungstheologie, zusammen: Da die Wiederkunft des Herrn bevorsteht, soll die durchschnittliche Alltagsethik der Christen durch eine möglichst große Asketik und Weltentsagung geprägt sein. Dies gilt für das soziale, politische und eben auch für das sexuelle Leben.[25] Auf diesem Hintergrund diskutieren die frühen Kirchenväter auch die Möglichkeit einer Auflösung der Ehe und einer Wiederverheiratung nach dem Tod des Ehepart-

---

xualethik des Frühjudentums, in: Helmut Merklein (Hg.), Neues Testament und Ethik, Freiburg/Br. 1989, 271-298.

[21] 1 Kor 7,1f.; vgl. dazu Norbert Baumert, Paulus zur Beziehung der Geschlechter. Zu 1 Kor 6, 12-7,40; 11,3-16; 14,33-36, in: Ders., Studien zu den Paulusbriefen, Stuttgart 2001, 19-42; ders., Ehelosigkeit und Ehe im Herrn. Eine Neuinterpretation von 1 Kor 7, Würzburg 1986; Will Deming, Paul on Marriage and Celibacy. The Hellenistic Background of 1 Corinthians 7, Grand Rapids (Eerdmans) 2004; Alistair S.- May, The Body for the Lord: Sex and Identity in 1 Corinthians 5-7, London (Clark) 2004; Werner Wolbert, Ethische Argumentation und Paränese in 1 Kor 7, Düsseldorf 1981.

[22] Röm 1,27; vgl. dazu Edward J Ellis, Paul and Ancient Views of Sexual Desire: Paul's Sexual Ethics in 1 Thessalonians 4,1, 1 Corinthians 7 and Romans 1, London (Clark) 2007; Michael Theobald, Röm 1,26f: Eine paulinische Weisung zur Homosexualität?, in: Ders., Studien zum Römerbrief, Tübingen 2001, 511-518; Angelica Winterer, Verkehrte Sexualität – ein umstrittenes Pauluswort. Eine exegetische Studie zu Röm 1,26f in der Argumentationsstruktur des Römerbriefes und im kulturhistorisch-sozialgeschichtlichen Kontext, Frankfurt/M. 2005.

[23] Vgl. Heinz Schürmann, Neutestamentliche Marginalien zur Frage nach der Institutionalität, Unauflöslichkeit und Sakramentalität der Ehe, in: Ders., Studien zur neutestamentlichen Ethik, Stuttgart 1990, 119-146.

[24] Brief an Diognet 5,6.

[25] Vgl. Peter Brown, Die Keuschheit der Engel. Sexuelle Entsagung, Askese und Körperlichkeit im frühen Christentum, München 1994; David G. Hunter, Marriage, Celibacy, and Heresy in Ancient Christianity. The Jovinianist Controversy, Oxford (University Press) 2007.

ners.[26] Und so entsteht auch die Idee und das theologische Konstrukt der „Paradiesesehe", die von Gott ursprünglich und vor dem Sündenfall ohne Koitus und ohne Begehren gedacht gewesen sein soll: Gregor von Nyssa (335-394), der vermutlich verheiratet und zum Zeitpunkt seiner Bischofsweihe schon Witwer war, schiebt den Ursprung aller Laster der fleischlichen Begierde der Ehe zu und hält diese irdische Ehe letztlich für unvereinbar mit einer ungeteilten Liebe zu Gott.[27]

Auch Augustinus kennt diese Vorstellung der Paradiesesehe,[28] und er hebt die Konkupiszenz als Folge der Erbsünde hervor, auch und gerade im Bereich der menschlichen Sinne und damit folgenreich für die Sexualität.

> „Augustinus unterscheidet nämlich ein dreifaches Begehren: das Begehren des Fleisches (*concupiscentia carnis*), jenes des Auges (*concupiscentia oculorum*) und das Streben nach weltlichem Ruhm (*ambitio saeculi*)."[29]

Insbesondere die fleischliche Konkupiszenz bildet eine Grenze des menschlichen Willens und der Selbstbeherrschung; diese Sicht übernimmt Augustinus vermutlich von Origenes (185-254).[30] Sie entzieht sich dem menschlichen Willen und damit einer Vergeistigung der fleischlichen Triebe.

> „Sexuelle Lust und die Wildheit der sexuellen Regung beweisen die Erbsünde. Sie sind das, was Augustin die böse Begierde, Konkupiszenz, nennt. Die Erbsünde bedeutet den Verlust der ursprünglichen Gnade und damit die Freisetzung bestialischer Regungen, deren der Mensch sich schämen muß, *bestialis motus pudendus hominibus*. Die Erhebung des Menschen gegen Gott hat die Erhebung des Niederen im Menschen gegen sein Höheres zur Folge. Das „Fleisch"

---

[26] Vgl. Attilio Carpin, Indissolubilità del Matrimonio. La Tradizione della Chiesa Antica, Bologna 2014.

[27] Vgl. Mark D. Hart, Reconciliation of Body and Soul: Gregory of Nyssa's Deeper Theology of Marriage, in: Theological Studies 51(1990)450-478.

[28] Vgl. Michael Müller, Die Lehre des hl. Augustinus von der Paradiesesehe und ihre Auswirkung in der Sexualethik des 12. und 13. Jahrhunderts bis Thomas von Aquin, Regensburg 1954.

[29] Martin Lintner, Kultivierung der Sexualität. Über das vierte Kapitel der Augustinusregel, in: Geist und Leben 89(2016)29-38, hier 31, mit Verweis auf Augustinus, Confessiones X, 30.

[30] Darauf macht aufmerksam Pietro Antonio Ferrisi, Carne, corpo, esistenza nella teologia agostiniana, in: Rivista di Ascetica e Mistica 40(2015)403-424, hier 414, Anm. 28, mit Hinweis auf Henri Crouzel, Origene, Roma 1986, 192.

gehorcht nicht dem Willen. Das ist die Konkupiszenz, die durch die Taufe aufhört, Schuld, *reatus*, zu sein, aber nicht verschwindet."[31]

In neuplatonischer Prägung[32] bleibt Augustinus daher skeptisch gegenüber einer möglichen Kultivierung der sexuellen Kräfte im Menschen. Immerhin räumt er ein, die Konkupiszenz verliere durch die Taufe den Charakter der Sünde und könne durch ihre Einbindung in die Ehe und die Ausrichtung auf Nachkommenschaft gerechtfertigt werden. Später allerdings wird er die Konkupiszenz deutlich negativer beurteilen, und dies hat Auswirkungen insbesondere in der calvinistischen Sündenlehre.[33] Unter Berufung auf 1 Kor 7,6 übersetzt Augustinus allerdings „Vergebung" statt „Zugeständnis" und rückt die sexuelle Begierde damit in den Bereich sündhafter Lust, entwickelt jedoch Ansätze einer Ehetheologie[34] und in seinem folgenreichen Werk „De bono coniugali" Grundzüge des allmählich hervortretenden Ehesakramentes, nämlich das berühmte *bonum tripartitum*, also ein dreifaches Gut als Wohltat Gottes für die christlich gelebte Ehe: *proles*, *fides*, *sacramentum*. Diese drei Ziele der Ehe, die Nachkommenschaft, die gegenseitige Treue und die Abbildung der unwandelbaren Liebe Gottes werden von nun an als Wesensbestandteile der christlichen, sakramentalen Ehe aufgeführt.[35] Insbesondere ist das zuletzt genannte Ziel der Ehe hervorzuheben: Augustinus ist überzeugt, dass die christlichen Ehepartner in und durch den Heiligen Geist, der im Sakrament verliehen wird, von einer rein fleischlichen und naturhaften Liebe zu einer gottähnlichen und vergeistigten Liebe wachsen und dadurch die Liebe Christi zu seiner Kirche darstel-

---

[31] Kurt Flasch, Augustin, aaO, 210, mit Zitation aus Augustinus, De peccatorum meritis et remissione et de baptismo parvulorum I 16, 21 (PL 44, 109-200).

[32] Vgl. Charles Boyer, Christianisme et néo-platonisme dans la formation de Saint Augustin, Paris (Beauchesne) 1920; Kurt Flasch, Augustin, aaO, 36ff.

[33] Vgl. Barbara Pitkin, Nothing but Concupiscence: Calvin's Understanding of Sin and the Via Augustini, in: Calvin Theological Journal 34(1999)347-369.

[34] Vgl. Elizabeth A. Clark, „Adam's Only Companion": Augustine and the Early Christian Debate on Marriage, in: Recherches Augustiniennes XXI(1986)139-162.

[35] Augustinus, De bono coniugali 32 (PL 40, 371-396): „Haec omnia bona sunt, propter quae nuptiae bonum sunt: proles, fides, sacramentum." Vgl. dazu Eugenio Scalco, „Sacramentum connubii" et institution nuptiale. Une lecture du „De bono coniugali" et du „De sancta virginitate" de S. Augustin, in: Ephemerides Theologicae Lovaniensis 69(1993)27-47.

len,³⁶ so dass das eigentliche Wesen der sakramentalen Ehe in den Blick kommt, wie es eindrucksvoll im Epheserbrief und ausdrücklich als Geheimnis, als *mysterion* oder *sacramentum*, beschrieben wird.³⁷

Wiederum wird im Hintergrund die augustinische Dualität von Gottesstaat mit der Liebe des *frui* und Erdenstaat mit dem Begehren des *uti* sichtbar: Der Mensch unter dem Joch der Erbsünde steht in der ständigen Versuchung zur eigennützig begehrenden Liebe, die den Menschen bloß zum Objekt der eigenen Sehnsüchte und Befriedigungen macht. In der Differenz dieser zwei Lebensweisen, die durch eine grundlegende Differenz von zwei unterschiedlichen Arten liebenden Begehrens, nämlich der Eigenliebe und der Gottesliebe, charakterisiert werden, liegt für Augustinus dann auch die letzte Differenz zwischen *eros* und *agape* begründet,³⁸ und damit letztlich zwischen Gut und Böse. Die Seele, als von Gott geschaffen, strebt danach, Gott zu besitzen und sich selbst und die Welt mit den Augen Gottes zu sehen. Daher ist die Gottesbeziehung vom Wesen her Liebe. Zu begehren und zu lieben ist dem Menschen zutiefst wesentlich; gestillt werden kann dieses unendliche Begehren aber in letzter Vollendung nur durch den unendlich liebenden Gott. Augustinus zufolge begegnet die Seele in sich selbst Gott, in dem sie gleich einem Spiegel ihr eigenes ideales Ich erkennt.³⁹ Der Mitmensch aber soll geliebt werden in Nachahmung der göttlichen Liebe zum Menschen: absolut bejahend und absolut freigebend. Der Mensch muss und soll einer verobjektivierenden und notwendigerweise immer egozentrisch bleibenden Bewertung durch den Menschen entzogen sein. Er ist vielmehr ein Wesen eigener, unveräußerlicher und einem letzten Zugriff sich entziehenden Würde, jenseits jedes Preises zum Zweck menschlicher Bedürfnisbefriedigung. Böse ist demnach die dauerhafte Zentrierung auf die eigenen, selbstzentrierten Zwecke. Der Kern der Erbsünde, auch und gerade im Feld der Sexualität sichtbar und spürbar, ist eine grundlegend falsche Weise des Liebens und der Beziehung. Verbunden damit sind eine irrige Sicht und Deutung der sexuellen und leiblichen Handlungen. Genau hier

---

³⁶ Vgl. Miguel A. Endara, Imaging God through Marital Unity, in: The Heythrop Journal 56(2015)723-733.
³⁷ Eph 5,31f.
³⁸ Vgl. grundlegend Anders Nygren, Eros und Agape. Gestaltwandlungen christlicher Liebe, Gütersloh 1927.
³⁹ Augustinus, De Trinitate XIV 12 (PL 42, 819-1098).

entscheidet sich in besonders folgenreicher Weise die Umsetzung einer reinen Gesinnung in eine gute Handlung. Anders gesagt: Das menschliche Handeln im Raum der sexuellen Beziehung ist niemals bloß ein herstellendes Handeln, sondern immer und zuvor ein Ausdruckshandeln, insofern mit und in der Sexualität der Mensch dem Mitmenschen gegenüber Ausdruck entweder von hingebender Liebe oder von verzweckender Bedürfnisbefriedigung gibt.[40] Denn der Unterscheidung von *frui* und *uti* entspricht die klassische aristotelische Unterscheidung von *praxis* (im Sinne des *agere*, des Handelns) und *poiesis* (im Sinne des *facere*, des Herstellens). Erst das Hinausgehen des Menschen und seines Handelns über die Zweckmäßigkeit der Technik, um die Personmitte und die Seele des anderen Menschen zu berühren, wird dem Menschen und seiner personalen Würde gerecht.[41]

> „Machen besitzt nur eine indirekte moralische Qualität, weil es seine Wertigkeit vom hergestellten Gegenstand her bezieht. Dem Handeln kommt dagegen per se moralische Bedeutung zu, weswegen Aristoteles auch eine hierarchische Ordnung annimmt, der zufolge Praxis höher zu bewerten ist als Poiesis. Bisweilen läuft diese Ordnung darauf hinaus, daß die Ergebnisse von Poiesistätigkeiten dazu verwendet werden, um wertvolle Handlungen zu verrichten. Am deutlichsten zeigt sich die Dominanz der Praxis, wenn Aristoteles behauptet, das Leben als Ganzes habe den Charakter einer Praxis, denn schließlich liege der Zweck des menschlichen Lebens darin, gut zu leben."[42]

Die Auseinandersetzung ab 412 mit Pelagius und dessen Lehre von der möglichen moralischen Vollkommenheit des Menschen und die ihm und Julian von Eclanum gegenüber schärfer werdende Betonung der Gnade bei Augustinus[43] – bis hin zur „Logik des Schreckens" eines Willkürgottes im Anschluss an Röm 9[44] – hat

---

[40] Vgl. Rudolf Ginters, Die Ausdruckshandlung. Eine Untersuchung ihrer sittlichen Bedeutsamkeit, Düsseldorf 1976.
[41] Vgl. Rüdiger Bubner, Handlung, Sprache und Vernunft, Frankfurt/M. 1982.
[42] Marcel Becker, Art. „Praxis / Poiesis", in: Jean-Pierre Wils / Christoph Hübenthal (Hgg.), Lexikon der Ethik, Paderborn 2006, 302-305, hier 303.
[43] Vgl. Matthijs Lamberigts, Augustine's View on Love as Grace in the Controversy with Julian of Aeclanum, in: Augustiniana 64(2014)75-91; Walter Simonis, Anliegen und Grundgedanke der Gnadenlehre Augustins, in: Münchner Theologische Zeitschrift 34(1983)1-21.
[44] Vgl. Kurt Flasch, Logik des Schreckens. Augustinus von Hippo, Die Gnadenlehre von 397, Mainz 1995; ders., Augustin, aaO, 203: „Der Gott Augustins

freilich auch Konsequenzen für seine Ehelehre. So schreibt er an seinen pelagianischen Gegner Julian von Eclanum unverblümt hinsichtlich der sexuellen Lust:

> „Du würdest also dafür sein, daß die Eheleute diesem Übel einfach nachgeben, oder diesem Gut, wie Du es nennen würdest, und daß sie sich jedesmal aufs Bett stürzen, wenn sie von der Begierde angestachelt werden? Es ist also keine Frage mehr, daß sie diese Gelüste bis zur Stunde des Schlafengehens zurückdrängen? Wenn dein Eheleben so aussieht, dann verschone uns in der Auseinandersetzung bitte mit deinen persönlichen Erfahrungen..."[45]

Dessen Vorwurf freilich, die augustinische Auffassung von der Erbsünde zerstöre die christliche Lehre von der Ehe, beantwortet Augustinus umgehend mit der Schrift „De nuptiis et concupiscentiae"[46], also über die Ehe und die Begierde, mit der Unterscheidung von sündhaftem Begehren und gottgewollter sexueller Vereinigung der Ehegatten. So versucht er, zwischen den Klippen des leibfeindlichen Manichäismus einerseits und des optimistischen Pelagianismus andererseits Kurs zu halten und die Folgen der Ursünde in der Konkupiszenz der Erbsünde im Blick auf die Sexualität und ihre Ziele näher zu bestimmen. Daher ist zu unterstreichen, dass Augustinus

> „die auf Fortpflanzung ausgerichtete sexuelle Vereinigung von Mann und Frau eindeutig als positives Grundelement innerhalb einer Ehe betrachtet. Er schließt dies selbst für das Leben im Paradieseszustand nicht aus. An diesen Stellen wird auch die natürlicherweise auftretende sexuelle Lustempfindung im Sinne einer nicht zu beanstandenden „Draufgabe" akzeptiert. Augustinus bleibt somit konsequent auf der Linie seiner normativen Finalisierung der Ehe."[47]

Zur Debatte steht gerade im Feld der Sexualethik und der Ehelehre das Verhältnis von menschlicher Natur und göttlicher Gnade, darüber hinaus aber die Frage nach einer angemessenen Kultivierung und Zivilisierung der menschlichen Natur und ihrer Triebe. Die

---

nimmt Züge persönlicher Willkür an. Er wird einem spätantiken Imperator immer ähnlicher. Man muß es noch deutlicher sagen: Er wird ein Ungeheuer."

[45] Augustinus, Contra Julianum XIV 28 (PL 44, 641-874), zit. nach Klaus Rosen, Augustinus, aaO, 186.
[46] PL 44, 413-474.
[47] Hans J. Münk, Sexualpessimismus im Kontext der Erbsündenlehre. Gedanken im Anschluß an die Ehelehre des Hl. Augustinus, in: Konrad Hilpert (Hg.), Zukunftshorizonte katholischer Sexualethik, Freiburg/Br. 2011, 72-84, hier 79.

grundsätzliche Richtung war von Augustinus schon mit der Skizze der *civitas Dei* vorgezeichnet, die sich ja gerade als Erlösung des Menschen aus der Verstrickung in vergebliche und vergängliche Bedürfnisbefriedigung versteht. Die Frage ist im Blick auf die menschliche Sexualität: Was kann und soll der Sinn und das Ziel der sexuellen Wünsche und Regungen beim Menschen sein, und: Ist es sinnvoll, von einer lebenslang möglichen Vergeistigung der fleischlichen Triebe zu sprechen? Die von Augustinus idealisierte Paradiesesehe und die von ihm skizzierten Ziele der Ehe bilden nach Joseph Ratzinger den Versuch der Versittlichung des geschlechtlichen Lebens, und zwar innerhalb einer personalen Beziehung; letztlich steht das Humanum und nicht die bloße Natur des Menschen im Zentrum der Aufmerksamkeit:

> „Nicht dann ist die Erfüllung des Geschlechtlichen sittlich wertvoll, wenn sie naturgemäß geschieht, sondern dann, wenn sie der Verantwortung vor dem Mitmenschen, vor der menschlichen Gemeinschaft und vor der menschlichen Zukunft gemäß geschieht."[48]

Einer solchen Kultivierung sollen die augustinischen Eheziele und seine sakramentale Sicht auf die Ehe dienen; dieser Prozess der Humanisierung setzt sich fort in der allmählichen Entfaltung der Lehre von der Ehe als Sakrament. Damit verbunden ist ein Prozess der Verrechtlichung und der Formalisierung der nach außen sichtbaren Eheschließung.[49] Moral und Recht verschränken sich, besonders im Feld der Sakramententheologie, mit besonderen Konsequenzen in der Frage der öffentlichen und bindenden Eheschließung. Papst Nikolaus I. nennt 866 im Brief an die Bulgaren und im Kontext einer nach Osteuropa ausgreifenden Missionierung ausdrücklich bereits den Konsens der Brautleute als Grundlage des Ehevertrages und damit als Kern des Ehesakramentes.[50] Dies geschieht in deutlicher Anlehnung an den altrömischen Grundsatz „consensus nuptias facit". Die Eheziele werden in der Früh- und Hochscholastik aufgegriffen und insbesondere von Thomas von Aquin entfaltet. So entwickelt sich beschleunigt in der mittelalter-

---

[48] Joseph Ratzinger, Zur Theologie der Ehe, in: Ders. u.a. (Hgg.), Theologie der Ehe, Regensburg 1969, 81-115, hier 99.
[49] John Witte, Vom Sakrament zum Vertrag. Ehe, Religion und Recht in der abendländischen Tradition, Gütersloh 2008.
[50] DH 643.

lichen Theologie eine systematische Lehre vom Ehesakrament,[51] nicht zuletzt mit Hilfe des thomanischen Axioms „gratia non destruit sed supponit et perfecit naturam",[52] das zur Klärung der Verhältnisbestimmung von menschlichem Naturvermögen und göttlicher Gnadenhilfe eingesetzt wird: Die Gnade setzt die Natur voraus und ermöglicht ihre sonst nicht mögliche Vollendung; so setzt die sakramentale Ehe die naturhafte Ehe voraus.[53] Gewonnen ist damit freilich nur ein Anfang, denn nun steht wiederum zur Debatte, von welcher Natur genauer die Rede ist, von einer idealen, einer erbsündlich verdorbenen oder einer in der Taufe geheilten Natur? Abgesehen davon, dass die spätaugustinischen Aporien der Gnadentheologie und der Prädestination weiter der Klärung harrten.

Thomas von Aquin (1224-1274) sieht die Einsetzung des Sakramentes der Ehe im Neuen Bund und dessen Aufgabe zur Abbildung des Neuen Bundes Christi mit der Menschheit[54] ermöglicht und vorbereitet durch die so genannte „Naturehe": Das auch nach der Ursünde und im Zustand der Erbsünde in der Natur des gefallenen Menschen verbliebene *desiderium naturale*, das natürliche Streben des Menschen also – mit dem Vermögen der *potentia oboedientialis*, der Möglichkeit des Horchens und Gehorchens auf Gottes im Gewissen spürbare Weisung – erstreckt sich auch auf das Verlangen nach sexueller Bindung an einen Menschen des anderen Geschlechts in Treue und Exklusivität. Dieses naturhafte Verlangen des Menschen sieht Thomas von Aquin insbesondere in drei grundlegenden Neigungen des Menschen, in den *inclinationes naturales* gebündelt, die als inhaltlicher Kern des Naturrechtes aufgefasst werden können: die Neigung zur Selbsterhaltung mit dem nachfolgenden Gebot „Du sollst nicht unschuldiges Leben

---

[51] Vgl. Attilio Carpin, Il sacramento del matrimonio nella teologia medievale. Da Isidoro da Siviglia a Tommaso d`Aquino, Bologna 1991.

[52] Vgl. Stephan Goertz, Gratia supponit naturam. Theologische Lektüren, praktische Implikationen und interdisziplinäre Anschlußmöglichkeiten eines Axioms, in: Ottmar John / Magnus Striet (Hgg.), „...und nichts Menschliches ist mir fremd." Theologische Grenzgänge, Regensburg 2010, 221-243; Joseph Ratzinger, Gratia praesupponit naturam, in: Ders. / Heinrich Fries (Hgg.), Einsicht und Glaube, Freiburg/Br. 1962, 135-149.

[53] Vgl. Eugenio Corecco, Die Lehre von der Untrennbarkeit des Ehevertrags vom Sakrament im Lichte des scholastischen Prinzips „gratia perficit, non destruit naturam", in: Archiv für katholisches Kirchenrecht 143(1974)379-442.

[54] Vgl. Stefano Salucci, Il Sacramento della Nuova Alleanza. Il pensiero maturo di San Tommaso d'Aquino sul Matrimonio, in: Anthropotes 29(2013)323-344.

töten!", die Neigung zur Kommunikation mit dem Gebot „Du sollst nicht lügen!", die Neigung zur sexuellen Bindung mit dem Gebot „Du sollst nicht die Ehe brechen!" Auch die augustinische Lehre von den drei Gütern und Zielen der Ehe übernimmt und entfaltet Thomas in seiner Ehelehre,[55] die den Hintergrund seiner Sexualethik bildet:

> „Thomas trägt die Ehegüterlehre ebenso gut irgendwie weiter, wie jene Überbetonung der Schattenseiten des Geschlechtlichen. Aber wie er diese durch Hervorhebung der naturhaften Gutheit des Geschlechtlichen mit seiner Begierde und Lust möglichst zu entkräften sich bemüht, so sucht er auch von der Lehre entschuldigender Eheguter zu einer Auffassung von rechtfertigenden Bedingungen des Geschlechtslebens hinüberzuwechseln."[56]

So widerspricht Thomas auch der Auffassung mancher früher Kirchenväter, im Paradies sei die Fortpflanzung ohne Koitus und ohne Begehren geschehen und Gott habe den Menschen schon im Hinblick auf die Sünde in dieser seiner natürlichen Konstitution geschaffen.[57] Zwar ist die sexuelle Lust seit dem Sündenfall durch die ungeordnete Konkupiszenz überlagert und die Vernunft daher geschwächt; die Sünde besteht mithin nicht in der Lust, sondern in der mangelnden Herrschaft der Vernunft. „Sofern der Mensch unfähig ist, die Lust *in actu* und das Aufwallen der Konkupiszenz durch die Vernunft zu moderieren, droht er beim Geschlechtsakt zum Tier zu werden."[58] Aber Thomas von Aquin unterstreicht im Blick auf die drei Güter der Ehe deren innere Teleologie oder Zielbestimmung im Kontext der göttlichen Barmherzigkeit[59] gegenüber dem gefallenen Menschen:[60] Das erste Ziel der Ehe (die Offenheit für Nachkommen) entspricht dem Menschen als Lebewesen, so

---

[55] Vgl. Adriano Oliva, Essence et finalité du marriage selon Thomas d'Aquin, in: Revue des Sciences Philosophiques et Théologiques 98(2014)601-668.
[56] Josef Fuchs, Die Sexualethik des hl. Thomas von Aquin, Köln 1949, 70.
[57] Thomas von Aquin, Summa Theologiae I 98, q. 1; erläuternd Otto Hermann Pesch, Thomas von Aquin, Mainz 1988, 254ff.
[58] Rafael Díaz, Natur und Gnade in der Ehe, in: Stefan Mückl (Hg.), Ehe und Familie. Die „anthropologische Frage" und die Evangelisierung der Familie, Berlin 2015, 53-74, hier 65, mit Hinweis auf Thomas von Aquin, Summa Theologiae I-II, q. 98, a, 2-3.
[59] Vgl. Thomas Marschler, Thomas von Aquin über die Barmherzigkeit, in: George Augustin / Markus Schulze (Hgg.), Freude an Gott. Auf dem weg zu einem lebendigen Glauben (FS K. Koch), Freiburg/Br. 2015, 93-112.
[60] Vgl. Eric Johnston, „Natural", „Family", „Planning", and Thomas Aquinas's Teleological Understanding of Marriage, in: The Thomist 79(2015)265-314.

wie es auch die anderen Tiere sind; das zweite Ziel (die gegenseitige Liebe und Treue) entspricht dem Menschen als von den Tieren unterschiedenes und spezifisch menschliches Lebewesen; das dritte Ziel aber (Bild der dreieinigen Liebe Gottes und seiner Liebe zur Kirche und zur Menschheit zu sein) entspricht dem getauften Menschen als Christ, der an die ewige Liebe Gottes im Sakrament glaubt und mit dieser erlösenden Liebe Gottes mitwirkt.[61] Daher kennzeichnet Thomas auch die eheliche Liebe als „höchste Freundschaft", sofern nicht nur eine körperliche Vereinigung stattfindet, sondern eine wirkliche Einheit des Lebens.[62]

Einen Seitenblick vermag die Spannbreite der Rezeption des Erbes von Augustinus zu ermöglichen: Während Peter Abaelard (1079-1142) generell die Erlösung nicht mehr im Schatten des Augustinus als Loskauf vom Recht des Teufels auf den Menschen deutet und weitaus stärker die gegenseitige Liebe zwischen Gott und Mensch, die durch Christi Liebe bis zum Tod am Kreuz sichtbar möglich wurde, in ihrer Bedeutung für die Ethik betont,[63] so legt Bernhard von Clairvaux (1090-1153) in monastischer Tradition[64] und in engem Anschluss an Augustinus den Akzent auf eine allmähliche Überwindung der rein menschlichen und eigensüchtigen, auf zeitliche Belohnung ausgerichteten Liebe hin zur ekstatischen und reinen, ohne Lohn sich entfaltenden Liebe zu Gott.[65] Säkular gesprochen: Der Tod des Subjekts führt zum Gewinn der wahren Subjektivität in Gott selbst. Es ist eine, etwa im Gegensatz zu Meister Eckhart (1260-1328), durchaus voluntaristische Mystik, die sich insbesondere in seiner Schrift „De diligendo Deo" als Aufstieg zur liebenden Ekstase in Gott auslegt.[66] Die auch nach der

---

[61] Thomas von Aquin, Summa Theologiae Supplementum q. 49: „Primus finis respondet matrimonio hominis, in quantum est animal; secundus, in quantum est homo; tertius, in quantum est fidelis."
[62] Ders., Summa contra gentes III 123: „Inter virum autem et mulierem maxima amicitia esse videtur...". Vgl. auch Aloisia M. Levermann, Wachsen in der Gottesfreundschaft. Theologie des Verdienstes bei Thomas von Aquin, Freiburg/Br. 2009.
[63] Vgl. Matthias Perkams, Liebe als Zentralbegriff der Ethik nach Peter Abaelard (= Beiträge zur Geschichte und Philosophie des Mittelalters, N.F. 58) Münster 2001.
[64] Vgl. Ulrich Köpf, Bernhard von Clairvaux. Monastische Theologie, in: Ders. (Hg.), Theologen des Mittelalters, Darmstadt 2002, 79-95.
[65] Vgl. Franz Courth, Die Logik der Gottesliebe. Zum Theologieverständnis des hl. Bernhard von Clairvaux, in: Forum katholische Theologie 9(1993)11-22.
[66] Vgl. Bernhardin Schellenberger, Hinführung, in: Bernhard von Clairvaux, Das Buch über die Gottesliebe, in: Der Weg der Liebe. Aus der geistlichen Lehre

Ursünde wenigstens grundsätzlich erhalten gebliebene Gottebenbildlichkeit bildet die Voraussetzung für den Weg der allmählichen Reinigung der Liebe hin auf dem Weg zu Gott:

> „Die zunächst völlig egoistische Sehnsucht und Gier des Menschen nach Befriedigung und Glück nimmt Bernhard als Tatsache und Ausgangspunkt an. Er greift sie auf und ist so optimistisch zu glauben, diese Unruhe und Dynamik lasse sich läutern und taufen, weil sie in ihrem Kern trotz allem eine verkommene, in Blindheit und auf Irrwege geratene Gottesliebe sei."[67]

Der Weg der Läuterung der Liebe führt von der naturhaften Eigenliebe über die Liebe des Sklaven hin zur Liebe des Sohnes und schließlich zur Liebe der Braut. Diese Brautmystik Bernhards, die er im Anschluss an die Hohe-Lied-Theologie der Kirchenväter entwickelt, gehört zu den großen geistlichen Entdeckungen des Mittelalters.[68] In ihr verdichtet sich die reine Gottesliebe: Die Liebe der Braut hat alle Berechnung überschritten und damit alle Hoffnung auf Gewinn vergessen. Reine Liebe nämlich schöpft ihre Kraft nicht aus der Hoffnung auf Lohn und erreicht paradoxerweise gerade dadurch, und im willentlichen Verzicht auf Reflexion, den reinen Lohn der Freude. Diese Tradition wird später in der spanischen und französischen Mystik weiter entfaltet. Bernhard unterscheidet nicht zwischen *amor* und *caritas*, hingegen wohl zwischen dem Eigenwillen des Geschöpfes und dem Gott und Mensch gemeinsamen Willen, der als *amor* oder *caritas* bezeichnet wird. Beide unterschiedlichen Weisen des Willens sind als Möglichkeiten in der menschlichen Willensfreiheit vorhanden, jedoch liegt die letzte Vollendung des gemeinsamen Willens von Gott und Mensch zur selbstüberschreitenden Liebe nicht in der natürlichen Kraft des Menschen, sondern wird von Gott selbst gewirkt im Sakrament, auch und gerade im Sakrament der Ehe von Braut und Bräutigam, die Gottes bräutliche Liebe abbilden und verwirklichen.

Insgesamt lässt sich, etwas systematisierend, das Verständnis von Sexualität in der christlichen Spätantike unter dem Begriff der Keuschheit fassen, für das Hochmittelalter unter den Begriffen von

---

des Bernhard von Clairvaux, hg. von B. Schellenberger, Leipzig 1990, 209-218: „Das Gerundivum im Titel „De diligendo Deo" muß man eigentlich wörtlich übersetzen mit: Von Gott, den wir lieben müssen." (212).

[67] Ebd. 215.
[68] Vgl. Gerhard B. Winkler, Bernhard von Clairvaux und die Tradition der christlichen Mystik, in: Theologisch-praktische Quartalschrift 139(1991)67-73.

Jungfräulichkeit einerseits und ehelicher Pflicht andererseits,[69] schließlich für die Neuzeit unter dem erst spät entstehenden Begriff der Sexualität.[70] Mit der Entstehung des Individuums im Mittelalter[71] entwickelt sich auch eine zunehmend individualisierte und privatisierte Sexualmoral; die Kirche reagiert darauf mit der schrittweisen Entwicklung der Einzelbeichte und der Einschärfung der regelmäßigen, mindestens einmal jährlichen Beichtpflicht. Die endgültig mit der thomanischen Ehelehre[72] einhergehende Einordnung der menschlichen Sexualität in die sakramentale Lebensform der unauflöslichen Ehe wird vom Konzil von Trient (1545-1563) und in den sodann erscheinenden moraltheologischen Handbüchern, die an die Stelle der seit dem frühen Mittelalter bekannten Beichthandbücher[73] treten, bis weit in das 20. Jahrhundert hinein tradiert und bestimmt die katholische Ehelehre mit der exklusiven Zuordnung von lebenslanger ehelicher Bindung und praktizierter Sexualität.[74] Die große Bedeutung, die unter Hinweis auf Isidor von Sevilla dem gegenseitigen Konsens und Einverständnis der Eheleute beigemessen wurde, hob das Ehesakrament unter allen anderen Sakramenten in besonderer Weise heraus, barg aber auch zwei in der Folgegeschichte sichtbar werdende Probleme: die so genannten klandestinen Ehen und die Frage nach der für die Gültigkeit des Sakramentes notwendigen Disposition der Eheleute.

Bezüglich der insgeheim und privat geschlossenen Ehen entscheidet sich das Konzil von Trient für die öffentlich sichtbare Formpflicht des sichtbaren Sakramentes der Ehe mit der sichtbaren Verleihung unsichtbarer Gnade; im Dekret „Tametsi" von 1561

---

[69] Vgl. Peter Dinzelbacher, Mittelalterliche Sexualität – die Quellen, in: Ders. (Hg.), Die Privatisierung der Triebe. Sexualität in der frühen Neuzeit, Frankfurt/M. 1994; Hubertus Lutterbach, Sexualität im Mittelalter. Eine Kulturstudie anhand von Bußbüchern des 6.-12. Jahrhunderts, Frankfurt/M. 1999.

[70] Der Begriff Sexualität wurde 1820 von dem Botaniker August Henschel eingeführt: Peter Fiedler, Sexualität, Stuttgart 2010, 12.

[71] Vgl. Aaron J. Gurjewitsch, Das Individuum im europäischen Mittelalter, München 1994.

[72] Vgl. Terence Kennedy, Marriage in the Theology of St. Thomas Aquinas, in: Studia Moralia 53(2015)61-82.

[73] Vgl. Hubertus Lutterbach, Die mittelalterlichen Bußbücher, in: Zeitschrift für Kirchengeschichte 114(2003)227-244; Matthias Schwaibold, Mittelalterliche Bußbücher und sexuelle Normalität, in: Ius Commune. Zeitschrift für Europäische Rechtsgeschichte 15(1988)107-129.

[74] Vgl. Jack Goody, Die Entwicklung von Ehe und Familie in Europa, Frankfurt/M. 1989; Marie O. Métral, Die Ehe. Analyse einer Institution, Frankfurt/M. 1981.

wird im Anschluss an das IV. Lateranum von 1215 die klandestine Eheschließung verboten. Ebenso bestätigt das Konzil von Trient im Ehedekret von 1563 im Anschluss an die Festlegung im II. Konzil von Lyon 1274 die lebenslange gültige Sakramentalität der Ehe[75] und ebenso im Anschluss an das „Dekret über die Union mit den Armeniern" im Konzil von Ferrara-Florenz 1439[76] endgültig diese unauflösliche Sakramentalität. Ausdrücklich wird in Florenz auf Eph 5,32 und die Bedeutung der sakramentalen Ehe für die sichtbare Darstellung der Einheit Christi mit seiner Kirche verwiesen; dies nimmt Trient auf und ebenso die in Florenz gegenüber den unionswilligen Armeniern verdeutlichte Charakterisierung der Ehe durch die drei traditionellen Eheziele. Daher wird die Ehe als sakramentale Lebensform der Nachfolge Christi ausdrücklich hervorgehoben gegen eine aus katholischer Sicht zweideutige Kennzeichnung der Ehe bei Martin Luther als unsichtbare Stiftung Gottes einerseits und als sichtbares „weltlich Ding" andererseits.[77] Damit kommt eine längere, kanonistisch und moraltheologisch geprägte Entwicklungsphase zum Abschluss, in der seit dem 12. Jahrhundert die Ehe als kanonistisch-kirchlich verwaltetes Sakrament immer deutlicher herausgestellt wurde.

> „Der Anlaß dazu war zunächst ein mehr äußerlicher. Inzwischen war nämlich die Eheschließung aus Gründen der Rechtssicherheit unter die Aufsicht (Jurisdiktion) der Kirche gekommen. Um die Gültigkeit der Ehe rechtlich feststellen zu können, hatte man die kirchlich-liturgische Form der Eheschließung eingeführt. Die Eheschließung vollzog sich also nun in einem liturgischen Ritus, ähnlich wie Taufe, Weihe oder Buße. So lag es nahe, die Ehe auch zu den sieben Sakramenten zu zählen."[78]

Umstritten blieb aber zunächst die Gnadenwirkung des Sakramentes. Sollte diese tatsächlich nur in der Zügelung der auch nach der Taufe im Getauften verbleibenden ungeordneten sexuellen Begierde liegen? Demgegenüber unterstreicht das Konzil von Trient die Gnadenwirkung als übernatürliche Rechtfertigung und als Entfal-

---

[75] DH 860: „Soluto vero legitimo matrimonio per mortem coniugum alterius..."
[76] DH 1327.
[77] Vgl. Volker Leppin, Ehe bei Martin Luther. Stiftung Gottes und „weltlich ding", in: Evangelische Theologie 75(2015)22-33: „Die Ehe ist zwar ein weltlicher Stand, aber als solcher doch von Gott gestiftet." (30).
[78] Georg B. Langemeyer, Als Mann und Frau leben, aaO, 13.

tung des Taufsakramentes.[79] Das Ehesakrament schenke den Ehepartnern Anteil an der Liebe Christi, sodass die naturhafte Liebe vollendet und geheiligt und zugleich ihre unauflösliche Einheit bekräftigt werde:

> „Die Gnade aber, die jene natürliche Liebe vervollkommnen, die unauflösliche Einheit festigen und die Gatten heiligen sollte, hat Christus selbst, der Stifter und Vollender der ehrwürdigen Sakramente, durch sein Leiden für uns verdient."[80]

Allerdings hält auch Trient im Gefolge der lehramtlichen Tradition an der Vorrangstellung der Jungfräulichkeit vor der Ehe fest, und dies im Blick auf die schon erwähnte eschatologische Relativierung der Lebensform der Ehe wie auch gegen eine polemische reformatorische Relativierung des Zölibates gewendet:

> „Wer sagt, der Ehestand sei dem Stand der Jungfräulichkeit oder des Zölibates vorzuziehen, und es sei nicht besser und seliger, in der Jungfräulichkeit und dem Zölibat zu bleiben, als sich in der Ehe zu verbinden, der sei mit dem Anathema belegt."[81]

Die Systematisierung der Beichte durch das Bußdekret im Konzil von Trient und die Einschärfung der jährlichen Beichtpflicht hinsichtlich der schweren Sünden befördert eine Moralisierung der Sexualität und zugleich eine Verrechtlichung des alltäglichen Lebens mit dessen Anbindung an die Sakramentenspendung, insbesondere des Beichtsakramentes. Zu erwähnen ist freilich auch eine spezifisch theologische Entfaltung der katholischen Lehre vom Ehesakrament im Umkreis der französischen Mystik der Barockzeit, namentlich bei Franz von Sales (1567-1622), der mit der Betonung der Freundschaftsliebe und der Berufung zur Heiligkeit in der christlichen Ehe explizit auf Johannes Chrysostomus, Thomas von Aquin und Erasmus von Rotterdam zurückgreift.[82] Das II.

---

[79] Vgl. Christian D. Washburn, The Transformative Power of Grace and Condign Merit at the Council of Trent, in: The Thomist 79(2015)173-212. Früher schon Heiko A. Oberman, The Tridentine Decree on Justification in the Light of Late Medieval Theology, in: Journal for Theology and the Church 3(1967)28-54; ders., Duns Scotus, Nominalism, and the Council of Trent, in: Ders., The Dawn of the Reformation: Essays in Late Medieval and Early Reformation Thought, Grand Rapids / Mich., 1992, 204-233.

[80] DH 1799.

[81] DH 1810.

[82] Vgl. Terence McGoldrick, The ascent of Marriage as Vocation and Sacrament. Francis de Sales' Christian Humanist Theology of Marriage, in: Salesianum 77(2015)207-249.

Vaticanum charakterisiert, ohne die traditionellen Eheziele aufzugeben, geradezu emphatisch und in deutlich personalistischer Zuspitzung die sakramentale Ehe in der Pastoralkonstitution „Gaudium et spes" in dieser Tradition ausdrücklich als Heilung, Vollendung und Erhöhung der naturhaften Liebe des Menschen, denn

> „Gerade durch ihre Selbstlosigkeit in Leben und Tun verwirklicht sie sich und wächst. Sie ist viel mehr als bloß eine erotische Anziehung, die, egoistisch gewollt, nur zu schnell wieder erbärmlich vergeht. Diese Liebe wird durch den eigentlichen Vollzug der Ehe in besonderer Weise ausgedrückt und verwirklicht. Jene Akte also, durch die die Eheleute innigst und lauter eins werden, sind von sittlicher Würde; sie bringen, wenn sie human vollzogen werden, jenes gegenseitige Übereignetsein zum Ausdruck und vertiefen es, durch das sich die Gatten gegenseitig in Freude und Dankbarkeit reich machen."[83]

Bemerkenswert ist die deutlich augustinische Perspektive eines Gegensatzes von selbstloser Hingabe und egoistischer Erotik; dieser Gegensatz bedarf der Heilung durch die sakramentale Gnade.[84] Im Hintergrund steht das korrekte Verständnis der unterschiedlichen Formen von Gottesliebe, Nächstenliebe und Selbstliebe; zu klären bleibt der Unterschied von Selbstliebe und Eigenliebe[85] sowie das Verhältnis von Gottesliebe und Nächstenliebe. Das Ziel ist ein Weg der Heiligkeit und der Heiligung, entfaltet aus dem Sakrament der Taufe. Übrigens greift das II. Vaticanum auch durchaus eine augustinisch geprägte Sicht der innerlichen Führung von äußeren Handlungen und der sexuellen Selbstbeherrschung sowie einer daraus erwachsenden Freiheit von unvernünftigen Leidenschaften auf, wenn es formuliert:

> „Die Würde des Menschen erfordert es also, daß er in bewußter und freier Wahl handelt, das heißt personal, von innen her bewegt und geführt und nicht unter blindem innerem Drang oder unter bloßem äußeren Zwang. Eine solche Würde erwirbt der Mensch, wenn er

---

[83] Gaudium et spes Nr. 49; zum Hintergrund der dortigen Anthropologie Brandon Peterson, Critical voices: The reactions of Rahner and Ratzinger to „Schema XIII" (Gaudium et spes), in: Modern Theology 31(2015)1-26.

[84] Vgl. Maurizio Chiodi, La teologia morale matrimoniale. Interpretazione storico-sistematica del concilio Vaticano II, in: Teologia 40(2015)182-211.

[85] Vgl. Monika Hoffmann, Selbstliebe. Ein grundlegendes Prinzip von Ethos, Paderborn 2001.

sich aus aller Knechtschaft der Leidenschaften befreit und so sein Ziel in freier Wahl des Guten verfolgt."[86]

Weder Maß noch Leidenschaft stehen in sich und sind letzte Ziele, sie empfangen beide ihre letzte moralische Qualität durch die bewusste Hinordnung auf das letzte Ziel einer immer größeren und wachsenden hingebenden Liebe zu Gott durch die lautere Liebe zum Mitmenschen. Sexualität an die sakramentale Ehe gebunden soll in dieser Sicht Ausdruck einer Liebe sein, die der naturhafte Mensch letztlich nur erahnen und ersehnen, und von Gott als Gnade erbitten und empfangen kann. Daher formuliert das II. Vaticanum in sehr behutsamer Weise:

> „Diese eigentümliche Liebe geht in frei bejahter Neigung von Person zu Person, umgreift das Wohl der ganzen Person, vermag so den leibseelischen Ausdrucksmöglichkeiten eine eigene Würde zu verleihen und sie als Elemente und besondere Zeichen der ehelichen Freundschaft zu adeln."[87]

Eine solche Liebe drückt sich in der öffentlichen und sichtbaren Bindung der Sexualität an eheliche Treue und Verbindlichkeit aus; dies erklärt die grundsätzliche Ablehnung des katholischen Lehramtes von außerehelicher Sexualität.[88] Menschliche Sexualität als vollkommenster Ausdruck menschlicher Liebe von Mann und Frau wird gebunden an den vollkommensten Ausdruck geistiger Liebe, nämlich das Versprechen lebenslanger Treue und Hingabe als Herrschaft und Bezwingung der Zeit; dies ist eine eindeutige Kultivierung biologisch zwei- oder mehrdeutiger Sexualität. Nur wenn beides, körperliche und geistige Hingabe übereinstimmen, kann auf der Grundlage einer solchen personalistischen Metaphysik von personaler Wahrheit gesprochen werden. Dies ist der letzte Sinn des sakramentalen Eheversprechens, in säkularer Sprache kann das ganz nüchtern so ausgedrückt werden:

> „Das Eheversprechen ist das Versprechen, die Entwicklung der eigenen Persönlichkeit – also der eigenen personalen Identität – nicht mehr als unabhängige Variable zu verstehen, die vielleicht mit der

---

[86] Gaudium et spes Nr. 17.
[87] Ebd. Nr. 49.
[88] Vgl. Bruno Schlegelberger, Vor- und außerehelicher Geschlechtsverkehr. Die Stellung der katholischen Moraltheologen seit Alphons von Liguori, Remscheid 1980.

Entwicklung der anderen Persönlichkeit einigermaßen kompatibel verläuft, vielleicht aber auch nicht."[89]

Dann erhebt sich freilich in einer zweiten Überlegung noch die Frage nach der für ein solches Versprechen und den Empfang der Gnade nötigen Disposition der Ehepartner. Wiederum ist an das thomanische Axiom „gratia supponit et perfecit naturam" zu denken: Welche menschliche Natur und welchen menschlichen Willen zur Heiligkeit des Sakramentes setzt die Gnade voraus, die sich die Eheleute im Sakrament der Ehe spenden? Die Frage verschärft sich, da, anders als in den orthodoxen Kirchen, nicht der Priester das Ehesakrament spendet, so wie alle anderen Sakramente. Für diesen Fall der Sakramentenspendung durch den Priester legt sich das Konzil von Trient auf den altkirchlichen Grundsatz, der seit dem Donatistenstreit Tradition wurde, fest: Das Sakrament und seine Gnade wird objektiv gültig gespendet ungeachtet der subjektiven Disposition des Spenders; das Sakrament wirkt folglich „ex opere operato", infolge des gesetzten Sakramentes, und nicht infolge der Disposition und dem Willen des Spenders. Jetzt aber, da die Eheleute selbst durch ihren Willen zum Konsens und zum Ehebund das Sakrament setzen, weitet sich die Frage aus: Wirkt das Sakrament und seine Gnade auch hier, analog zu den anderen Sakramenten, unabhängig vom Willen und der Disposition der Spender, also der Eheleute, oder wird eine minimale Bereitschaft zum sakramentalen Weg der Heiligkeit und der Nachfolge Christi im Ehebund vorausgesetzt? Diese Frage spitzt sich zu infolge des Verbotes der klandestinen Ehen und der damit verbundenen Öffentlichkeit des Eheversprechens, die jetzt zur neuen Erfahrung öffentlich gescheiterter und zivilrechtlich in der Neuzeit sogar geschiedener Ehen führt; sie spitzt sich aber auch zu infolge der Säkularisierung der Lebenswelten und der Mischehen, bei denen unter Umständen der nichtkatholische Teil der Ehepaare die Sakramentalität der Ehe nicht teilt oder sogar ablehnt. Daraus folgt die nächste Frage, ob das traditionelle Konstrukt der prinzipiell unauflöslichen Naturehe noch trägt und damit verbunden auch die Frage, ob tatsächlich und realistisch noch ausgegangen werden

---

[89] Robert Spaemann, Personen. Versuche über den Unterschied zwischen „etwas" und „jemand", Stuttgart 1996, 242; vgl. auch Rudolf Ginters, Versprechen und Geloben. Begründungsweisen ihrer sittlichen Verbindlichkeit, Düsseldorf 1973.

kann von der seit Robert Bellarmin (1542-1621) schier unumstößlichen Festlegung, unter Getauften sei jede Ehe ein Sakrament.[90]

Anders gewendet: Die menschliche Person bringt sich selbst und ihre Grundentscheidung zum Guten in einer Lebensentscheidung, in einer folgenreichen Tat der Liebe zum Ausdruck. Dies wird übrigens auch deutlich im Blick auf die etymologische Wurzel des deutschen Wortes „Ehe": Im Hintergrund steht das altgermanische Wort „êwa", das verwandt ist mit dem lateinischen Wort „aevum" für Ewigkeit, und ein ewig geltendes Gesetz meint. Diesem ewigen Gesetz der Bindung von Mann und Frau unterwirft sich der Mensch im Entschluss zur ehelichen Treue; er verwirklicht sich gerade darin selbst als leibhafte Person in der hingebenden und leiblichen Beziehung gelebter Sexualität zu einer anderen Person.[91] Dies geschieht unter Getauften in der Form des Sakramentes: Der Sinn dieser Festlegung war, gerade bei dem Kontroverstheologen Robert Bellarmin, gegen die reformatorische Lehre von der verderbten menschlichen Natur die traditionelle katholische und thomanische Lehre von der Wiederherstellung der übernatürlichen Gnade in der Taufe und der daraus folgenden Berufung zur Heiligkeit festzuhalten. Das Ja-Wort der Eheleute zueinander gilt als Abbild des unverbrüchlichen Ja-Wortes Gottes in seinem Sohn Jesus Christus zur Kirche und zu jedem Menschen in der Kirche. Dann allerdings wird dies, über die naturhaften Ehezwecke hinaus, einen expliziten Glauben an Gottes Ja-Wort in Jesus Christus und an seine Berufung zur Heiligkeit im Sakrament der Ehe erfordern, wie dies im 5. Kapitel des Epheserbriefes skizziert wird. Der Konsens setzt also augenscheinlich einen präzisen Glauben der Brautleute an Gottes Berufung und an die göttliche Wirksamkeit des Ehesakramentes voraus.[92] Eine „Strategie maximaler Sakramentalisierung" ohne Rücksicht auf den tatsächlichen Willen und den expliziten Glauben der Eheleute wird sich, zumal in säkularisiertem Kontext, kaum bewähren:

> „Oft wird die Meinung vertreten, schon die Bejahung der natürlichen Ehezwecke beinhalte einen „impliziten Glauben" an den

---
[90] Robert Bellarmin, Disputationes de controversiis christiani fidei, Bd. 3, Ingolstadt 1601 (Cap. 12: De matrimonii sacramentum).
[91] Vgl. Alexander Pruss, One Body: An Essay in Christian Sexual Ethics, Indiana (University of Notre Dame Press) 2013.
[92] Vgl. Andrea Bozzolo, Fede dei nubendi e forma del consenso. Due questioni aperte nella teologia del matrimonio, in: Teologia 40(2015)212-249.

Schöpfungsplan Gottes und damit an den Schöpfer. Ein solcher natürlicher Glaube mag in der Tat genügen, um die Ehe als „Natursakrament" zu begründen. Für ein Sakrament des Neuen Bundes braucht es aber mehr als die Bejahung des Schöpfers, zu der auch die Heiden fähig sind (vgl. Röm 1, 20). Da die Sakramentalität der christlichen Ehe auf der Taufe aufbaut, erscheint zumindest ein Mitglauben mit dem Taufbekenntnis der Kirche notwendig."[93]

Dahinter stehen die Fragen nach der genauen Zuordnung von Naturehe und sakramentaler Ehe und auch nach der präzisen Definition des Sakramentes unter Getauften, die ja durchaus weit entfernt vom Glauben der Kirche leben können. Nicht jeder Getaufte teilt den Glauben der Kirche an die Sakramentalität der Ehe:

> „Es ist zu klären, ob wirklich jede Ehe zwischen Getauften ipso facto eine sakramentale Ehe ist. In der Tat weist auch der Kodex darauf hin, daß nur der gültige Ehevertrag zwischen Getauften zugleich Sakrament ist. Zum Wesen des Sakraments gehört der Glaube; es bleibt die rechtliche Frage zu klären, welche Eindeutigkeit von Unglaube dazu führt, daß ein Sakrament nicht zustande kommt."[94]

Freilich, so kann ergänzt werden, ist dies nicht allein eine rechtliche Frage, die zu klären ist, sondern vor allem doch wohl eine sakramententheologische und nicht zuletzt auch eine moraltheologische Frage: Welche individuelle und subjektive Grundentscheidung und welche Qualität der Glaubensentscheidung setzt die objektive Gültigkeit des Ehesakramentes voraus, das nach Überzeugung der lateinischen Kirche in den Eheleuten gleichermaßen Spender wie Empfänger der sakramentalen Gnade sieht? Der Ehevertrag wird nur dann zum Sakrament, wenn die Eheleute infolge freier Zustimmung durch Christus in das Eheleben eintreten wollen. Der rein menschliche Ehebund wird nicht wirksam zum Sakrament durch ein rechtliches Statut in sich selbst und unabhängig von jeder freien Zustimmung zur Taufe. Und dieses Problem verschärft

---

[93] Andreas Schmidt, Taufe, Glauben und Unauflöslichkeit der Ehe, in: Internationale katholische Zeitschrift Communio 44(2015)427-440, hier 437, mit Verweis auf Joseph Ratzinger, Zur Frage nach der Unauflöslichkeit der Ehe, in: Gesammelte Schriften IV, 600-621: „Can. 1055 § 2 sagt, daß es zwischen Getauften keinen gültigen Ehevertrag geben kann, ohne daß er zugleich Sakrament ist. Aber wie ist das, wenn ein ungläubig Getaufter das Sakrament überhaupt nicht kennt? Er kann vielleicht den Willen zur Unauflöslichkeit haben, aber das Neue des christlichen Glaubens sieht er nicht..." (620).

[94] Joseph Ratzinger, Einleitung, in: Rudolf Voderholzer (Hg.), Zur Seelsorge wiederverheirateter Geschiedener. Dokumente, Kommentare und Studien der Glaubenskongregation, Würzburg 2014, 13-32, hier 30.

sich zumal in einer stark säkularisierten Umwelt, die eine fruchtbare und für den Empfang des Ehesakramentes notwendige Entfaltung der Taufgnade behindern oder gar verunmöglichen und zum bisher so nicht bekannten Phänomen der getauften Heiden führen kann. Hingegen müsste die Sakramentalität der Ehe nicht nur mit der einmal empfangenen Taufgnade, sondern ebenso ekklesial im Anschluss an Eph 5,30-32 begründet werden: Die leibseelische Einheit der Ehegatten wird zum Sakrament gerade durch die bewusste und gewollte Eingliederung in den Bund Christi mit seiner Kirche;[95] die Ehe wäre dann, analog zur Firmung, die Vollendung der Taufgnade durch die bewusste Ratifizierung der Taufe. Und das hieße dann in der Konsequenz des moralischen Lebens und mit Blick auf die sakramental formatierte Grundentscheidung, dass zur gültigen unauflöslichen sakramentalen Ehe die bewusste Glaubensentscheidung zur sakramentalen Nachfolge Christi im Leben der Ehe gehört.[96]

Die Ehe ist nach katholischem Glauben zunächst im Rahmen der Schöpfungstheologie[97] „Natursakrament" und im Rahmen der Erlösungstheologie ein übernatürliches Sakrament des Neuen Bundes und des neuen Volkes Gottes, der Kirche. Auch zwischen Ungetauften ist diese Naturehe Realsymbol für die treue und bleibende Liebe des Schöpfers, dessen Abbild der Mensch in der Zweiheit von Mann und Frau ist. So wird die Ehe zum Raum der Gemein-

---

[95] Vgl. José Granados, The sacramental Character of Faith: Consequences for the Question of the Relation between Faith and Marriage, in: Communio. International Catholic Review 41(2014)245-268.

[96] Konsequent dann die Ansicht von Andreas Schmidt, Taufe, Glauben und Unauflöslichkeit der Ehe, aaO, 435: „Daraus würde folgen, daß eine Ehe, die zwar sakramental gültig (ratum), aber nie im Glauben vollzogen (consummatum) worden ist, genauso von der Kirche aufgelöst werden könnte wie eine Ehe, die nie leiblich vollzogen wurde. In einem Fall fehlt etwas Wesentliches am irdischen Zeichen, im anderen etwas nicht weniger Wesentliches im geistlichen Vollzug des Ehesakramentes. In beiden Fällen wäre die ehe sozusagen anfanghaft, aber defizitär sakramental. Beide Arten von Mangel sind derart gravierend, daß zwar zunächst eine gültige sakramentale Ehe zustande kommt, aber eben nicht in ihrer Vollgestalt, welche diese Ehe absolut unauflöslich machen würde."

[97] Vgl. allerdings zurückhaltend Georg Steins, Zum Ansatzpunkt alttestamentlicher Schöpfungstheologie. Ein Vorschlag in kanonischer Perspektive, in: Theologie der Gegenwart 58(2015)242-260: „Ein originalsprachliches Pendant zum *Begriff* „Schöpfung" taucht in der Bibel nur am Rande, in den späten griechisch beeinflussten Texten des Alten Testaments auf; schon diese Beobachtung sollte zur Behutsamkeit mahnen. Eine *selbstständige* biblische *Lehre* von der Schöpfung wird man vergeblich suchen." (243)

schaft von Gott und Mensch, da es die bleibende Berufung des Menschen ist, seine Berufung als Abbild Gottes, als Mann und Frau zu leben. Hingebende Liebe wie auch die Bereitschaft zur Weitergabe des Lebens verwirklichen die Berufung. Diese Schöpfungsordnung und damit auch die Ehe und jede Form von menschlicher Freundschaft, ist zwar durch die Ursünde am Anfang der Menschheitsgeschichte gebrochen und schwer verwundet, wird aber durch menschliches Gesetz und Recht notdürftig wiederhergestellt, und harrt dennoch der gnadenhaften Erlösung. Das mosaische Gesetz ist eines dieser Gesetzeswerke, das im Kontext des Glaubens an Jahwe wegen der erbsündlichen Herzenshärte erlassen wurde. Diese Herzenshärte kann durchaus als Folge der Erbsünde verstanden werden; die ursprünglich angedachte Unauflöslichkeit der Ehe wird nicht gehalten; wegen dieser postlapsarischen Herzenshärte sind nach katholischer Auffassung die Naturehen nicht absolut unauflöslich und können *in favorem fidei* aufgelöst werden. Mit dem Hinweis auf den ursprünglichen Anfang stellt Jesus in eigener Person und nachfolgend durch die Stiftung der Kirche und ihrer Sakramente die ursprüngliche Ordnung als Gnadenordnung und damit die gefallene Natur des Menschen wieder her: Kein neues Gesetz wird gegeben, sondern neue Gnade zur Heilung der Herzenshärte in den Sakramenten und zur Verinnerlichung der hingebenden Liebe wird geschenkt. Auch die Ehe ist ein Sakrament dieses neuen Bundes; die Eheleute verstehen ihre lebenslange treue Liebe als Abbild der dreifaltigen Liebe Gottes und als Abbild der Liebe Christi zu seiner Kirche. Das neue Leben der Gnade bleibt freilich bis zur Vollendung in der ewigen Gemeinschaft mit Gott angefochten; die Konkupiszenz als grundsätzliche Versuchbarkeit des Menschen zum Bösen und damit zu menschenunwürdigem Verhalten bleibt auch in der Gnadenordnung der Sakramente *ad agonem*, also zum Kampf, und zur Bewährung des Menschen spürbar.

Was ist das Ziel der menschlichen Person? Die Antwort aus Sicht der katholischen Anthropologie und Ethik ist kurz und präzise: Das Ziel des Menschen ist der zunächst philosophisch gedachte Gott, als das schlechthin und absolut Beste, sodann der sich selbst in Jesus von Nazareth offenbarende Gott, als die schlechthin und absolut beste Person. Das Ziel des Menschen ist der liebende und dreifaltige Gott, dessen Abbild der Mensch ist und immer mehr werden soll. Dieser Gott ist vom Wesen her und nach dem Zeugnis der Offenbarung in Jesus Christus Liebe. Daher ist das Ziel des Menschen diese Liebe: reine und wohlwollende Liebe als Ja zum Mitmenschen, zu Gott, zu sich selbst. Gottesliebe und Menschenliebe sind untrennbar miteinander verbunden und bleiben zugleich bezogen auf die Selbstliebe, die in der Entwicklung einer persönlichen Biographie – im Prozess von der Ich-Werdung zur Du-Findung und zur Selbst-Transzendenz – und auf dem menschlichen Weg zu Gott immer auch egoistisch und narzisstisch verschattet ist.[98] Solche Verschattung trägt in der Tradition der katholischen Moraltheologie den Namen Konkupiszenz. Der Sinn des irdischen Lebens ist es, diese Konkupiszenz mit Hilfe der sakramentalen Gnade zu formatieren und zu überwinden, um die reine Liebe zu Gott zu erlernen, und zwar durch hingebende und lautere Liebe zum Menschen, insbesondere in der exklusiven und intimen Gemeinschaft der Ehe und der Familie. Auch diese Gemeinschaft freilich ist wiederum immer eine lernende und immer im Prozess befindliche Gemeinschaft;[99] zu denken ist an das vom katholischen Lehramt öfters in Erinnerung gerufene Gesetz der Gradualität, das keinesfalls einer laxistischen Abstufung der Gesetzesverpflichtung dient:

> „Daher kann das sogenannte Gesetz der Gradualität oder des stufenweisen Weges nicht mit einer Gradualität des Gesetzes selbst gleich gesetzt werden, als ob es verschiedene Grade und Arten von Gebot im göttlichen Gesetz gäbe, je nach Menschen und Situationen verschieden. Alle Eheleute sind nach dem göttlichen Plan in der Ehe zur Heiligkeit berufen, und diese hehre Berufung verwirklicht sich in dem Maße, wie die menschliche Person fähig ist, auf das göttli-

---

[98] Vgl. Mirja Kutzer, Gottesliebe – Menschenliebe. Zum Zusammenhang von Theologie und Anthropologie, in: Theologisch-praktische Quartalschrift 163(2015)368-378, mit Verweis auf Julia Kristeva, Geschichten von der Liebe, Frankfurt/M. 2007: „Damit bildet der primäre Narzissmus die grundlegende Matrix jeglicher Geschichten von der Liebe. Die Liebe bleibt durchzogen von der Einfühlung. Diese koppelt das Begehren an die Prozesse der Ichwerdung und kennzeichnet das Subjekt als ein Dynamisches. Denn in der liebenden Einfühlung verharrt das Ich nicht in sich selbst. Es wird sich fremd und übernimmt die Position des Anderen. Es verschmilzt mit ihm, um in dieser Hingabe einen neuen Selbstbezug zu gewinnen. Diese Selbstbezüglichkeit ist nach Kristeva auch in den altruistischsten Formen der Liebe noch präsent" (372).
[99] Vgl. Thomas Knieps-Port le Roi, Die Ehe als Prozeß aus sakramententheologischer Perspektive, in: Zeitschrift für katholische Theologie 132(2010) 273-292.

che Gebot ruhigen Sinnes im Vertrauen auf die Gnade Gottes und auf den eigenen Willen zu antworten."[100]

Sexualität in dieser Sicht bringt eine solche liebende Hingabe durch Geist und Leib in privilegierter Weise und mit dem Willen zur treuen Bindung zum Ausdruck und hat daher ihren Ort notwendig in der ehelichen, also treuen und exklusiven Liebe: menschlich, auf die andere Person des anderen Geschlechts gerichtet, lebensstiftend, als Abbild der Liebe Gottes zum Menschen.[101] Es ist die Überzeugung des christlichen Glaubens, Gottes Liebe sei durch unwandelbare Treue gekennzeichnet, und dieser göttlichen Treue dürfe und solle der Mensch als Abbild Gottes durch seine in Freiheit gewählte Treue in Gottesliebe und Nächstenliebe entsprechen. Freiheit wird dann begriffen als Freiheit zur Hingabe und zur Bindung in Liebe mit der Aussicht auf einen Gewinn, der weit jenseits zeitlicher Erfüllung liegt:

> „Der Preis der Freiheit – in welcher Bedeutung auch immer man nun das Wort „Preis" nehmen mag – der Preis der Freiheit ist die Treue. Wer frei sein will, muß treu sein. Der Freie steht zu der von ihm autonom gesetzten Verbindlichkeit, und in eben dieser Standhaftigkeit bewährt sich die Freiheit. Damit ist das Wort vom Preis der Freiheit umkehrbar: Der Preis, den der Treue gewinnt, ist die Freiheit."[102]

---

[100] Johannes Paul II., Apostolisches Schreiben „Familiaris consortio" (1981), Nr. 34.
[101] Vgl. Maria Cruciani, Teologia dell'affettività coniugale: La forma cristica della fedeltà in una prospettiva rinnovata delle virtù, Assisi 2013.
[102] Hermann Krings, Der Preis der Freiheit. Zum Verhältnis von Idee und Wirklichkeit der Freiheit im 20. Jahrhundert, in: Ders., System und Freiheit. Gesammelte Aufsätze, Freiburg/Br. 209-230, hier 229.

ARMUT UND BARMHERZIGKEIT:
PÄPSTLICHE REVOLUTION UND FRANZISKANISCHE REFORM

Ethik ist, um ein Wort von Hans Blumenberg abzuwandeln, die besorgte Zuschauerin des menschlichen Schiffbruchs, so wie die Theologie überhaupt: „Philosophie beginnt mit dem Staunen, Theologie aber entsteht aus der Erschütterung."[1] Anders gewendet: Ethik ist dem Wesen nach Verwalterin des menschlichen Mangels, ja mehr noch und schärfer zugespitzt: des menschlichen Makels. Armut ist der unsichere Humus, auf dem das fragile Gebäude der Ethik errichtet werden muss. Denn Ethik zielt auf die Frage nach dem Guten (und damit nach dem Besten) und nach dem Gerechten (und damit nach dem Mindesten) zugleich. Das heißt: Ethik fragt nach dem unbedingt Notwendigen für das menschliche Leben, also nach der Gerechtigkeit, und darüber hinaus zugleich immer nach dem unbedingt Wünschenswerten, also nach der besten Gutheit des menschlichen Lebens. Nochmals anders ausgedrückt: Die Realität des Rechts und die Idealität des Guten sollen gleicherweise in den Blick kommen. Es wird nach dem Besten, nach dem menschlichen Glück schlechthin, gefragt und zugleich, in nüchterner Anerkenntnis der begrenzten Möglichkeiten des Menschen in Zeit und Raum, wird gefragt nach dem hier und jetzt Möglichen einer minimalen Moralität, die sich zunächst auf Legalität, also die Erfüllung des Gesetzesbuchstabens, beschränkt, ohne damit schon ihr Genügen finden zu können. Recht und Gerechtigkeit werden als notwendige, aber keineswegs hinreichende Vorbedingungen des guten und besten Lebens verstanden. Abendländische Ethik, ausgehend von der klassischen griechischen Frage nach dem Guten und nach der *eudaimonia*, der Glückseligkeit der menschlichen Seele, entfaltet sich auf einem platonischen Hintergrund der Frage nach dem Begehren, also dem Eros: Was begehrt der Mensch vom Grunde seines Wesens her? Das Christentum nahm diese platonische Frage,

---

[1] So ein Satz von Klaus Demmer beim 27. Internationalen Kongreß für Moraltheologie in Köln, zit. in: Gerhard Höver, Vorwort, in: Ders. (Hg.), Leiden, Münster 1997, 12.

insbesondere im Anschluss an das johanneische Schrifttum des Neuen Testamentes, entschieden auf und veränderte sie zugleich. Insbesondere können „Augustinus und Bonaventura als Repräsentanten einer grundlegenden Wende in der Platonischen Konversation mit dem Begehren erscheinen", sodass „„Augustinus' und Bonaventuras Reflexionen über das Begehren die erotische Tradition in eine neue, aber verwandte Problematik verwandeln."[2] Es ist die Frage nach der ursprünglichen Idee des Guten und nach der Verwirklichung dieser Idee und Idealität unter den Bedingungen der Schatten und Bilder der menschlichen Höhle, die den Blick auf die eigentlichen Realitäten nur fragmentarisch zulässt. Hier genau setzt die erste Bewegung einer christlichen Ethik an, auf dem stets mitgedachten Hintergrund eines israelitischen Nachdenkens über Gott und dessen Anspruch an den Menschen. Es ist ein Denken in der Spannung von Schöpfung und Erlösung. Ethik stellt sich hier dar im Bild einer Grundidee – im Bild des Paradieses – und dessen Scheitern und Verlust – im Bild des Auszugs aus dem Paradies – und dessen Wiedergewinn durch eine Bewegung der Bekehrung und Erlösung. Dies wird aber ermöglicht eben durch den, der die Grundidee begründete und zugleich den Verlust, die Ursünde also, zuließ.

Die Geburtsstunde der Moraltheologie als eigenständiges theologisches Lehrfach ist nicht ganz eindeutig festlegbar. Immerhin gibt es den unverrückbaren Referenzpunkt des Konzils von Trient, das im Rahmen einer katholischen, an Thomas von Aquin orientierten und ausdrücklich gegen die Reformatoren gerichteten Darlegung der Rechtfertigungslehre[3] – heute würde man von einer theologischen Anthropologie sprechen – und nach dem Dekret über die Rechtfertigung von 1547[4] auf der 14. Sitzung vom 25. November 1551 die Bedeutung des Bußsakramentes und damit die

---

[2] Adrian Peperzak, Das Begehren: Platon – Augustinus – Bonaventura, in: Tobias Schlicht (Hg.), Zweck und Natur. Historische und systematische Untersuchungen zur Teleologie, München 2011, 37-52, hier 38.

[3] Vgl. Otto Hermann Pesch, Theologie der Rechtfertigung bei Martin Luther und Thomas von Aquin, Mainz 1967; Charles Raith II, Aquinas and Calvin on Romans. God's Justification and Our Participation, Oxford 2014. Daneben auch David VanDrunen, Medieval Natural Law and the Reformation: A Comparison of Aquinas and Calvin, in: American Catholic Philosophical Quarterly 80(2006)77-98; Joseph Wawrykow, God's Grace and Human Action: „Merit" in the Thought of Thomas Aquinas, Notre Dame / In. 1995.

[4] Vgl. Christian D. Washburn, The Transformative Power of Grace and Condign Merit at the Council of Trent, in: The Thomist 79(2015)173-212.

aktive Beteiligung des Menschen an Umkehr und Gnade unterstreicht:

„Wenn die Dankbarkeit gegenüber Gott in allen Wiedergeborenen so wäre, daß sie die in der Taufe durch seine Wohltat und Gnade empfangene Gerechtigkeit beständig bewahrten, wäre es nicht nötig gewesen, ein anderes Sakrament als die Taufe selbst zur Vergebung der Sünden einzusetzen."[5]

Mit dieser einigermaßen überraschenden Aussage über die zentrale Rolle der Tugend der Dankbarkeit im Leben der getauften Christen konnte das Konzil von Trient auf Vorarbeiten beim IV. Lateran-Konzil von 1215 zurückgreifen; dort wird nämlich die mindestens einmal jährliche Pflicht zur Beichte ausdrücklich eingeschärft.[6] Dies war zu Lebzeiten des Franziskus von Assisi (1181-1226); das Konzil tagte vom 11. bis zum 30. November 1215 unter Leitung Papst Innozenz III. (1198-1216), der, zufolge der Legende, Franziskus im Lateranspalast zu Rom empfing und seine neue Ordensregel bestätigte, nachdem er in der Nacht zuvor im Traum gesehen hatte, wie die einstürzende Kirche von der schmächtigen Gestalt eines Bettelmönchs gestützt und aufgerichtet wurde. Das Konzil war in der Tat gedacht zur Reform der Kirche, die auszugehen hatte von der Reform des inneren Menschen.

Schon an der kurzen Bemerkung des Trienter Konzils zur Dankbarkeit über die Taufe wird der anthropologische Hintergrund der sich nunmehr systematisch entfaltenden Moraltheologie deutlich: Es geht vor dem Hintergrund der Dankbarkeit des getauften Menschen Gott gegenüber um die grundlegende Gerechtigkeit des Menschen, sein Wesen und seine Existenz. Es geht um die ursprüngliche paradiesische Gabe der Liebe, den Verlust dieser Liebe in der Ursünde, die Folgen dieses Verlustes in der Erbsünde und die Erlösung aus dieser chronischen Lieblosigkeit durch Jesus Christus und die von ihm gestiftete Kirche. Dabei bildet das Sakrament der Taufe gleichsam das Eingangstor zur Erlösung des Individuums aus der Vereinsamung der Sünde und aus der Unheils-

---

[5] DH Nr. 1668.
[6] DH Nr. 812: „Jeder Gläubige beiderlei Geschlechts soll, nachdem er in die Jahre der Unterscheidung gelangt ist, wenigstens einmal im Jahr all seine Sünden allein dem eigenen Priester getreu beichten, die ihm auferlegte Buße nach Kräften zu erfüllen suchen und zumindest an Ostern ehrfürchtig das Sakrament der Eucharistie empfangen..." Vgl. Paolo Prodi, Una storia della giustizia, Bologna 2000, 79-86.

verstrickung in das Böse. Die Kirchenväter sprechen daher oft auch von der Kirche als der neuen „Arche Noah", die den Sünder aus der Sintflut der Sünde und der Sinnlosigkeit rettet. Die Beichte dient der ständigen und lebenslangen Wiederherstellung der Taufgnade, die durch individuelle Sünden verloren ging oder doch zumindest beschädigt wurde.[7] Diese Taufgnade wird als grundlegende Rechtfertigung und Erlösung des Menschen begriffen; dementsprechend ist Sünde nicht zuerst ein Verstoß gegen ein Einzelgesetz, sondern der Zweifel an Gottes genügender Zuwendung und Barmherzigkeit.

> „Der Sünder läßt sich auf seine selbstrechtfertigende Leistung zurückwerfen; er schaut nicht mehr gebannt auf die grundlos zukommende Rechtfertigung Gottes, die ihm die Freiheit zu unbegrenztem Einsatz zuspricht, sondern auf die Grenzen seiner selbst."[8]

Als Form des Bußsakramentes wird im Konzil von Trient die Absolution durch den Priester, also die Lossprechung von den gebeichteten Sünden, bestimmt; als Materie wird gefordert von Seiten des beichtenden Gläubigen die Reue, das Bekenntnis und die Genugtuung als Buße. Näherhin heißt es im Beichtdekret des Trienter Konzils, es genüge eine unvollkommene Reue, eine *contritio imperfecta* als *attritio*, die dann von Gott vervollkommnet und vollendet wird. Gedacht ist wohl an eine Art Wunsch nach umfassender Reue, die aber, realistisch gesehen, im beichtenden Menschen emotional immer nur unvollkommen bleibt. Im Sündenbekenntnis sollen aber nach Weisung des Konzils die Todsünden, die also den Tod der Gottesbeziehung zur Folge haben, vollständig und gesondert und einzeln aufgezählt werden, und auch die dazu gehörenden und eventuell die Art der Sünde verändernden Umstände, und schließlich auch die besonders schwer zu erfassenden Verstöße gegen die beiden letzten Gebote des Dekaloges, die Sünden wider das falsche Begehren nämlich.

Die Unterscheidung von Todsünde (oder schwerer Kapitalsünde) und verzeihlichen (oder lässlichen) Sünden findet sich kirchenamtlich explizit zuerst im Beichtdekret des Konzils von Trient, ebenso der Hinweis auf das falsche Begehren. Der augustinische Weg in die Innerlichkeit des Gewissens und der Sündenbewusst-

---

[7] Vgl. Klaus Demmer, Erfahrung der Sünde in der Hoffnung, in: Theologie und Glaube 99(2009)291-309.

[8] Klaus Demmer, Entscheidung und Verhängnis. Die moraltheologische Lehre von der Sünde im Licht christologischer Anthropologie, Paderborn 1976, 27.

heit wird radikalisiert und individualisiert: Todsünden müssen benannt und damit bewusst werden, „auch wenn sie ganz im Verborgenen und nur gegen die zwei letzten Vorschriften der Zehn Gebote begangen wurden."[9] Bemerkenswert ist hier zweierlei: Zum einen wird das Gottesverhältnis des Menschen in wünschenswerter Weise psychologisiert und einer näheren Prüfung unterzogen. Zum anderen die Absage an die der Seele durch die Taufgnade eingegossene Gnade Gottes und der darauf folgende Tod der lebendigen Beziehung zu Gott, die die Todsünde so gefährlich macht. Das Konzil von Trient folgt damit einer langen mystischen Tradition einer Psychologisierung der Gnade, die bereits bei den frühen Wüstenvätern beginnt:

> „Das Konzil setzt mit seiner Entscheidung die Unterscheidung zwischen Todsünde (schwerer Sünde) und läßlicher Sünde als geklärt voraus. Die vorausgehende Behandlung dieser Unterscheidung seit Mitte des 2. Jahrhunderts sowie die weitere Entwicklung zeigen, daß die Differenzierung zwischen Todsünde (schwerer Sünde) und läßlicher Sünde zwar zunehmend in der Theologie heimisch wurde, zugleich aber die Frage keineswegs überzeugend beantwortet werden konnte, welche Vergehen unter die Klasse der „Todsünden" einzuordnen sind und warum."[10]

Zweitens ist die Ausweitung der genannten Psychologisierung der Gnade auf das weite Feld der inneren Motivation und des individuellen Begehrens bemerkenswert. Jede äußere Tat wurzelt in einer inneren Entscheidung und bereitet sich geistig vor. Ob einem Menschen in allen Konsequenzen bewusst sein muss, dass er sich mit seiner inneren Entscheidung für das Böse von Gott abwendet, damit eine solche Abwendung dann als Todsünde definiert werden

---

[9] DH 1679; Kanon 7: DH 1707. Zur Unterscheidung DH 1680: „Denn obwohl die verzeihlichen, durch die wir nicht von der Gnade Gottes ausgeschlossen werden und in die wir häufiger fallen, zurecht, mit Nutzen und ohne jede Vermessenheit im Bekenntnis genannt werden können (Kann. 7), was der Brauch frommer Menschen bezeugt, so können sie dennoch ohne Schuld verschwiegen und durch viele andere Heilmittel gesühnt werden. Da aber alle Todsünden, auch die des Gedankens, die Menschen zu „Kindern des Zornes" (Eph 2,3) und Feinden Gottes machen, ist es notwendig, auch für alle mit einem offenen und ehrfürchtigen Bekenntnis von Gott Verzeihung zu erbitten."

[10] Josef Schuster, Das Bekenntnis der Sünden. Überlegungen zum Bußsakrament, in: Theologische Revue 102(2006)89-102, hier 94; vgl. auch Helmut Weber, Todsünde – läßliche Sünde, in: Trierer Theologische Zeitschrift 82(1973)93-119: „Zu keiner Zeit gab es eine abgeschlossene, allseits anerkannte Liste der Todsünden. Die Frage, was dazu gehört und was nicht, ist nie restlos geklärt worden" (95).

kann, bleibt unentschieden. Im eigentlichen Sinne Sünde heißt jedenfalls nur die Todsünde; bereits Thomas von Aquin unterstrich, die lässliche Sünde sei nur in analogem Sinn Sünde.[11]

> „Nicht die einzelne sündhafte Tat, so ernst sie auch zu nehmen und so sehr sie zu meiden ist, zerstört schon das Band zwischen Gott und Mensch; es ist erst das ständige und sich immer mehr zu radikaler Bosheit verdichtende Sündigen."[12]

Jede Todsünde bereitet sich in der inneren Motivation und Intention vor, sie wurzelt letztlich im existentiellen Zweifel an der Liebenswürdigkeit der eigenen und konsequenterweise jeder anderen Existenz. Darin läge dann in der Tat die radikalste Sünde und Schuld eines menschlichen Lebens; die Versuchung, nachzugeben, zu allem und jedem zu sagen: Es macht nichts, es ist nicht von Interesse! Interesselosigkeit zeigt sich dann als Gegenbild des unbedingten Interesses Gottes für jeden Menschen. Jetzt zeigt sich, wie nötig eine behutsame Psychologisierung der Gnade ist. Das Böse wird ja vom Menschen gewählt oder doch zumindest zugelassen; dann aber ist nach der Motivation für das Böse oder besser: nach dem Grund für die Attraktivität des Bösen zu fragen. Hass allein ist keine Letzterklärung, sondern wurzelt in tieferen Motivationsschichten.

> „Die Kehrseite ist das Nicht-lieben-Können, die prinzipielle Teilnahmslosigkeit, the dispairing possibility that nothing matters. Nicht der Haß ist das wahre Widerspiel der Liebe, sondern die verzweifelte Gleichgültigkeit, für die nichts von Belang ist. Das Wort von der Verzweiflung ist hier buchstäblicher zu nehmen, als es vielleicht zunächst geschieht. Die Haltung der radikalen Wurstigkeit („es ist alles egal") hat in der Tat etwas mit dem Geisteszustand der Verdammten zu tun. In Dostojewskis Roman von den Brüdern Karamasow sagt der Starez Sossima: Was ist die Hölle? Ich denke, sie ist der Schmerz darüber, daß man nicht mehr zu lieben vermag."[13]

Motivation und Intention sollen mit konkreten Handlungen stärker verknüpft werden; insbesondere soll die Grundintention eines in seiner Handlung sich darstellenden Menschen in den Blick geraten und überprüft werden.[14] Programmatisch unterstreicht daher das

---

[11] Thomas von Aquin, Summa Theologiae I-II, q. 1, ad 1.
[12] Helmut Weber, Allgemeine Moraltheologie, Graz 1991, 295.
[13] Josef Pieper, Über die Liebe, Frankfurt/M. 1962, 116.
[14] Vgl. Hans Reiners, Grundintention und sittliches Tun, Freiburg/Br. 1966.

Konzil von Trient im Beichtdekret, die Kirche fordere von den Büßenden,

> „daß sich ein jeder sehr sorgfältig untersucht und alle Falten und Verstecke seines Gewissens erforscht und danach die Sünden bekennt, an die er sich erinnert, daß er mit ihnen seinen Herrn und Gott tödlich beleidigt hat."[15]

Hier liegt der Akzent deutlich auf den (stets von der helfenden Gnade Gottes inspirierten und ermöglichten) individuellen Mühen und Verdiensten des Menschen, der zur Umkehr bereit ist und mit der Gnade Gottes mitwirken will und kann. So öffnet sich der weite Horizont neuzeitlicher Ethik als Weg zu Gott.

Im Zuge der nachtridentinischen Ausformung des Beichtsakramentes und der damit verbundenen sorgfältigen Ausbildung der Priester als Beichtväter und Seelenführer – der Beichtvater wird an Christi Stelle als Arzt und Richter und Lehrer verstanden – entstehen nun die moraltheologischen Handbücher,[16] die sowohl eine Darstellung der allgemeinen Moraltheologie anstreben, wie auch eine möglichst lückenlose Erfassung der kasuistischen Gewissensfragen, die vom Beichtenden dem Beichtvater vorgelegt werden und Beurteilung verlangen. Diese ersten Handbücher, die eine Moraltheologie als Kasuistik installieren und bis heute in der Methodik der Moraltheologie nachwirken,[17] verdanken sich wesentlich der Initiative der Jesuiten; als Vorbild dienen fast durchgehend die „Institutiones morales" des spanischen Jesuiten Juan Azor (1536-1603). Erst jetzt entstehen eine ausgearbeitete Moraltheologie und eine typisch katholische Kasuistik als Sittenlehre und Anleitung zur Nachfolge Christi. Zugleich besteht aber auch eine bereits am Ende des Mittelalters unter dem voluntaristischen Einfluss des Nominalismus einsetzende Reduktion der Sittenlehre auf eine Sollensethik, deren Grundlage die reine sittliche Pflicht bildet. Dies ist gegenüber Thomas von Aquin ein neuer Akzent: Nicht mehr die Tugend und das in Christus in der Taufe neu geschenkte Sein und dessen Indikativ, sondern das vom Individuum auszutragende Verhältnis von Gesetz und Freiheit, das durch eine Ethik des

---

[15] DH 1682.
[16] Vgl. Karl-Heinz Kleber, Einführung in die Geschichte der Moraltheologie, Passau 1985; Johann Theiner, Die Entwicklung der Moraltheologie zur eigenständigen Disziplin, Regensburg 1970.
[17] Vgl. Klaus Demmer, Moraltheologische Kasuistik – ein umstrittenes Erbe, in: Theologie und Glaube 101(2011)250-264.

Sollens und des Imperativs bewältigt werden soll, steht im Mittelpunkt der Überlegungen. Der Nominalismus hat damit die thomanische Idee der Entsprechung von Denken und Sein, von Erkenntnis und Wirklichkeit verlassen. Die Allmacht Gottes und seine Freiheit scheinen nämlich durch die subtilen Gedankengebäude der Hochscholastik ungebührlich eingeschränkt; die *potentia Dei absoluta* darf durch keine eigenständige menschliche Wesensnatur eingeengt werden; übrig bleibt nur das einzelne Individuum ohne Bezug zu einer dahinter stehenden universalen und überindividuellen Realität. Das Einzelne ist alles, das Universale ist nichts.[18] Daher entfaltet sich nun die These, alle Begriffe und Erkenntnisse des menschlichen Denkens seien lediglich Namen (*nomina*) ohne ontologische Entsprechung in einer hinter den Namen stehenden Realität. Dies gilt dann auch und gerade für Gott und sein Wesen, das in einer grundsätzlichen Unerkennbarkeit verbleibt.

> „Wilhelm von Ockham betonte vor allem Gottes Freiheit, weil er glaubte, daß die Welt, die wir erfahren, und die moralischen Pflichten, die wir anerkennen, das Ergebnis von Gottes Entscheidungen als Schöpfer sind. Sie sind nicht das Ergebnis von Ideen oder „Essenzen", die wir a priori erkennen können und die sogar Gottes Handeln einschränken."[19]

So treten Gott und Mensch nun weit auseinander, immer im Namen personaler Freiheit und gegen einen überindividuellen Essentialismus und Universalismus gewendet, sowohl um einerseits die unbeschränkte Souveränität Gottes und seine Freiheit zu wahren, wie auch um andererseits dem menschlichen individuellen Handeln einen großen Freiheitsraum zu eröffnen. Eine Kultur des Individuellen und des Konkreten entwickelt sich, ein neuer individueller Begriff von Freiheit bricht sich Bahn. Der Nominalismus ist ein radikaler Individualismus, damit bahnt er auch den Weg zur Ethik des konkreten Alltags und zur langsam beginnenden Sozialethik.[20]

Dabei ist es kein Zufall, dass es am Ende des 13. Jahrhunderts und bald nach dem Tod des Thomas von Aquin Franziskaner sind, die Thomas von Aquin und seine starke Orientierung an der aristotelischen Philosophie kritisieren. Der individualistische Nomina-

---

[18] Vgl. Serge-Thomas Bonino, Brève histoire de la philosophie latine au Moyen Âge, Fribourg 2015, 204-219 (Guillaume d'Ockham et le „nominalisme").
[19] Larry Siedentop, Die Erfindung des Individuums, aaO, 380.
[20] Vgl. Joachim Miethke, Ockhams Weg zur Sozialphilosophie, Berlin 1969.

lismus[21] verbindet sich mit einer individualistischen Spiritualität der Franziskaner, gepaart mit einem starken moralischen Radikalismus der franziskanischen Armutsbewegung, wie er von Bonaventura (1221-1274) bis Wilhelm von Ockham (1288-1347) sich kontinuierlich entfaltet:[22] Jeder Mensch nämlich ist ein Armer in der Wüste des ungenügenden Lebens, und er wird nur gefunden in seiner Wüstenei und heimgeführt durch ein Leben der Armut und Selbstverleugnung in radikaler Nachfolge Christi. Ein solcher zugleich spiritueller wie sittlicher Individualismus war der sich seit dem Hochmittelalter langsam entfaltenden Ethik schon durch die augustinische Theologie und den dort mächtigen Gedanken der Innerlichkeit vorgezeichnet. Daher steht weiter Augustinus im Hintergrund, der Absage an Thomas von Aquin folgt keine Absage an Augustinus. Im Gegenteil: Zwar glaubt auch Augustinus an die ewigen Ideen im Geiste Gottes, aber zugleich ist er überzeugt von einer unmittelbaren und innerlichen Beziehung zwischen Gott und Mensch. Daran schließt Wilhelm von Ockham und die Franziskanertheologie deutlich an. Der augustinische Gedanke der Heilung der menschlichen Seele und damit ihrer Erlösung in der Zeit und in der Geschichte wird jetzt mit Hilfe der individuellen Freiheit und der individuellen Geschichte durchbuchstabiert. Das heißt: Moralität eignet nicht der Zeit als solcher, sondern der Geschichte als der vom Menschen gedeuteten und erfüllten Zeit. Erst diese Geschichte steigt auf oder ab zu moralischer oder unmoralischer Qualität durch ein entsprechendes Verhalten des Menschen. Die lineare Geschichtstheologie des Augustinus wird radikalisiert hin zu einer linearen Theologie der individuellen Lebensgeschichte: Gott wird in jeder menschlichen Lebensgeschichte Mensch in der konkreten Gestalt eines konkreten Menschen. Das Böse entspricht nicht der ewigen Natur der Dinge, es kann und muss durch das Handeln des Individuums beseitigt werden. Das bringt freilich eine prophetische, eine alte und doch neue und seit längerem durchaus ungewohnte „Sensibilität gegenüber dem menschlichen Leid mit, einen Geist der Auflehnung gegen die Idee einer Normalität des Bö-

---

[21] Vgl. Heiko A. Oberman, The Harvest of Medieval Theology: Gabriel Biel and Late Medieval Nominalism, Grand Rapids 2000.
[22] Vgl. Roberto Lambertini, La povertà pensata. Evoluzione storica della definizione dell'identità minorita da Bonaventura a Ockham, Modena 2000.

sen"[23], damit auch eine bewusste Rückkehr zum ethischen Radikalismus der Propheten des Alten Testamentes.

> „Der Mensch ist ein unruhiges Wesen, ein *irrequietum cor*, wie der heilige Augustinus sagt. Denn der Kampf gegen das Böse besteht weniger darin, neue Lösungen für sich stellende Probleme zu finden, sondern darin, die Probleme und Anomalien dort zu sehen, wo man bisher nur die ewige Natur der Dinge zu erkennen glaubte."[24]

Es erscheint jetzt geradezu als die schlechthin vordringliche Aufgabe des Menschen, in seiner Lebenszeit jede Ungerechtigkeit durch mehr Gerechtigkeit und jede bloße und letztlich ungenügende Gerechtigkeit durch Barmherzigkeit zu heilen. Die Heilung besteht gerade in der Aufnahme der eschatologischen Perspektive, der Perspektive Gottes: Nicht die hiesige Realität setzt den Maßstab, sondern die Offenbarung der Liebe Gottes. Barmherzigkeit überholt die irdische Gerechtigkeit und macht sie auf Dauer überflüssig, da sie stets mit dem neuen Anfang Gottes und dem neuen Anfang des Menschen in der Mühe um größere Liebe rechnet. Daher ist die konkrete Form der Barmherzigkeit Vergebung, die stets neue Gabe der Liebe Gottes zum neuen Anfang eines Lebens in Liebe. Das ist gegenüber dem antiken Gedanken der maßvollen Gerechtigkeit neu und radikal: Das Böse soll nicht mehr nur maßvoll kanalisiert, es soll vielmehr radikal ausgerottet werden. Das war in antiker und stoischer Ethik gänzlich undenkbar und außerhalb der Perspektive.

> „Als der Stoiker Seneca dem jungen Nero zur Güte rät, untersagt er ihm jedoch zugleich sorgsam die Vergebung. Die Güte, sagt er, ist eine Modalität der Gerechtigkeit, wohingegen die Vergebung die Gerechtigkeit zerstört. Die Barmherzigkeit ist, wie ihr lateinischer Name *misericordia* anzeigt, eine Misere, ein Elend, eine Schwäche, eine Auflösung der Form."[25]

Dahinter steht die Überzeugung: Was dem Menschen eigentlich zukommt und sein eigentliches Recht bildet und ihm erst ganz gerecht wird, ist eine freie und ungeschuldete Liebe, die paradoxerweise das ursprünglichste und paradiesische Recht eines jeden Menschen ausmacht, ohne dass doch dieses Recht vor irgendeinem

---

[23] Philippe Nemo, Was ist der Westen? Die Genese der abendländischen Zivilisation, Tübingen 2005, 34. Vgl. auch ders., Esthéthique de la liberté, Paris 2014.
[24] Philippe Nemo, Was ist der Westen?, aaO, 38.
[25] Ebd. 39, mit Hinweis auf Seneca, De clementia.

forum externum, vor einem sichtbaren Gerichtshof dieser Welt eingeklagt werden könnte. Erst solche Liebe würde in einer letzten und unüberholbaren Perspektive das Dasein eines Menschen rechtfertigen. Nicht einfach eine zuteilende Gerechtigkeit (*mishpat*) wird angestrebt, sondern eine ausgleichende und stets verbessernde Gerechtigkeit (*tsedaqa*), die kraft messianischer Energie zum Handeln drängt.

Damit bricht sich ein neues Zeitverständnis Bahn, das dann in der sogenannten päpstlichen Revolution seit Gregor VII. (1073-1085) kulminiert und eine wirkliche Revolution des Denkens und eine endgültige, für den Westen entscheidende Trennung der Sphären des Heiligen und des Profanen herbeiführt:

> „Die großen Veränderungen im Leben der westlichen Kirche und in den Beziehungen zwischen den kirchlichen und weltlichen Mächten in der zweiten Hälfte des 11. und ersten Hälfte des 12. Jahrhunderts werden herkömmlicherweise als die Hildebrandsche oder Gregorianische Reform bezeichnet, nach dem Mönch Hildebrand, der in der Zeit nach 1050 Anführer der päpstlichen Partei war und als Papst Gregor VII. von 1073 bis 1085 regierte. Doch das Wort „Reform" ist viel zu schwach; es widerspiegelt zum Teil den Wunsch der päpstlichen Partei selbst (...), die Diskontinuität zwischen vorher und nachher herunterzuspielen. Das ursprüngliche lateinische Wort „reformatio" könnte einen wesentlicheren Bruch der Kontinuität andeuten, indem es an die protestantische Reform des 16. Jahrhunderts erinnert."[26]

Zeit und Geschichte sind ausgerichtet auf die Vollendung durch den Messias, auf das Ende als Vollendung durch die absolute Person Gottes, der sich in Zeit und Geschichte offenbart hat und sich weiterhin in der Zeit und der Geschichte konkreter Menschen offenbart. Vollendet und erwartet und gewissermaßen erhandelt wird eine Zeit, die mit der Schöpfung begonnen hat und mit der neuen Schöpfung auf ewig nicht enden wird und seit Pfingsten schon angebrochen ist im sakramentalen Handeln der Kirche. Von hier aus verstehen sich der drängende Anspruch und die christliche Ungeduld, die künftige Welt müsse anders sein als die jetzige. Aus

---

[26] Harold Berman, Recht und Revolution. Die Bildung der westlichen Rechtstradition, Frankfurt/M. 1991, 147, mit Hinweis auf Marc Bloch, Die Feudalgesellschaft, Frankfurt/M. 1982; Eugen Rosenstock-Huessy, Out of Revolution: The Autobiography of Western Man, New York 1938; ders., Die europäischen Revolutionen und der Charakter der Nationen, Stuttgart 1960; Walter Ullmann, The Growth of Papal Government, London 1955.

dieser Geschichtstheologie erwächst die Ethik, und sie wird explizit eschatologisch und zugleich explizit politisch bestimmt.[27] Das verleiht ihr den prophetischen und radikalen Antrieb, der sich in der Geschichte des Christentums zum Teil in einem (auch gewaltsamen) Millenarismus oder Chiliasmus zeigt. Bedeutsam ist in diesem Zusammenhang die eindrucksvolle Gestalt des kalabresischen Zisterzienserabtes Joachim von Fiore (1135-1202) mit seiner Unterscheidung von drei Zeitaltern in der Geschichte der Menschheit: das Zeitalter des Vaters oder des Gesetzes (von der Schöpfung bis zur Fleischwerdung Christi), das Zeitalter des Sohnes oder des Glaubens (von der Himmelfahrt Christi bis zu Joachim von Fiore selbst), das Zeitalter des Geistes, dessen Anbruch zwar noch in der Zukunft lag, aber schon ganz nahe war und in dem eine mönchisch verfasste Kirche ohne Dogmen über die Menschheit herrschen wird: das Millenium.[28] Die eigentümliche Sogwirkung dieser Geschichtstheologie wird rasch sichtbar: Joachim zieht nämlich

> „aus der Tatsache, daß nach Christus eine unzulängliche und heillose Geschichte weiterlief, die Schlußfolgerung, daß eine wahrhaft geheilte und gute Geschichte erst noch bevorsteht. Diese Geschichte aber, so erkennt er mit Genugtuung, steht nahe bevor, ja, sie ist schon lange in geheimem Wachstum begriffen und muß bald offenbar werden. Ihr gilt die hoffende Freude und die zuversichtliche Erwartung des kalabrischen Abtes. Und das ist das Bedeutsame: Ihr kann wirklich wieder mit jener frohen Hoffnung entgegengeschaut werden, die einst in dem „Maranatha" der ersten Christen aufgeklungen war, die mit der Wiederkunft ihres Herrn die Fülle des Heils erwarteten."[29]

---

[27] Harold J. Bermann, Recht und Revolution, aaO, 150, Anm. 1, verweist auf Joseph R. Strayer, On the Medieval Origins of the Modern State, Princeton 1970, 22, der „bei Gregor VII. und den mit seinem Namen verbundenen Entwicklungen des späten 11. Und 12. Jahrhunderts den Ursprung der Idee des modernen säkularen Staates" erblickt.

[28] Vgl. Matthias Riedl, Joachim von Fiore. Denker der vollendeten Menschheit, Würzburg 2004.

[29] Joseph Ratzinger, Offenbarungsverständnis und Geschichtstheologie Bonaventuras. Habilitationsschrift und Bonaventurastudien (= Gesammelte Schriften Bd. 2), Freiburg/Br. 2009, 576. Vgl. Leonhard Lehmann, Das Franziskusbild Bonaventuras in den Studien Joseph Ratzingers, in: Marianne Schlosser / Franz-Xaver Heibl (Hgg.), Gegenwart der Offenbarung. Zu den Bonaventura-Forschungen Joseph Ratzingers, Regensburg 2011, 116-151.

Von Joachim von Fiore gehen dann starke Impulse bis in die Neuzeit und Moderne,[30] insbesondere aber sowohl zur franziskanischen Theologie des Bonaventura wie auch zur Idee einer vollendeten Menschheit in der italienischen Renaissance aus.[31] Insbesondere gibt es interessante Linien sowohl von Bonaventuras Gedanken einer sich als Weg entwickelnden Gottebenbildlichkeit des Menschen hin zum Begriff des Nikolaus von Kues von der *viva imago Dei*, dem lebendig-dynamischen Bild Gottes im Menschen,[32] wie auch von Bonaventuras Bild des Weges hin zum ignatianischen Begriff der imaginierenden und einbildenden Einübung:

> „So greift z. B. Bonaventura auf das Bild von der Stufenleiter zurück, wenn es darum geht, den Weg des Menschen in Orientierung an Augustinus als *Itinerarium mentis in Deum* zu beschreiben, dabei, fasziniert vom Weg des heiligen Franz, die Verwirklichung des Menschen als des Bildes Gottes nach den drei Stadien von *creatio*, *gratia* und *gloria* meisterhaft zu Wort bringend. Doch der sich hier artikulierende „Fortschritt" des Menschen ist keineswegs ein notwendiger Prozeß, sondern verlangt „spirituelles Training", „exercitia", Erziehung zur Selbsterziehung, mit einem Wort: Bildung."[33]

Bonaventuras Geschichtstheologie in seinem Spätwerk „Collationes in Hexaëmeron", eine Überlegung also zur Schöpfung Gottes im Sechstagewerk, stellt den „neuen, zweiten Höhepunkt christlichen Geschichtsdenkens" nach Augustinus dar.

> „Bonaventura lehnt – wie auch Joachim von Fiore – die traditionelle Sechs-Zeitenlehre, die Augustinus entwickelt hat, nicht ab, die von

---

[30] Vgl. Henri de Lubac, La posterité spirituelle de Joachim de Flore, 2 Bde, Paris 1979/1981.
[31] Vgl. die Einschätzung bei Joseph Ratzinger, Offenbarungsverständnis, aaO, 575, Anm. 41 gegen die These von Wilhelm Kamlah, Apokalypse und Geschichtstheologie. Die mittelalterliche Auslegung der Apokalypse vor Joachim von Fiore, Berlin 1935, 117, „Joachim habe die Säkularisation der eschatologischen Hoffnung zum epochalen Bewußtsein der Renaissance und der Neuzeit eingeleitet. Richtig ist, daß bei Joachim eine Umbiegung der eschatologischen Hoffnung erfolgt; aber man wird sich doch hüten, den Mann der Beschauung, der ein kontemplatives Zeitalter, ein Mönchszeitalter reiner Innerlichkeit voraussagt, einfachhin zum Initiator der Renaissance zu erklären."
[32] Vgl. Thomas Leinkauf, Nicolaus Cusanus und Bonaventura. Zum Hintergrund von Cusanus' Gottesname *possest*, in: Recherches de Théologie et Philosophie Mediévales 72(2005)113-132.
[33] Manfred Gerwing, „Multas autem figuras facit". Zum Menschenverständnis des Nikolaus von Kues, in: Ders., Glaube in Geschichte und Gegenwart, Münster 2015, 187-205, hier 198 mit Verweis auf Bonaventura, Itinerarium mentis in Deum IV 1-8.

sechs Zeitaltern der Welt spricht. Diesen sechs Zeitaltern wird ein siebtes Zeitalter angefügt, das nach Bonaventura zwar schon begonnen hat, das aber das sechste Zeitalter nicht beendet, so daß sechstes und siebtes, letztes Zeitalter miteinander ablaufen. Bonaventura ergänzt die Sechs-Zeitalterlehre aber mit der Vorstellung, daß Jesus Christus die „Fülle der Zeit" und damit auch die „Mitte der Zeit" ist, während die Joachiten die Tendenz haben, von einer Überwindung der Zeit Jesu Christi durch die Zeit des Heiligen Geistes zu sprechen."[34]

Hier genau liegt der feine Unterschied der Geschichtsdeutung. In der Festlegung auf Christus als Wende der Zeiten und damit auf die sichtbare Kirche als Instrument zur Verwandlung der Welt. Anders als Joachim von Fiore

> „lehnte Bonaventura die Begrenzung des Neuen Testamentes und der Zeit Jesu Christi auf das zweite Zeitalter ab, das nach der Zeit des Vaters als die Zeit des Sohnes gedeutet wurde. Das Neue Testament ist für Bonaventura das „testamentum aeternum" schlechthin."[35]

Das heißt: Bonaventura hält fest an der Einheit von Christus und geisterfüllter, sakramental verfasster Kirche; die Utopie der noch ausstehenden Ewigkeit gewinnt ihre Form nicht in einer spiritualistischen radikalisierten Kirche der Armen, sondern in der sichtbaren Kirche der Sakramente. Die „Ekstatik der Geschichte"[36] bildet Christus als menschgewordener Gott, mit dem die Wende zur Ewigkeit und die Wende einer sakramentalen Ethik beginnen.

Stets schimmert freilich die Versuchung zur radikalen Utopie auf, also die sichtbare hierarchische Kirche mit der unsichtbaren sakramentalen Kirche der augustinischen *civitas Dei* vorschnell zu identifizieren. Dies zeigt sich seit dem frühen Mittelalter in einem

---

[34] Paul Zahner, Bonaventura, der franziskanische Joachitismus und Joachim von Fiore. Die weitere Forschung nach den Bonaventura-Studien von Joseph Ratzinger, in: Marianne Schlosser / Franz-Xaver Heibl (Hgg.), Gegenwart der Offenbarung, aaO, 152-165, hier 158; ders., Die Fülle des Heils in der Endlichkeit der Geschichte. Bonaventuras Theologie als Antwort auf die franziskanischen Joachiten, Werl 1999.

[35] Maximilian Heinrich Heim, Ekklesiologische Linien in den Bonaventura-Studien Joseph Ratzingers, in: Marianne Schlosser / Franz-Xaver Heibl (Hgg.), Gegenwart der Offenbarung, aaO, 104-115, hier 105.

[36] Vgl. Dieter Hattrup, Ekstatik der Geschichte. Die Entwicklung der christologischen Erkenntnislehre Bonaventuras, Paderborn 1993.

säkularen Millenarismus wie auch in einem radikalen Utopismus;[37] „Schwärmertum" hat man diese Bewegungen etwas euphemistisch genannt; Bogumilen, Waldenser und Katharer sind prominente Beispiele dafür, in gewisser Weise auch der radikale Jansenismus.[38] Stets soll das Endgericht vorweggenommen und die Ewigkeit sichtbar errichtet werden; das verleiht diesen Bewegungen den entschieden totalitären Zug. Dagegen gilt es, gerade die eschatologische Spannung zu halten, den geschichtlichen Charakter der theologischen Ethik zu unterstreichen und zugleich die praktischen Konsequenzen einer christlichen Mystik in den Blick zu nehmen.

> „Aus der biblischen Ethik leitet sich die Lehre von den letzten Dingen ab, die Eschatologie. Von nun an heißt es, die Welt denken wie die Geschichte, und es gilt zu erkennen, daß die spirituelle Substanz der Menschheit aus ihrer Geschichtlichkeit erwächst. Das menschliche Sein ist menschlich nur in seiner Geschichtlichkeit, und es kann heilig nur sein, wenn es in eine Zeit der Verwandlung eingebettet ist. Das Heil läßt sich nicht durch die Flucht in irgendwelche Nebenwelten erlangen, sondern allein durch tätige Nächstenliebe, die sich innerhalb der realen Welt einen Weg bahnen muß."[39]

Es ist nicht schwer zu sehen, wie sehr die franziskanische Spiritualität von dieser Idee einer entschieden eschatologisch radikalisierten Ethik her inspiriert ist und diesen genuinen biblischen Impuls einer schrittweisen Verwandlung der sichtbaren Welt hin auf den unsichtbaren Gott, der in der sakramentalen Kirche sichtbar wird, aufnimmt.

Das Christentum hatte sich in der Folge der augustinischen Zwei-Reiche-Lehre und der Theorie der zwei Gewalten von Kirche und Staat bei Gelasius I. (492-496) in den zwei Gleisen von Dogma und Ethik entwickelt, in der fruchtbaren Spannung von Orthodoxie und Orthopraxie. Dem Glauben an den liebenden Gott der Schöpfung und Erlösung entspricht demnach ein Leben der Gott-

---

[37] Vgl. Norman Cohn, Die Sehnsucht nach dem Millenium. Apokalyptiker, Chiliasten und Propheten im Mittelalter, Freiburg/Br. 1998.
[38] Vgl. Ronald A. Knox, Christliches Schwärmertum. Ein Beitrag zur Religionsgeschichte, Köln 1957, 210 mit Blick auf den Jansenismus: „Der Schwärmer will Resultate sehen; er gibt sich nicht damit zufrieden, das Unkraut mit dem Weizen bis zur Ernte wachsen zu lassen. Irgendwie soll es schon in dieser Welt möglich sein, Schafe und Böcke voneinander zu scheiden. So sondert sich eine kleine Schar Frommer von der übrigen Gemeinschaft ab, um einen Kern für das Neue Jerusalem zu bilden."
[39] Philippe Nemo, Was ist der Westen?, aaO, 41.

ebenbildlichkeit, das durch die Sakramente der Kirche nach dem Sündenfall der Menschheit ermöglicht und motiviert wird. Daraus entstehen bis zum Hochmittelalter drei Säulen einer christlichen Systematik der Verwandlung von Zeit und Geschichte in Erwartung der Wiederkunft Christi: die Inkarnationstheologie mit dem zentralen Begriff der Gottebenbildlichkeit, die Kreuzestheologie mit dem zentralen Begriff der sühnenden Vergebung, die Geschichtstheologie mit dem zentralen Begriff des Fortschritts. Dieser doppelte Fortschritt von Menschheit und Mensch ist eigentlich, theologisch gesehen, nur ein einzig möglicher Fortschritt, nämlich derjenige jedes einzelnen Individuums mit seiner individuellen und einzigartigen unsterblichen Seele. Aber dieser von Gott gewollte und sakramental unterstützte Fortschritt der menschlichen Person ist eingebettet in die jeweilige Geschichte der Menschheit und in einen moralischen Fortschritt dieser Menschheit. Zeit wird zur Geschichte eines moralischen Fortschritts;[40] das war die Überzeugung des Augustinus und der Beginn einer augustinisch inspirierten politischen Ethik und Theologie: Menschen sind insoweit gerecht, als sie Gott erkennen und lieben, und dies wird erst ermöglicht durch die Kirche.[41] Das ist schließlich auch die Überzeugung am Beginn des Hochmittelalters: Im 12. Jahrhundert entsteht ein deutliches Bewusstsein von der menschlichen Geschichte und der Geschichtlichkeit der Offenbarung Gottes in Jesus Christus.[42]

> „Ein neues Zeitgefühl lag in der Bedeutungsverschiebung von „saeculum" und der neuen missionarischen Gesinnung zur Reform der Welt beschlossen. Eine verhältnismäßig statische Sicht von der politischen Gesellschaft wurde von einer dynamischeren abgelöst; man beschäftigte sich jetzt mit der Zukunft der sozialen Institutionen."[43]

Dieses neue Zeitgefühl drückt sich nicht zuletzt in dem neuen und ursprünglich theologisch verstandenen Begriff der „Moderne"

---

[40] Vgl. Wilhelm Kamlah, Christentum und Geschichtlichkeit. Untersuchungen zur Entstehung des Christentums und zu Augustins Bürgerschaft Gottes, Köln 1951.
[41] Vgl. Robert Dodaro, Christ and the just society in the thought of Augustine, Cambridge 2004, 27: „Augustine's view on justice and society stem more from his analysis oft he capacities and limits of the human soul than from his thinking about social and political structures. Human beings, he believes, are just insofar as they know and love God."
[42] Vgl. Marie-Dominique Chenu, La théologie au douzième siècle, Paris 1957.
[43] Harold J. Berman, Recht und Revolution, aaO, 188.

aus:[44] *Modo*, was auf Deutsch „bald" heißt, steht die Wiederkunft und die Erwartung Christi vor der Tür, vor der Tür der Menschheit und vor der Tür des Menschen als Individuum, diese baldige Erwartung des Endes der Zeit verschärft den Eifer zur Verwandlung der Zeit.

Die päpstliche (oder gregorianische) Reform ab Gregor VII. (1073-1085) und das nun beginnende Reformpapsttum mit der Betonung der Armut in der Nachfolge des armen Christus[45] und zugleich damit der Anspruch einer umfassenden Weltherrschaft der sakramentalen Kirche im Dienst an der Weltverwandlung in der wirkmächtigen Schrift „Dictatus papae" von 1074 bündelten diesen entschieden ethischen Anspruch des Christentums, besser würde man sagen: der Christenheit, als der kirchlich organisierten und sichtbar verfassten Gemeinschaft der Getauften.

> „Die Männer der päpstlichen Revolution hatten die prophetische Eingebung, daß Christus noch nicht wieder auf diese Welt zurückgekehrt sei, weil die Welt zu schlecht geworden war, als daß er auch nur erwägen konnte, sie zu seiner Bleibe zu machen. Und daß allein die Menschen für diese Situation verantwortlich waren. In der Tat: Seit der Bekehrung des römischen Reiches gab es zwar Christen auf der Welt, doch die Welt selbst war nicht christlich geworden. Die Kirche hatte nichts getan, um die Welt zu verändern. Im Hochmittelalter galt der Mönch als der am meisten bewunderte und beneidete Typus Mensch, gerade weil er außerhalb der Welt lebte und darauf verzichtete, auf sie Einfluß zu nehmen. Nun jedoch stellte man das Ergebnis dieses Verzichts fest: Krieg aller gegen alle, Verlust jeglicher Hoffnung. Es hieß also, radikal die Einstellungen zu verändern. Jetzt waren die Menschen am Zuge. Es lag an ihnen, die Welt zu verändern und sie wieder würdig zu machen, den wiederkehrenden Christus zu empfangen. Die kontemplative, „quietistische" Haltung, die den Christen des Hochmittelalters eigen war, ließ sich nicht beibehalten."[46]

---

[44] Vgl. ebd. Anm. 35: „Walter Freund macht auf die Verwendung des Begriffs der Moderne bei Petrus Damiani, Johannes von Salisbury, Walter Map und anderen Autoren des 12. Jahrhunderts aufmerksam. Er führt sie teilweise auf den Glauben der gregorianischen Reformer des späten 11. Jahrhunderts zurück, es brächen völlig neue, noch nie dagewesene Zeiten an." Vgl. Walter Freund, *Modernus* und andere Zeitbegriffe des Mittelalters, Köln 1957.
[45] Vgl. Ernst Werner, Pauperes Christi. Studien zur sozial-religiösen Bewegung in der Zeit des Reformpapsttums, Berlin 1956.
[46] Philippe Nemo, Was ist der Westen?, aaO, 50.

Im „Dictatus papae" geschah also – in einem radikalen Schritt über die Zwei-Reiche-Lehre von Papst Gelasius hinaus[47] – zweierlei: zunächst die Beanspruchung der juristischen „Oberhoheit des Papstes über alle Christen und die juristische Überordnung der Geistlichkeit, unter dem Papst, über alle weltlichen Gewalten". Sodann und konsequent die „Beseitigung der religiösen Funktion und des religiösen Charakters der höchsten politischen Autorität",[48] auch wenn dies noch keine Trennung von Kirche und Staat im modernen Sinn bedeutete.

Dies geht einher mit einer seit Anselm von Canterbury (1033-1109) einsetzenden Neubewertung und Hochschätzung der menschlichen Vernunft, die zusammenhängt mit seiner in der Schrift „Cur Deus homo" (um 1097) entwickelten Satisfaktionstheorie: Gott selbst hat in eigener Person in Jesus Christus, als wahrer Gott und wahrer Mensch, stellvertretend für den alten Adam und für jeden Menschen Genugtuung geleistet für die Ursünde, also für die Abwendung des Menschen von Gott. Indem er exemplarisch in eigener Person den Menschen wieder zurück ins Vaterhaus des liebenden Gottes führt, eröffnet er jedem Menschen den Freiheitsraum der je eigenen Genugtuung im eigenen Leben. Das Heil ist nicht mehr bloße Hoffnung, es ist von Gott her Wirklichkeit und vom Menschen zu ergreifen durch die Sakramente und ein gottgefälliges Leben. Ethik wird so entschieden individualisiert und konkretisiert; sie wird zur ureigensten Angelegenheit eines jeden Getauften.

> „In diesem Schema erhält das menschliche Handeln wieder einen Sinn. Denn von nun an zählt jede menschliche Tat, wie endlich sie auch sein mag, in der Bilanz. Was auch immer jeder einzelne tut, gut oder böse, es ist wirklich von Belang. Auch noch die kleinste gute Tat kann geeignet sein, den Saldo der Bilanz am Ende zu kippen, so daß aus einem Fehlbetrag ein Überschuß wird."[49]

---

[47] Harold J. Berman, Recht und Revolution, aaO, 192, Anm. 36, verweist auf Geoffrey Barraclough, The Origins of Modern Germany, Oxford 1947, 114: „Die Hildebrand-Partei wandte sich von der alten Gelasianischen Theorie des harmonischen Zusammenwirkens der beiden großen Mächte (der geistlichen und der weltlichen) ab und strebte nach einer Trennung von Kirche und Staat, womit ein vollständiger Wandel der Stellung des Königs in der christlichen Gesellschaft verbunden war."

[48] Harold J. Berman, Recht und Revolution, aaO, 161.191.

[49] Philippe Nemo, Was ist der Westen?, aaO, 53.

Im Ausgang von dieser erneuerten, bei Augustinus grundgelegten Geschichtstheologie entfaltet sich nun die Ethik des Alltags und der werktäglichen Tugenden, die Ethik des Individuums und der Lebensgeschichte, auch eine Ethik des beginnenden Kapitalismus in Italien.

Dass dies gelang, ist wesentlich eine Frucht der franziskanischen Reform und der damit verbundenen Spiritualität der Armutsbewegung, die – nach heftigen Auseinandersetzungen zwischen radikalen und gemäßigten Vertretern der Armut – von frühem Anfang an im Raum der öffentlichen Politik agierte und so entschieden den Weg vom augustinischen inneren Marktplatz der Seele vor Gott (*forum internum*) zum äußeren Marktplatz der Ökonomie und der Politik (*forum externum*) suchte. Man könnte verkürzt zuspitzen: Die Franziskaner suchten und erreichten Einfluss auf die Politik.[50] Dies geschah in der Betonung der moralischen Freiheit des getauften Menschen zum Guten und der moralischen Pflicht zu Nächstenliebe und Solidarität.[51] Dabei sind zwei dem Christentum zutiefst wesentliche Grundgedanken leitend, die beide von der Theologie und Spiritualität des neu entstandenen Franziskanerordens und seiner Reformbewegung in den Mittelpunkt gestellt werden: einerseits die Überzeugung vom Handeln Gottes in der Geschichte, andererseits der Glaube an die Inkarnation Gottes in menschlichem Fleisch und menschlichem Leben. Beide Ideen treffen sich in der Überzeugung von der Möglichkeit eines echten moralischen Fortschrittes in der Geschichte der Menschheit nach Christus; es ist das, was Rémi Brague mit dem Begriff vom „abrahamischen Überschuß" gegenüber einem statischen Welt- und Geschichtsbild andeutet:

> „Die Welt wurde als unvollkommen angesehen. Von nun an erscheint sie als vorläufig. Zudem nahm diese Unfertigkeit einen anderen Ton an: Was ein Zeichen der Zerbrechlichkeit, ja, Anzeichen einer drohenden Auflösung war, ist von nun an Fortschrittsverheißung, gar Erlösung. Das bedeutet, daß die Welt in einem positiven

---

[50] Vgl. Giacomo Todeschini, Ricchezza francescana. Dalla povertà volontaria alla società di mercato, Bologna 2004, 62: „I francescani giunsero dunque a occuparsi di politica."

[51] Vgl. Orlando Todisco, La solidarietà nella libertà. Motivi francescani per una nuova democrazia, Assisi 2015.

Sinn unfertig ist, insofern sie dem menschlichen Tun offensteht, es herbeiruft und erwartet."[52]

Zunächst ist wichtig die feste Überzeugung vom Handeln Gottes in der Geschichte, die schon dominant bei Augustinus begegnet und nun in der Geschichtstheologie des Bonaventura, des großen Franziskanergenerals mit mächtigem Einfluss auf die sich entfaltende Spiritualität und Theologie der franziskanischen Reformbewegung, breite Entfaltung findet, und zwar in einer politisch wirksamen Mystik sowohl im Zeichen augustinischer Geschichtstheologie wie auch joachimitischer Endzeiterwartung.

> „Genau wie Augustinus, Gregor der Große und Bernhard von Clairvaux entspricht Bonaventura nicht der verbreiteten Ansicht, Mystiker seien zurückgezogene und gegen die Institution eingestellte Menschen. Er vermittelte sorgfältig zwischen den gegensätzlichen Gruppen im Orden und rechtfertigte theologisch den Anspruch der Franziskaner, der absoluten Armut Christi und der Apostel nachzufolgen. Außerdem schuf er eine gemäßigte Form der joachimitischen Geschichtstheologie, bei der er die Übertreibungen des Gerardo vermied, jedoch nicht die Vorteile aufgab, die der Joachimitismus den Franziskanern bot. Das alles trug ihm die Bezeichnung eines „zweiten Gründers des Ordens" ein."[53]

Bei Bonaventura liegt ein radikales Bewusstsein der Endzeit vor, Armutsbewegung und Eschatologie werden verknüpft, Ewigkeit wird von Zeit unterschieden. Ewigkeit ist nicht einfach Un-Zeitigkeit oder ins Unendliche gedehnte Zeit, sondern eine unendliche, durch nichts begrenzte Dauer von Gegenwart. Gleichsam dazwischen steht das *aevum* als „verklärte Zeit", als Form des auf die Ewigkeit vorbereitenden Dauerns. Diese verklärte Zeit war einst die Zeit des Paradieses, sie ging durch den Sündenfall verloren und verfiel zur todbringenden Zeit,[54] und sie wird dem Menschen wiedergewonnen durch die Menschwerdung des ewigen Gottes in der Zeit. Diese wiedergewonnene und in den Sakramenten der Kirche andauernde verklärte Zeit als Vorlauf der Ewigkeit trägt einen Doppelcharakter:

---

[52] Rémi Brague, Die Weisheit der Welt. Kosmos und Welterfahrung im westlichen Denken, München 2006, 217.
[53] Bernard McGinn, Die Mystik im Abendland, Bd. 3, Freiburg/Br. 1999, 145, mit Bezug auf Gerardo von Borgo San Donnino, einen einflußreichen Schüler des Joachim von Fiore.
[54] Vgl. Vincenzo Cherubino Bigi, Tempo e temporalità in San Bonaventura, in: Doctor Seraphicus 39(1992)65-74.

„Darin, daß sie den Menschen umfasst und seine Dauer als leibseelische Einheit auf ein endliches Maß beschränkt, ist sie Erinnerung an seine Schuld; nicht aus eigener Kraft kann sich der Mensch am Leben erhalten – so läßt sie unzweifelhaft erkennen –, sondern nur in der Rückbindung an Gott, von dem er ausgegangen ist. Maß der Bewegung ist sie allemal, hier aber in besonderer Weise, denn ihr unterliegt (zweitens) auch die Rück- und Heimkehr des Menschen zu seinem Schöpfer, in allen ihren Stadien. In beiden Bedeutungen steht sie (wie die gesamte übrige Schöpfung) im Dienst des Menschen; ist er dann zu jener Vollkommenheit gelangt, zu der er von Anfang an berufen war, so wird auch die Zeit sich wandeln...“[55]

Damit ist die verklärte Zeit die zentrale Perspektive der neuen, christozentrischen Ethik, und dies in strikter Orientierung an der Armut Gottes in jenem Jesus Christus. Denn wenn der in die Armut des Menschen hinabgestiegene Christus nicht einfach das Ende der Zeit ist, das nun passivisch in Weltflucht abgewartet werden kann, sondern wenn er, wie auch Joachim von Fiore denkt, die eigentliche Achse und der Wendepunkt des Weltgeschehens ist,[56] wenn er die Wende der Zeit zum Guten und zum Besseren darstellt und damit eine „ganz neue Vergeschichtlichung von Kirche und Erlösung beginnt"[57], dann bricht die entscheidende Stunde der Ethik als Bewegung zum Besten und zur Nachfolge des armen und leidenden Christus an. Das ist der Kern der franziskanischen Reformbewegung: Hinwendung zum Armen und als Konsequenz daraus eine Verbesserung der Lebensverhältnisse ist nun das Gebot der Stunde. Dies wird von Bonaventura theologisch durchdacht und begründet.

„Zur selben Zeit, zu der in Bonaventura aus der Logik seines eigenen Denkens die Vorstellung von Christus als der Zeiten Mitte reift und so die andere von Christus als der Zeiten Ende abgetan wird, zu dieser gleichen Zeit entsteht in Bonaventura das Bewußtsein „Das

---

[55] Florian Kolbinger, Tempus, aevum, aeternitas. Einige Gedanken zu Bonaventuras Begriff von Zeit und Ewigkeit, in: Marianne Schlosser / Franz-Xaver Heibl (Hgg.), Gegenwart der Offenbarung, aaO, 166-206, hier 203.
[56] Vgl. Joseph Ratzinger, Offenbarungsverständnis, aaO, 574, mit der Einschätzung, „Joachim wurde so gerade in der Kirche selbst zum Wegbereiter eines neuen Geschichtsverständnisses, das uns heute so selbstverständlich als das christliche schlechthin erscheint, daß es uns schwer fällt zu glauben, es sei irgendwann einmal nicht so gewesen."
[57] Joseph Ratzinger, Offenbarungsverständnis, aaO, 575.

Ende ist jetzt wirklich nahe" anstelle der bisherigen akademischen Indifferenz gegenüber dem Zeitpunkt des Endes."[58]

Bonaventura denkt also konsequent geschichtstheologisch in der Perspektive von Adam zu Christus;[59] er greift das Symbol des Lebensbaumes der Erkenntnis von Gut und Böse in der Mitte des Paradiesgartens auf[60] und versteht Erlösung als Befreiung des Menschen zur wahren Sicht der Liebe auf Gott im Gegensatz zur Fixierung auf sich selbst. Die Ursünde hatte die Vertreibung aus dem Paradies zur Folge (*exitus*), Christus führt den Menschen zur Anschauung Gottes zurück (*redditus*). Diesem Schema der Abkehr von Gott und der Rückkehr zu Gott sind die beiden großen Werke des Bonaventura verpflichtet: Im „Breviloquium" (1267) behandelt er den Ursprung und den Auszug des Menschen aus der Gemeinschaft mit Gott, im „Itinerarium mentis in Deum" (1269) dagegen die Rückkehr des verlorenen Menschen zu Gott.[61] Dabei ist der Beginn des „Itinerarium" programmatisch: „Incipit speculatio pauperis in deserto" – Betrachtung des Armen in der Wüste. Angespielt wird auf die Vertreibung der ersten Menschen aus dem blühenden Garten hinaus in die Steppe, auf das Volk Israel nach dem Auszug aus Ägypten in der Wüste, auf den verlorenen Sohn bei den Schweinen, letztlich auf die Situation jedes Menschen fern von Gott und fern von der Liebe in der Finsternis der Sünde:

> „Im Urstand war der Mensch mit der Fähigkeit erschaffen, die Ruhe der Beschauung zu genießen, und darum „setzte ihn Gott in den Garten der Wonne" (Gen 2,15). Aber er wandte sich vom wahren Lichte ab und dem veränderlichen Gute zu. Deshalb wurde er selbst durch die eigene Schuld verkrümmt und sein ganzes Geschlecht durch die Erbsünde. Diese verunstaltete auf zweifache Weise die menschliche Natur: den Geist durch Unwissenheit und durch Begierlichkeit das Fleisch. So sitzt der Mensch erblindet und verkrümmt in Finsternis und kann das Himmelslicht nicht schauen, wenn ihm nicht die Gnade mit der Gerechtigkeit gegen die Begierde

---

[58] Ebd. 585.
[59] Vgl. Stefana Parisi, La caduta di Adamo e la redenzione nel pensiero di san Bonaventura, in: Doctor Seraphicus 62(2014)25-42.
[60] Vgl. Lorenzo Chiarinelli, Il lignum vitae di san Bonaventura, in: ebd. 65-72.
[61] Gaudenzio Melani, Introduzione, in: Bonaventura, Itinerario della mente in Dio, Città di Castello 1963, XI: „Nella concezione del moto circolare dell'*exitus* e del *reditus* san Bonaventura inquadra tutto il suo pensiero, la cui elaborazione si ha nei due capovalori di sintesi, il *Breviloquio* per la prima parte (l'origine) e l'*Itinerario* per la seconda parte (il ritorno)."

und die Wissenschaft mit der Weisheit gegen die Unwissenheit zu Hilfe kommt."[62]

Ähnlichkeiten zu platonischen und augustinischen Überlegungen zum Aufstieg des Menschen zur liebenden Erkenntnis des wahrhaft Guten sind sicher nicht zufällig; innere Antriebskraft muss stets das tiefe Begehren nach der wahren und sättigenden Liebe sein:

> „Die erste Bedingung dafür, die verschiedenen Phänomene und Ereignisse sowie ihre Beziehungen untereinander entschlüsseln zu können, ist das Begehren (*desiderium*). Im Prolog zum Pilgerbuch betont Bonaventura, daß kein Aufstieg möglich sei, ohne leidenschaftlich angetrieben zu sein in Richtung auf das unerkannte, aber gewisse und geliebte Eine, das von Beginn an durch das Begehren antizipiert und endlos angestrebt wird. Am Anfang weiß man nicht viel mehr über dieses angestrebte Ziel, als daß es gut und schön ist, weil es Liebe, Begehren und Hoffnung erweckt. Nur diejenigen, die mit Gott vereint sein wollen, werden alles Notwendige tun, um einen flüchtigen Blick seiner Gegenwart zu erheischen."[63]

In der Sicht des Bonaventura berichtet die Bibel als Heilige Schrift von nichts als dem „Exodus",[64] dem Auszug des Menschen aus dem Gelobten Land der Liebe Gottes – das manches Mal den gelobten Fleischtöpfen Ägyptens verführerisch zum Verwechseln ähnlich sieht – und dem Wiedergewinn des Paradieses der Liebe Gottes durch die Menschwerdung Gottes, die sich fortsetzt in der Kirche.[65] Anders gewendet: Gott selbst ermöglicht durch seine Menschwerdung die Rückkehr des Menschen zur wahren Liebe. Dabei nimmt Bonaventura die augustinische Gegensätzlichkeit von *frui* (Liebe zu Gott) und *uti* (Liebe zum Geschaffenen) auf, sieht aber den Gegensatz weniger scharf als Augustinus: beide Arten der Liebe sind Bewegungen der menschlichen Seele und Akte des menschlichen Willens; die Liebe zum Geschaffenen ist aber kein

---

[62] Bonaventura, Itinerarium mentis in Deum – Pilgerbuch der Seele zu Gott, eingeleitet und übersetzt von Julian Kaup, München 1961, I, hier 61.

[63] Adriaan Peperzak, Das Begehren: Platon – Augustinus – Bonaventura, in: Tobias Schlicht (Hg.), Zweck und Natur. Historische und systematische Untersuchungen zur Teleologie, München 2011, 37-52, hier 46.

[64] Vgl. Réal Tremblay, L'"Esodo" tra protologia ed escatologia, in: Ders. / Stefano Zamboni, Ritrovarsi donandosi. Alcune idee chiave della teologia di Joseph Ratzinger – Benedetto XVI, Città del Vaticano 2012, 43-65.

[65] Gaudenzio Melani, Ispirazione e aspetti filosofici nell' „Itinerarium mentis in Deum" di san Bonaventura, in: Doctor Seraphicus 15(1968)2-17, hier 6 mit der Rede vom „biblismo integrale bonaventuriano (Esodo)" und seiner bevorzugten These vom Wiedergewinn der Weisheit des Gartens Eden.

letztes Ziel, sondern muss immer Mittel zum Zweck und Ziel der letzten liebenden Vereinigung mit Gott bleiben. So kann Bonaventura die Liebe zu Gott wie folgt kurz und bündig definieren: „Frui est uti cum gaudio" – Die Liebe zu Gott ist die Liebe zum Geschaffenen in (vollendeter) Freude.[66] Der Akzent liegt mehr auf der affektiven Liebe zu Gott als auf der rein rationalen Erkenntnis Gottes, ganz auf der Linie des Bernhard von Clairvaux.[67]

Befreiung zur wahren Freude und Freiheit zum wirklich Guten: Das ist tatsächlich das Leitmotiv der Anthropologie bei Bonaventura:[68] Die menschliche Seele, verstanden als Ganzheit der Person in Geist und Fleisch, war ursprünglich das Abbild Gottes und wird es durch Christi Menschwerdung wieder. Der freie Wille, der durch die Erlösung in Christus zur wahren Freiheit der Liebe befreit ist, bildet die Grundlage der Würde des Menschen als wiederhergestelltes Gottesebenbild.[69]

Der zweite leitende Grundgedanke ist der Glaube an die Inkarnation, die Menschwerdung Gottes (des Vaters) in seinem Sohn Jesus Christus: Es ist der Glaube, dass der barmherzige Vater selbst dem verlorenen Sohn in der Stimme des Gewissens und in der lebendigen Erinnerung an das verlassene Vaterhaus nachgeht und ihn durch die Inkarnation heimruft in die ursprünglich gedachte Schöpfung.[70] Es ist mithin der Glaube an die Menschwerdung Gottes in der konkreten Lebensgeschichte eines jeden Menschen, der aus seiner verlorenen Armut gerufen werden soll in den Reichtum Gottes. Gott wird in seiner Menschwerdung arm, um den armen Menschen reich zu machen: Das wird in franziskanischer Perspektive zum ethischen Programm.[71] Arm in der eigenen Lebensgeschichte Christus entgegengehen heißt dann, arm dem armen und notleidenden Menschen entgegenkommen, um ihn heimzuführen. So erst wird die Wiederkunft Christi vorbereitet. Diese Perspektive ist dann die wiedergewonnene Zentralperspektive Got-

---

[66] Francesco Corvino, Bonaventura di Bagnoregio, francescano e pensatore, Roma 2006, 231, mit Hinweis auf Bonaventura I Sent. d. 1 a 2.
[67] Vgl. Marco Vannini, Storia della mistica occidentale, Firenze 2015, 160-162.
[68] Francesco Corvino, Bonaventura, aaO, 342: „Nel pensiero bonaventuriano l'idea della libertà rappresenta il *leitmotiv* di tutta la tematica antropologica..."
[69] Vgl. Étienne Gilson, La philosophie de saint Bonaventure, Paris 1974.
[70] Vgl. Alexander Gerken, Theologie des Wortes. Das Verhältnis von Schöpfung und Inkarnation bei Bonaventura, Düsseldorf 1963.
[71] Vgl. Malcolm Lambert, Franciscan Poverty, The Doctrine of the absolute Poverty of Christ and the Apostles in the Franciscan Order 1210-1323, London 1961.

tes, und sie wird in der Kunst, die sich jetzt von neuem der Zentralperspektive bedient, als Symbol göttlicher Vollkommenheit gesehen, gebündelt in der Menschwerdung Gottes durch das Ja-Wort Mariens und ihre „sposalizio", ihre Vermählung mit dem Verkündigungsengel, ein Motiv, das mehrfach in der spätmittelalterlichen Kunst als Vermählung der hl. Katharina von Siena mit dem Jesusknaben als Symbol der liebenden Vereinigung von Gott und Mensch auftaucht:

> „Es läßt sich dann als Symbol für die Menschwerdung Gottes verstehen, ausstrahlend von der Mitte zur Peripherie, herabsteigend von der Höhe ins Niedrige, ankommend aus weiter Ferne in der Nähe handgreiflicher Erfahrung, wachsend wie die gebenedeite Frucht im Leib der Jungfrau Maria."[72]

Die Nähe zum Armen und das Mitleiden, die „Compassio", wird zum ethischen und sozialen Faktor, davon künden die franziskanischen Bußpredigten eines Bernhardin von Siena oder eines Berthold von Regensburg, davon künden ebenso die ersten „montes pietates"[73] als genossenschaftliche Sparkassen und Pfandhäuser, die das Kapital der Reichen den Armen zukommen lassen.[74] Die Vermählung Mariens mit dem Engel Gottes entspricht der Zusammenarbeit des Menschen mit Gott im Alltag. Vermählung von Gott und Mensch im Ja des Menschen Maria meint Vermählung des Menschen mit der Armut Gottes im Mitmenschen, um so geistlich und moralisch reich zu werden. Genauso wurde auch die oft in der Kunst dargestellte Vermählung des Franziskus mit der „Herrin Armut" verstanden.[75] Hinwendung zum Armen und Heimholung

---

[72] Jörg Träger, Renaissance und Religion. Die Kunst des Glaubens im Zeitalter Raphaels, München 1997, 355. Und ebd. 83: „Das religiöse Verständnis des Sposalizio-Themas ist durch franziskanische Frömmigkeit wesentlich gefördert worden."

[73] Vgl. Heinrich Holzapfel, Die Anfänge der Montes Pietatis 1462-1515, München 1903, 16: „Die Montes Pietatis sind Wohltätigkeitsinstitute (Leihanstalten), die hilfsbedürftigen Personen gegen Pfand das Nötige vorstrecken, um sie vor Ausbeutung durch Wucherer zu schützen." Die erste Gründung erfolgt 1462 in Perugia als Folge der Fastenpredigten des Franziskaners Michele de Cercano aus Mailand.

[74] Vgl., auch mit Blick auf die allmähliche Aufhebung des Zinsverbotes und der damit einhergehende Freigabe des Bankenwesens, das traditionell ganz in jüdischer Hand gelegen hatte, Giacomo Todeschini, La banca e il ghetto. Una storia italiana, Roma 1996, 143-146.

[75] Vgl. Kajetan Eßer / Engelbert Grau, Der Bund des hl. Franziskus mit der Herrin Armut, Werl 1966.

des Verlorenen, das ist kurz gefasst das ethische Programm der franziskanischen Armutsbewegung. Erst dadurch gelingt die Wiedergewinnung des verlorenen Gottesebenbildes, das zwar in der Taufe neu verliehen wird, dann aber der Entfaltung durch die guten Werke des Getauften bedarf. Erst so kommt es zur Konformität mit Christus, zur Angleichung an seinen Willen und zur wirklichen Nachfolge. Die Stigmatisierung des Franziskus auf dem Berg La Verna bei Arezzo, auf den sich ein Menschenalter nach Franziskus auch Bonaventura zwecks Angleichung an den großen Ordensgründer zurückziehen kann,[76] und die ihn überhaupt erst zur Abfassung des „Itinerarium mentis in Deum" inspiriert,[77] wird als Manifestierung der Konformität des Heiligen zu Christus in seinem Leiden verstanden. Christus leidet so lange, wie noch ein einziger Mensch leidet; wer ihm helfen will in seinem Leiden, muss das Leid der Menschen mittragen und zu bessern suchen; diese Liebestat erwartet der den Menschen am Ende der Zeit erwartende Christus.

> „Die eigentümliche Eschatologie der franziskanischen Botschaft kommt nicht in einer neuen Lehre zum Ausdruck, sondern in einer Lebensform, durch die das Leben Christi von neuem in die Welt tritt, um nicht so sehr die historische Bedeutung der „Personen" in der Heilsökonomie, als vielmehr ihr Leben als solches erfüllen. Insofern ist die franziskanische Lebensform das Ende aller Leben (finis omnium vitarum), der letzte modus, nach dem die vielfältige historischje Dispensation der modi vivendi unmöglich geworden ist. In ihrer Art, von den Dingen Gebrauch zu machen, ist die „höchste Armut" die Lebens-Form, die auf den Plan tritt, wenn alle Lebensformen des Abendlands ihre geschichtliche Vollendung erreicht haben."[78]

Jeder Mensch ist in der Perspektive dieser Spiritualität und Mystik zur Konformität mit Christus berufen; dies steht „im Gravitations-

---

[76] Vgl. Bonaventura, Itinerarium, aaO, Prolog (47): „Es war im 33. Jahre nach seinem Hinscheiden um die Zeit seines Heimganges, da ging ich auf göttliche Eingebung hin zum Berg Alverna, diesem Ort der Ruhe, um voll Verlangen den Frieden der Seele zu suchen. Als ich dort weilte und über geistige Aufstiege zu Gott nachsann, kam mir unter anderem jenes Wunder in den Sinn, das an diesem Orte dem seligen Franziskus widerfuhr, nämlich die Erscheinung des Seraphs mit den Flügeln in der Gestalt des Gekreuzigten."
[77] Vgl. Georg Teichtweier, Die aszetisch-mystische Methode im Itinerarium mentis in Deum, in: Theologische Quartalschrift 136(1956)436-461.
[78] Giorgio Agamben, Höchste Armut. Ordensregeln und Lebensform, Frankfurt/M. 2012, 194.

feld franziskanischer Frömmigkeit. Den Maßstab hatte der hl. Franz mit der Stigmatisation selbst gesetzt."[79]
Beide zentralen Gedankengänge tragen aus unterschiedlichen Richtungen kommend dazu bei, den Weg der freiwilligen Armut und des Teilens zu einer immer breiter werdenden Straße der christlichen Ethik werden zu lassen. Es ist ein Weg der Mystik zur Politik:[80] vom Innen der empfundenen Armut und Liebe Christi zum Außen einer Ethik, die Mitleid in Solidarität überführt. Ohne die Gestalt des Franziskus ist diese christliche Ethik nicht zu denken, die franziskanische Armutsbewegung prägt von nun an entscheidend das ethische Mühen um individuelle und institutionelle Caritas, ohne Sorge für die Armen kein Heil. Das galt bereits entscheidend für das frühe Christentum: „Die Armut wird geradezu in den Rang einer entscheidenden Heilsbedingung erhoben. Dies kann nicht ohne Folgen für die Wertschätzung moralischen Handelns sein."[81] In der franziskanischen Reform wird dies unter heftigen Auseinandersetzungen[82] wiederentdeckt und dann in der franziskanischen Theologie und Spiritualität breit entfaltet:[83] Jeder Mensch ist, wie Franziskus, zur Konformität mit Christus im alltäglichen Leben berufen, genau dies ist der Weg der Heiligung und der schrittweisen Vollendung des Menschseins. In augustinischer Perspektive, die von Bonaventura weiter entwickelt wird, erbaut gerade die Sorge um den Armen in der Wüste das neue, himmlische Jerusalem, die *civitas Dei*. So kommt „franziskanischer Armut heilsgeschichtliche Bedeutung für die Heraufführung der Gemeinschaft der himmlischen Stadt zu."[84]

---

[79] Jörg Träger, Renaissance und Religion, aaO, 282.
[80] Vgl. Gian Luca Potestà / Giovanni Vian, Storia del cristianesimo, Bologna 2014, 249-252: Nuovi ordini religiosi fra predicazione e politica.
[81] Winfried Schröder, Athen und Jerusalem. Die philosophische Kritik am Christentum in Antike und Neuzeit, Stuttgart – Bad Cannstatt 2011, 199.
[82] Vgl. Johannes Meier / Christoph Nebgen, Religion und Armut. Die historische Entwicklung des Armutsstreits in den ersten beiden Jahrhunderten der franziskanischen Bewegung, in: Christian Spieß (Hg.), Freiheit – Natur – Religion. Studien zur Sozialethik, Paderborn 2010, 457-474.
[83] Vgl. Bernard Forthomme, Histoire de la Théologie Franciscaine. De saint Francois d'Assise à nos jours, Clamecy 2014.
[84] David Flood, Art. „Armut", in: Theologische Realenzyklopädie I (1977) 88-98, hier 95.

UTOPIE UND NEUE WELT:
DAS MENSCHENBILD DER RENAISSANCE

Historisch gesehen wird der endgültige Übergang vom Mittelalter zur Neuzeit[1] (und damit letztlich zur Moderne) markiert durch das Jahr 1492, nämlich die buchstäbliche und umstürzende Entdeckung der neuen Welt durch Christoph Columbus.[2] Lapidar spricht Hannah Arendt von einer „Schwelle der Neuzeit", die von drei Ereignissen gebildet werde: der Entdeckung Amerikas, der protestantischen Reform und der Entstehung der „neuen Wissenschaft" mit der bahnbrechenden und die menschliche Perspektive radikal verändernden Erfindung des Fernrohres.[3] Alle drei Entdeckungen sind Erkundungen ungeahnter neuer Perspektiven des Individuums. Mit der Entdeckung der neuen und gänzlich anderen Welt geht ja auch die Entdeckung gänzlich anderer und neuer Menschen einher, und damit die Entdeckung einer anderen und gänzlich ungewohnten Subjektivität, einer verstörenden Andersheit des Anderen.[4] Nicht nur weitet sich die Welt geographisch, auch die Handlungsmöglichkeiten des Menschen erweitern sich in einer zuvor nie gedachten Weise. Aus dem Drang zur Ausbildung einer individuellen Persönlichkeit entsteht zuerst in der Renaissance der geradezu vollkommene und umfassende Mensch, wie Jacob Burckhardt mit Blick auf Italien notiert:

> „Wenn nun dieser Antrieb zur höchsten Ausbildung der Persönlichkeit zusammentraf mit einer wirklich mächtigen und dabei vielseitigen Natur, welche sich zugleich aller Elemente der damaligen Bildung bemeisterte, dann entstand der „allseitige Mensch", l'uomo universale, welcher ausschließlich Italien gehört."[5]

---

[1] Vgl. Odo Marquard, Neuzeit vor der Neuzeit? Zur Entdramatisierung der Mittelalter-Neuzeit-Zäsur, in : Jan P. Beckmann u.a. (Hgg.), Philosophie im Mittelalter. Entwicklungslinien und Parallelen, Hamburg 1996, 369-374.
[2] Anders allerdings Egon Friedell, Kulturgeschichte der Neuzeit, München 1996, 63: „Das Konzeptionsjahr des Menschen der Neuzeit war das Jahr 1348, das Jahr der Schwarzen Pest."
[3] Hannah Arendt, The Human Condition, Chicago 1958, 183.
[4] Vgl. Tzvetan Todorov, Die Eroberung Amerikas. Das Problem des Anderen, Frankfurt/M. 1985.
[5] Jacob Burckhardt, Die Kultur der Renaissane in Italien, Leipzig 1928, 128.

Denn der geographischen Entdeckung der neuen Welt geht die Entdeckung des neuen Menschen voraus, in eins mit der Ablösung des Mittelalters durch die Renaissance, eine wirklich neue Bewegung des Geistes, der Kunst und der Kultur. Wieder ist der Nominalismus als eine wichtige Quelle zu nennen. Diese nominalistische Wende beginnt eine Generation nach dem Tod des Thomas von Aquin im Jahre 1274 mit Wilhelm von Ockham (1285-1347) und der allmählichen Rezeption dieser radikalen Metaphysikkritik:[6] Das Wesen der Dinge wie auch das Wesen Gottes ist durch Allgemeinbegriffe nicht erfassbar; die franziskanische Theologie setzt mehr auf willentliche Liebe denn auf intellektuelle Erkenntnis. Dies schützt die Souveränität und Freiheit Gottes vor menschlich präzisem Zugriff, lässt aber nun auch die Theologie „fideistisch" werden, und „das franziskanische Gottesbild – Liebe über die Erkenntnis hinaus – muß dadurch notwendig zu einem (nicht einmal mehr alttestamentlichen) Bild der Furcht degenerieren, weil dieser Gott reiner Freiheit immer auch das Gegenteil setzen und verlangen könnte."[7] Auch der Begriff der Glückseligkeit verändert sich im Nominalismus; der Wille tritt an die Stelle der Vernunft; die Seligkeit ist eine Seligkeit des Wollens, nicht des Wissens. Das aber heißt: Alle Last der ewigen Vollendung liegt auf dem Wollen. Von Seiten Gottes wie des Menschen kann die ewige Glückseligkeit gewollt oder auch nicht gewollt werden. Zugleich wird damit die Freiheit des Menschen radikal subjektiviert:

> „Der Wille ist kein Naturstreben, das erst durch die Mitwirkung der Vernunft zum freien Willen erhoben wird, sondern er ist selbst Ort der Freiheit, er selbst ist das Fundament menschlicher Subjektivität. Von daher kann nicht die Erkenntnis der Zweck des Lebens sein. Höher als die Erkenntnis ist für das franziskanische Denken der Glaube. Der Glaube aber und die den Glauben vollendende Schau Gottes sind ein Akt willentlicher Zuwendung zu Gott. Diesen Voluntarismus vertritt im Anschluß an Duns Scotus auch Ockham."[8]

Dies bedeutet Last und Lust zugleich: Last der autonomen Orientierung in einer zutiefst widersprüchlichen und rätselhaften Welt,

---

[6] Vgl. Fritz Hoffmann, Ockham-Rezeption und Ockham-Kritik im Jahrzehnt nach Wilhelm von Ockham in Oxford 1322-1332 (Beiträge zur Geschichte der Philosophie und Theologie des Mittelalters NF 50), Münster 1998.
[7] Hans Urs von Balthasar, Herrlichkeit, Bd. III, 1, Teil 2: Neuzeit, Einsiedeln 1965, 381.
[8] Jörg Disse, Kleine Geschichte der abendländischen Metaphysik. Von Platon zu Hegel, Darmstadt 2001, 189.

Lust der autonomen Interpretation von Selbst und Welt und Wille Gottes. Hier liegt die radikale Wende zum Subjekt. Gott und Welt, mehr noch: Gott und Mensch, treten weit auseinander, zunächst, um die unbeschränkte Souveränität Gottes zu wahren, schließlich jedoch auch, um menschlicher Erkenntnis einen Freiheitsraum eigener Autonomie zu eröffnen. Dies wiederum führt zur Individualisierung der Selbstbetrachtung und der Ethik: Ein allgemeines Ziel der Individuen wird zunehmend diffus und verschwindet schließlich ganz. Schärfer ausgedrückt: Gott und sein Wille verlieren an Bedeutung für die geglückte Persönlichkeit des sich in der Renaissance entfaltenden Individuums. Für den mittelalterlichen Menschen galt lapidar: „Der persönliche Gott ist die Garantie für die erfüllte Persönlichkeit seines Menschengeschöpfes."[9] Mit dem Nominalismus beginnt das Denken der skeptischen Selbstverfügung der individuellen Person, skeptisch insbesondere gegenüber der Kategorie des Über-Individuellen und Allgemeinen. Im Mittelpunkt steht das Individuum, der Mensch in seiner Autonomie, schier „dem Jupiter ähnlich"[10]. Sehr deutlich zeigt Giovanni Pico della Mirandola (1463-1494) mit deutlichem Bezug zum wichtigen Begriff der *vis creativa* bei Nikolaus von Kues[11] und auf dem Höhepunkt der italienischen Renaissance den Menschen in seiner einzigartigen, von aller anderen Natur sich abhebenden Würde. Dieser Begriff der Menschenwürde[12], explizit erstmals in der um 800 entstandenen kleinen Schrift „De dignitate conditionis humanae libellus" des irischen Mönches und Theologen Alkuin (735-804) verwendet,[13] wird jetzt in der Renaissance zur Zuspitzung geführt. Zur Illustration der, modern gesprochen, Ergebnisoffen-

---

[9] Theodor Steinbüchel, Christliches Mittelalter, Leipzig 1935, 72.
[10] Vgl. Hanna-Barbara Gerl-Falkovitz, „Das Ich ist dem Jupiter ähnlich": Zur Anthropologie der Renaissance, in: Dies., Die zweite Schöpfung der Welt. Sprache, Erkenntnis, Anthropologie der Renaissance, Mainz 1994, 145-198.
[11] Vgl. Nikolaus von Kues, Vis creativa: Grundlagen eines modernen Menschenbildes. Eine lateinische Auswahl. Eingeleitet, erläutert und herausgegeben von H. Schwaetzer, Münster 2000, 110: „Nachdem die Idee des Menschen, der mit der *vis creativa* begabt ist, bei Giovanni Pico della Mirandola mit dem Gedanken der Menschenwürde verknüpft worden ist, konnte auf dieser Grundlage mit der Reflexion der Stellung des Menschen und den Möglichkeiten seiner Entwicklung begonnen werden."
[12] Vgl. hilfreich Franz Josef Wetz (Hg.), Texte zur Menschenwürde, Stuttgart 2011.
[13] Vgl. William Hoye, Würde des Menschen – Licht der Vernunft. Thomas von Aquin über den Kern der Moral, Münster 2002, 11.

heit des Menschen, die an Deutlichkeit nicht zu übertreffen ist, lässt Pico della Mirandola in seiner „Oratio de hominis dignitate" (Rede über die Würde des Menschen) Gott selbst bei der Erschaffung des Menschen zu diesem, also zu Adam, sprechen:

> „Wir haben dir keinen bestimmten Wohnsitz noch ein eigenes Gesicht, noch irgendeine besondere Gabe verliehen, o Adam, damit du jeden beliebigen Wohnsitz, jedes beliebige Gesicht und alle Gaben, die du dir sicher wünschest, auch nach deinem Willen und nach deiner eigenen Meinung haben und besitzen mögest. Den übrigen Wesen ist ihre Natur durch die von uns vorgeschriebenen Gesetze bestimmt und wird dadurch in Schranken gehalten. Du bist durch keinerlei unüberwindliche Schranken gehemmt, sondern du sollst nach deinem eigenen freien Willen, in dessen Hand ich dein Geschick gelegt habe, sogar jene Natur dir selbst vorherbestimmen. Ich habe dich in die Mitte der Welt gesetzt, damit du von dort bequem um dich schaust, was es alles in dieser Welt gibt. Wir haben dich weder als einen Himmlischen, noch als einen Irdischen, weder als einen Sterblichen noch als einen Unsterblichen geschaffen, damit du als dein eigener, vollkommen frei und ehrenhalber schaltender Bildhauer und Dichter dir selbst die Form bestimmst, in der du zu leben wünschest. Es steht dir frei, in die Unterwelt des Viehes zu entarten. Es steht dir ebenso frei, in die höhere Welt des Göttlichen dich durch den Entschluß deines eigenen Geistes zu erheben."[14]

Dieser Text kann vielleicht als die Magna Charta der Neuzeit schlechthin verstanden werden: Der Mensch ist nur skizzenhaft und anfänglich an eine allgemeine Natur gebunden, er ist ergebnisoffen und verantwortlich für seine eigene Lebensform, kurzum: ein postnominalistisches Abenteuer. Das genau ist das Ideal der Renaissance und ihres Menschenbildes: Der Mensch als zutiefst freies Wesen der Mitte zwischen Gott und Natur, selbst an kaum eine Grenze gebunden, ohne festen Wohnsitz und ein Wesen der uneingelösten und uneinlösbaren Utopie. Dieser Mensch der Mitte ist durchaus auch der reformatorische freie Christenmensch in der Mitte zwischen Gut und Böse; Hans Urs von Balthasar macht darauf zu Recht aufmerksam.[15] Diese Schwelle der entschlossenen Anthropozentrik der Neuzeit ist nicht mehr hintergehbar.

---

[14] Pico della Mirandola, Über die Würde des Menschen, Zürich 1992, 10.
[15] Vgl. Hans Urs von Balthasar, Prometheus. Studien zur Geschichte des deutschen Idealismus, Heidelberg 1947, 30: „Nicht nur tritt der Mensch entscheidend in die Mitte, als „freier Christenmensch" zwischen Gott und Teufel oder als der strahlende Dämon, wie uhn Pico della Mirandola in „De hominis celsitudine et dignitate" gezeichnet hat, sondern dies ausdrücklich unter dem Zei-

Es ist der Mensch, wie Helmuth Plessner im 20. Jahrhundert unterstreicht, einer „konstitutiven Heimatlosigkeit" gegenüber dem „Selbstverhältnis unerreichbarer Natürlichkeit" der Tierwelt: „Ist das Leben des Tieres zentrisch, so ist das Leben des Menschen, ohne die Zentrierung durchbrechen zu können, zugleich aus ihr heraus, exzentrisch."[16] Es ist zu Beginn in der entfalteten Renaissance der Mensch, für dessen individuelle Lebensgestaltung Breviere der Lebensart und des moralischen Verhaltens entworfen werden: Es entsteht zuerst 1528 unter dem Einfluss der gebildeten Frauen Vittoria Colonna (1492-1547) und Isabella d`Este (1474-1539) bei Baldassare Castiglione (1478-1529) mit seinem Buch „Cortegiano",[17] zu Deutsch: der Hofmann, also des umfassend gebildeten und gewandten Mannes am Hofe des Fürsten, das Idealbild des Menschen schlechthin, dessen Hauptmerkmal eine Leichtigkeit des Geistes und eine verinnerlichte Manierlichkeit ist, als höchst wünschenswerte Symbiose von Ritter, Kaufmann und Gelehrtem. Die Dekadenz des bloß manierlichen Höflings kündigt sich freilich schon an: Subjektive Meinung tritt zunehmend an die Stelle objektiver Wahrheit. Das Ideal des umfassend gebildeten Hofmannes[18] beginnt schon bald unmerklich hinter den Radikalforderungen der ursprünglichen christlichen Moral zurückzubleiben und zwischen Realität und Idealität im bloßen Mittelmaß zu verharren – bis hin zur Spätform einer bloßen Weltgewandtheit im französischen Absolutismus.

Freilich wird der Standort des in der Mitte verharrenden Menschen, also der Person als unverwechselbarer Persönlichkeit, nun wirklich und wie schon von Pico della Mirandola vorhergesehen, zutiefst utopisch, ortlos, da losgelöst von festem Wohnsitz und fester Bestimmung und sicherer Erkenntnis Gottes. Alles ist bezweifelbar, alles ist bloße Erscheinung, sicher ist letztlich nur der

---

chen des unendlich Werdenden, sowohl bei Luther wie bei Leibniz. Und scheinen auch die Gegensätze bedeutend: indem Luther den Einzelnen als solchen anspricht, Pico, Montaigne und die Aufklärung aber den „Typus" Mensch, so überdeckt dieser Gegensatz nur eine tiefere, gemeinsame Fragwürdigkeit."

[16] Helmuth Plessner, Die Stufen des Organischen und der Mensch, Berlin 1975, 309. 291.
[17] Baldassare Castiglione, Der Hofmann. Lebensart in der Renaissance, Berlin 1996; vgl. dazu Peter Burke, Die Geschicke des Hofmanns. Zur Wirkung eines Renaissance-Breviers über angemessenes Verhalten, Berlin 1996; Norbert Elias, Die höfische Gesellschaft, Neuwied 1969.
[18] Vgl. Norbert Elias, Die höfische Gesellschaft. Untersuchungen zur Soziologie des Königtums und der höfischen Aristokratie, Frankfurt/M. 1997.

Vorgang des eigenen subjektiven Denkens. Es ist somit durchaus kein Zufall, dass die Renaissance, ganz im Gefolge des Gedankens einer innerweltlichen Vollendung bei Joachim von Fiore, fasziniert ist von der Möglichkeit einer innerweltlich realisierbaren Vision. Die Realutopie erscheint am Horizont, eins mit dem Ideal einer vollkommen vollendeten Welt und eines vollkommen vollendeten Menschen. Dies erscheint etwa im Gewand eines umfassenden und christlich inspirierten Friedens, der „pax christiana" des vollendeten Menschen als getreuem Abbild Gottes bei Nikolaus von Kues (1401-1464), Pico della Mirandola[19] und Eramus von Rotterdam (1466-1536).[20] Tommaso Campanella (1568-1639), Erasmus und insbesondere Thomas Morus (1478-1535) mit seinem Buch „Utopia" als Bild innerweltlicher Vollendung der Geschichte[21] sind fasziniert vom Gedanken der Utopie in humanistischer Prägung. Das Faszinosum dieser Utopie erlahmt erst im späten 17. Jahrhundert, als sie „sozusagen das Staffelholz der U-Chronie übergibt: d.h. der Erwartung eines unbestimmten und unbegrenzten Besserwerdens."[22] Diese Erwartung findet ein jähes und abruptes Ende erst mit dem verheerenden Erdbeben von Lissabon am Allerheiligentag 1755.

Wieder ist der Blick zu richten auf das dahinterstehende Verständnis von Geschichte und von Ewigkeit, auf die einander entgegengesetzten Versuchungen von innerweltlichem Chiliasmus und

---

[19] Vgl. Kurt Flasch, Nikolaus von Kues und Pico della Mirandola, in: Mitteilungen und Forschungsbeiträge der Cusanusgesellschaft 14(1980)113-120; Harald Schwaetzer, „Semen universale". Die Anthropologie bei Nikolaus von Kues und Giovanni Pico della Mirandola, in: Martin Thurner (Hg.), Nicolaus Cusanus zwischen Deutschland und Italien, Berlin 2002, 555-576; daneben Peter Casarella, Selbstgestaltung des Menschen nach Nikolaus von Kues und modernes Verständnis des Menschen. Aufgezeigt an Hans-Georg Gadamer, in: Mitteilungen und Forschungsbeiträge der Cusanus-Gesellschaft 31(2006)555-576.

[20] Vgl. Hanna-Barbara Gerl-Falkovitz, Pax Christiana. Friedensvisionen des Renaissancehumanismus, in: Internationale katholische Zeitschrift Communio 18(1989)143-154.

[21] Vgl. Hans Urs von Balthasar, Prometheus, aaO, 29, Anm. 1: „Freilich hatte auch das Mittelalter seine Träume eines vollkommenen Staates, den die Kreuzzüge im Heiligen Land zu verwirklichen hofften. Aber Kreuzzugsgeschichten und Endzeit-Legenden in ihrer mannigfachen Verwobenheit zeigen gerade, daß die Vollendung des Staates von der Kirche nicht ablösbar schien. Erst die Trennung von Staat und Kirche (als „Natur" und „Übernatur") schuf die eigentliche Voraussetzung der Utopie als selbständig natürlichen, zeitlichen Eschatons. Morus nimmt wirklich eine antike Tradition auf (Plato, Plotin), wenn er seine „Utopia" schreibt."

[22] Giovanni Marramao, Die Säkularisierung der westlichen Welt, Frankfurt/M. 1996, 61; vgl. auch ders., Macht und Säkularisierung, Frankfurt/M. 1989.

außerweltlicher Vertröstung. Zu Recht macht Hans Urs von Balthasar auf einen hier vorliegenden Bruch zum klassisch-augustinischen Geschichtsverständnis aufmerksam, der den Übergang vom Mittelalter zur Neuzeit kennzeichnet:

> „Zwei Richtungen also bedrohten vor allem die christliche Endlehre: der vulgäre wie gelehrte Chiliasmus maßt sich einen innergeschichtlichen Absolutheitsanspruch an, zieht den Himmel auf die Erde hinab; die naturalistische Gnosis stellt den Menschen auf den jenseitigen Absolutheitsstandpunkt, hebt ohne Sprung die Erde in den Himmel."[23]

Das zarte chalzedonensische Band zwischen göttlicher und menschlicher Natur in Christus, zwischen Gott und Mensch überhaupt, zwischen Natur und Übernatur, zwischen Transzendenz und Immanenz, zerreißt, und dies zeigt Folgen auf dem sensiblen Feld der Eschatologie. Ewig ortlos ist nur, wessen Endzeit und Ewigkeit ortlos wurde, wessen Gott im nominalistischen Nebel endgültig verschwand. Der Mensch der innerweltlichen Utopie verzichtet zunehmend entschlossener auf eine höchst zweifelhafte und höchstens im ungewissen Glauben zu ergreifende Ewigkeit.

Die Entdeckung einer neuen Welt 1492 lässt nun endgültig und unwiderruflich die neuzeitliche Epoche der Moderne beginnen, mit einer ganz neuen Zuordnung von Staat und Kirche, von Politik und Religion. Jürgen Moltmann macht darauf aufmerksam, dass diese neuzeitliche neue Zuordnung von Religion und Politik wiederum und durchaus überraschend auf dem Hintergrund der Eschatologie des Joachim von Fiore geschieht, und dies nicht zufällig mit der Entdeckung Amerikas gerade durch eine spanische Flotte:

> „Welche Hoffnungen motivierten die europäische Entdeckung der Welt? Es war die Vision der „neuen Welt". Kolumbus suchte offenbar sowohl den Gottesgarten Eden wie die Goldstadt Eldorado. „Gott und Gold" waren denn auch die stärksten Triebkräfte der *conquista*. Das Gold sollte nicht nur der persönlichen Bereicherung dienen, sondern auch, wie sein Tagebuch sagt, der Rückeroberung Jerusalems. Denn nach Joachim von Fiores Weissagung wird „aus Spanien kommen, der die Arche nach Zion zurückbringen wird." Warum ausgerechnet Jerusalem? Weil die heilige Stadt die Haupt-

---

[23] Hans Urs von Balthasar, Prometheus, aaO, 26.

stadt des Tausendjährigen Reiches Christi sein soll, mit dem die Weltgeschichte vollendet wird."[24]

Der Mensch führt in der Geschichte durch die Entdeckung einer neuen Welt die Vollendung der alten Welt und damit der Geschichte herbei: So lautet der Anspruch des Beginns der Neuzeit.

Von entscheidender Bedeutung ist die philosophische Vorbereitung des neuen Denkens, die eine einleuchtende Schnittmenge von Individualismus und Menschrechtsideal erlaubt: „Mit dem Nominalismus trifft sich der Humanismus in der gemeinsamen Betonung des Individuums. Der Mensch rückt in den Mittelpunkt der Betrachtung."[25] Allerdings rächt sich die nominalistisch beeinflusste Abwendung von der Entsprechung zwischen Gott und Geschöpf: Die Hinwendung zum Menschen als Individuum hat eher die Entfernung von Gott zur Folge. Dies geschieht unter fast beiläufiger Veränderung des Gottesbildes hin zu einer Rollenzuschreibung an Gott im Sinne des Deismus: Gott ist der unbewegte Beweger, der im Menschenbild des Humanismus der Renaissance zwar allmächtig, aber unsagbar und daher letztlich weltfremd und menschenfern erscheint. Umso stärker ist die Hinwendung zur Kultur des Konkreten und zum Menschen selbst: In der humanistischen Moralphilosophie der Renaissance steht der individuelle Mensch in seiner angefochtenen Einmaligkeit, in seiner Fähigkeit zur Selbstbestimmung und auch in seiner existentiellen letzten Einsamkeit im Mittelpunkt des Nachdenkens. Die wichtigen Themen sind der Mensch, seine Sprache und seine Geschichte, letzteres sowohl als Teil der Menschheit wie als Teil der eigenen Lebensgeschichte.

Die Entdeckung Amerikas und dann, fast eine Generation später, der Beginn der Reformation wirken innerhalb dieser Geistesbewegung gleichsam wie Katalysatoren, als Beschleuniger also von beginnenden Prozessen. Der Begriff der Menschenrechte als persönliche und unveräußerliche Rechte eines jeden Individuums rückt in den Mittelpunkt des philosophischen und allmählich auch des theologischen Denkens, und damit auch, besonders in der nach der Entdeckung Amerikas aufblühenden Schule von Salamanca, der Begriff des Völkerrechts. Die Entdeckung des Christoph Co-

---

[24] Jürgen Moltmann, Fortschritt und Abgrund. Erinnerungen an die Zukunft der Moderne, in: Orientierung 65(2001)6-9, hier 7.
[25] Rogelio Garcia-Mateo, Universelles Völkerrecht. Francisco de Vitorias Anschauung einer Weltgemeinschaft, in: Stimmen der Zeit 210(1992)831-840, hier 832.

lumbus nämlich führt dem erstaunten Bewohner der Alten Welt, im weiten Bogen rings um das Mittelmeer, urplötzlich Menschen vor Augen, die bisher nie auch nur von Fern oder der Möglichkeit nach im Kontakt mit der so genannten zivilisierten Welt des bekannten Erdkreises im weiten Bogen rings um Rom, *urbis et orbis*, gestanden haben – und dennoch Menschen zu sein scheinen. Denn der Mensch der bisherigen bekannten Welt galt wesentlich als Mensch, weil er Geschöpf Gottes und grundsätzlich für die Offenbarung des dreifaltigen Gottes in Jesus Christus erreichbar ist. Der Missionsbefehl der Evangelien „Geht hinaus in die ganze Welt...!" ersetzt, übersteigt und vollendet in dieser Sicht den Schöpfungsbefehl im Buch Genesis „Laßt uns Menschen schaffen nach unserem Abbild...!" Das Abbild der Schöpfung wird mittels Mission und Taufe erneuert, geradezu „repariert" und vollendet durch die sakramental erzeugte Ähnlichkeit mit Gott als Kind Gottes. Kann es demnach Menschen geben, die je schon außerhalb des Missionsbefehles gelebt haben, und dennoch Menschen sind?

> „Gerade darin liegt die erstaunlichste Leistung der Spanier, daß sie sofort in den Eingeborenen Menschen erkannten und anerkannten. Das war überhaupt nicht selbstverständlich. Die Frage, ob es sich bei ihnen um Menschen handele, lag nahe, weil weder die klassischen Schriftsteller noch die Bibel von ihnen berichteten. Wenn der Mensch von Adam und Eva abstammte, wie vermochte man dann diese fernen Menschen in die Geschlechter der menschlichen „Verwandtschaft" einzureihen, wie waren sie, doch offenbar der gleichen „Völkerwiege" entsprungen , fähig in Gebiete zu gelangen, von denen nachweislich keiner etwas wußte, von denen aber deren Vorfahren Kenntnis haben mußten, um in solch entlegene Länder aufbrechen zu können?"[26]

So entsteht das moderne Naturrecht als Begriff der Rechte eines Menschen unabhängig von seiner Religion, seiner Konfession und seinem Glauben, und so entsteht jetzt auch ein erster Katalog von Menschenrechten, und zwar im Zeichen der Trennung von Recht und Moral, auch von Recht und Theologie. Dieses neue Naturrecht

---

[26] Eberhard Straub, Spanien und die Neue Welt, in: Internationale katholische Zeitschrift Communio 20(1991)241-250, hier 242; vgl. auch Pierre Chaunu, Bartolomé de Las Casas, Francisco de Vitoria und die Entdeckung Amerikas, in: ebd. 195-203: „Und die Indianer? Waren auch sie Söhne Adams? Die Matrosen des Kolumbus hatten ziemlich schnell an den Stränden der Bahamas und von Santo Domingo festgestellt, daß die Indianerinnen sehr wohl Töchter Evas waren..." (197)

gilt auch „etsi Deus non daretur", sogar wenn (was undenkbar ist) es Gott nicht gäbe, wie es am Beginn des 17. Jahrhunderts und schon unter dem Eindruck der verheerenden Religionskriege in Frankreich und den Niederlanden der reformierte Philosoph und Jurist Hugo Grotius (1583-1645) formulierte.[27] Die Formel der hypothetischen Undenkbarkeit Gottes ist schon lange dem Sinn nach und spätestens seit dem mittelalterlichen Theologen Gregor von Rimini (1300-1358), eines Augustinereremiten, bekannt: Wenn es keine göttliche Vernunft oder Gott selbst nicht gäbe oder die göttliche Vernunft irren würde, dann würde man trotzdem sündigen, wenn man gegen die rechte Vernunft oder den gesunden Menschenverstand handeln würde.[28] Jetzt wird diese Überzeugung von der Autonomie menschlicher Erkenntnis des Guten, unabhängig von der Erkenntnis und der Existenz Gottes, eingesetzt, um den natürlichen Ursprung der Menschenrechte zu erläutern: Sie sind angeboren, nicht verliehen. Das Naturrecht folgt aus dem angeborenen Vermögen zu vernünftigem Nachdenken, aus einem *dictamen rectae rationis*, also aus einem Spruch der richtigen Vernunft. Es ist das Verdienst der theologischen Schule von Salamanca[29] und nicht zuletzt das Verdienst des unerschrockenen Dominikaners und Missionars Bartolomé de Las Casas (1484-1566),[30] die Menschenrechte der Ureinwohner der neuen Welt anzuerkennen und zu begründen; nicht in der Taufe oder im Glauben an Gott, sondern im We-

---

[27] Vgl. Marco Bonacker, Zwischen Genese und Geltung. Religiöse Identität bei John Rawls als Paradigma einer theologischen Ethik, Paderborn 2016, 81-86.

[28] Vgl. Gregor von Rimini, Moralisches Handeln und rechte Vernunft. Kommentar zu den Distinktionen 34-37 des zweiten Sentenzenbuches, eingeleitet und übersetzt von Isabelle Mandrella, Freiburg/Br. 2010, 98: „Nam, si per impossibile ratio divina sive deus ipse non esset aut ratio illa esset errans, adhuc, si quis ageret contra rectam rationem angelicam vel humanam aut aliam aliquam, si qua esset, peccaret.".

[29] Vgl. Antonio Garcia y Garcia, Die Herausforderung der Neuen Welt und die Vordenker Francisco de Vitorias, in: Internationale katholische Zeitschrift Communio 29(1991)204-213; Joseph Höffner, Kolonialismus und Evangelium. Spanische Kolonialethik im Goldenen Zeitalter, Trier 1972; Rainer Specht, Spanisches Naturrecht – Klassik und Gegenwart, in: Zeitschrift für philosophische Forschung 41(1987)169-182.

[30] Vgl. Matthias Gillner, Bartolomé de Las Casas und die Eroberung des indianischen Kontinents. Das friedensethische Profil eines weltgeschichtlichen Umbruchs aus der Perspektive eines Anwalts der Unterdrückten, Stuttgart 1996; Gustavo Gutiérrez, Gott oder das Gold. Der befreiende Weg des Bartolomé de Las Casas, Freiburg/Br. 1990.

sen des Menschen selbst, also wieder in einer grundsätzlichen Autonomie des Menschen als (wenigstens gedachtes) Abbild Gottes.

INDIFFERENZ UND ENTSCHEIDUNG:
DAS LEBEN ALS ÜBUNG BEI IGNATIUS VON LOYOLA

Was ist sicher der Wille Gottes? Das ist, spätestens seit Thomas von Aquin,[1] die grundlegende Frage jeder Form von christlicher Mystik (und nachfolgend der Ethik), die ja Gottes Relevanz für das eigene Leben mit Gottes Gnade und Hilfe erforschen will:

> „Mystik bezeichnet die Offenheit des Menschen für die unmittelbare Begegnung mit Gott sowie die gnadenhafte Fähigkeit und Bereitschaft, das eigene Leben, die Welt und alles, was darin ist und geschieht, als integrale Momente dieser unmittelbaren Beziehung zu Gott entgegenzunehmen und zu verstehen."[2]

Unterstellt man diese Frage der Person und dem Denken und der Frömmigkeit des Ignatius von Loyola, dann scheint dies zunächst seltsam, ja abstrus zu sein. Und dennoch ist es, bei Licht besehen, gerade diese Frage, die den baskischen Edelmann und gescheiterten Ritter auf dem Höhepunkt seiner Bekehrung in der nordspanischen Kleinstadt Manresa überfällt. Bis dahin war Ignatius – oder besser: Iñigo, wie er von Geburt an hieß, Ignatius nannte er sich erst viel später, aus Verehrung für den frühchristlichen Märtyrer Ignatius von Antiochien – ein typischer spanischer Hofmann der ausgehenden Renaissance, gebürtig im Baskenland, ein Frauenheld und Soldat, bis ihm während der Belagerung der Festung Pamplona am Pfingstmontag 1521 ein Bein zerschossen wird. Mühsam flicken die Ärzte das Bein wieder zusammen, mehr schlecht als recht mit den damaligen beschränkten chirurgischen Mitteln. Jedoch bleibt der einst strahlende Soldat hinkend und in seiner gesamten Existenz zutiefst gebrochen zurück, ein Bild des Jammers in den Augen der Höflinge, zweifellos am Ende einer verheißungsvollen Karriere als Offizier. Während des Krankenlagers auf der heimatlichen Burg Loyola ereignet sich die Bekehrung:[3] Er liest

---

[1] Vgl. Arno Anzenbacher, Moralität, Gewissen und der Wille Gottes. Überlegungen zur Summa Theologiae I-II q. 19, in: ET-Studies 6(2015)273-300.
[2] Gisbert Greshake, Gott in allen Dingen finden. Schöpfung und Gotteserfahrung, Freiburg/Br. 1986, 7.
[3] Vgl. Andreas Rohde, Lebensgeschichte und Bekehrung. Leben aus Gottes Anerkennung, Paderborn 2013.

die einzigen beiden Bücher, die auf der Burg zu finden sind, nämlich eine Evangelienharmonie, die „Vita Christi" des Kartäusers Ludolf von Sachsen (1300-1377), übersetzt gerade zu Beginn des Jahrhunderts von dem Franziskaner Antonio de Montesinos in die kastilische Sprache, ein Hauptwerk der spätmittelalterlichen Spiritualität der *devotio moderna*[4] und der spätmittelalterlichen Mystik, das durch die plastische Schilderung des Lebens Christi seine Gegenwart dem Leser vor Augen stellen will und entscheidend Glauben und Denken des Ignatius und seines Exerzitienbüchleins beeinflusst.[5] Das zweite Buch ist eine Heiligenlegende, vermutlich die berühmte und weit verbreitete „Legenda Aurea" des Dominikaners Jacobus de Voragine (1228-1298), die ihn eher noch mehr beeinflusste und endgültig zur Bekehrung führt:

> „Der da noch eben von Heldentaten geträumt und sich nach eigenem Gefallen einem wahren Martyrium unterzog, um eine körperliche Häßlichkeit zu korrigieren, entdeckte jetzt eine neue Art von Heldentaten und Martyrien, die ebenfalls aus freiem Gefallen, aber mit ganz anderen Zielen unternommen worden waren. Diese Heiligen von Fleisch und Blut bekannten sich als Gefolgschaft des „ewigen Fürsten Jesus Christus", des „gnädigen Führers", ihr Rittertum was das der Demut. Der Autor des Vorwortes nennt sie „Ritter Christi". Eine solche Sprechweise löste heimliche Widerklänge in Iñigos Seele aus. Er begann noch unbestimmt von einem anderen König, einem anderen Reich, anderen Fahnen und anderer Ritterschaft zu ahnen."[6]

---

[4] Vgl. Manfred Gerwing, Devotio moderna, oder: Zur Spiritualität des Mittelalters, in: Ders., Glaube in Geschichte und Gegenwart, Münster 2015, 249-269: „Bei der Devotio moderna handelt es sich um eine christliche Spiritualität, die, in der Zeit der Krise entstanden, gerade nicht, wie irrtümlich gemeint, in ihrer Konsequenz für den christlichen Glauben nur tiefer in die Krise hineinführte, sondern – im Gegenteil – Wege aus der Krise wies, ja Elemente christlicher Spiritualität von bleibender Aktualität zeitigt." (249) Vgl. auch ders., Malogranatum oder der dreifache Weg zur Vollkommenheit. Ein Beitrag zur Spiritualität des Spätmittelalters, München 1986.

[5] Vgl. Andreas Falkner SJ, Was las Iñigo de Loyola auf seinem Krankenlager? Zum Prooemium der „Vita Jesu Christi", in: Geist und Leben 61(1988)258-264. Auch die Melker Reform des Benediktinerordens und Teresa von Avila waren entscheidend von diesem Buch beeinflußt.

[6] Ignacio Tellechea, Ignatius von Loyola. „Allein und zu Fuß". Aus dem Spanischen von Georg Eickhoff, Zürich 1991, 80.

Iñigo beschließt, kaum notdürftig genesen, sein Leben neu zu ordnen und sich, gleichsam als „Heiliger Narr"[7] und zum Gespött seiner bisherigen Weggefährten, dem himmlischen Feldherrn selbst, Christus also, zur Verfügung zu stellen. So verlässt er als Pilger die Heimat und gelangt über den alten katalanischen Marienwallfahrtsort Montserrat, oberhalb von Barcelona im Gebirge liegend, wo er sich seiner letzten verbliebenen Habseligkeiten und seines Ritterharnischs entledigt, um in Armut Christus zu folgen, schließlich nach Manresa. Das Motiv der armen Nachfolge des armen Christus übernimmt Ignatius wie selbstverständlich aus der Frömmigkeit der Bettelorden.[8] Dort aber, in Manresa, verlässt ihn das erste Hochgefühl des neuen Planes, und er stürzt in tiefe Verzweiflung, eine Art der Depression und „regressive Krise" des Narzissmus,[9] die William W. Meissner originell skizziert:

> „Gemäß Freuds klassischer Analyse der Depression besteht der zentrale Mechanismus darin, daß sich die sadistischen Impulse des Über-Ich gegen das Ich richten. (...) Das Über-Ich genießt eine gewisse Autonomie, und wenn es einen sehr strengen Verhaltenskodex hat, wird es bei Verstößen gegen diesen Kodex seinen Zorn gegen das Ich richten. Das Ich des Pilgers sah sich genau diesem Angriff gegenüber, der höchstwahrscheinlich durch seine Versuche, den Narzißmus des Über-Ich zu besiegen, ausgelöst worden war. Es war, als hätten sich alle feindseligen und sadistischen Elemente der Persönlichkeit im Über-Ich verschanzt und sich gegen das Ich gewandt."[10]

Die ortlose Unsicherheit des vereinzelten Individuums bricht sich mit Macht Bahn, das ganze zukünftige Leben erscheint wie eine einzige unwirkliche Utopie. Er selbst schreibt über sich, den Pilger, sich selbst beobachtend und in der Tradition der augustinischen Bekenntnisse sich selbst gegenübertretend, bezeichnenderweise sich distanzierend vom eigenen Selbst in der dritten Person:

---

[7] Vgl. Georg Eickhoff, Christliche Abenteurer. Narrheit und Ritterlichkeit bei Ignatius von Loyola und Don Quijote von der Mancha, in: Geist und Leben 60(1987)284-298.
[8] Vgl. Günter Switek SJ, „In Armut predigen". Untersuchungen zum Armutsgedanken bei Ignatius von Loyola, Würzburg 1972.
[9] Vgl. Eckhard Frick, Nicht begrenzt werden vom Größten... Die Wandlung des Iñigo de Loyola aus der Sicht der Narzißmusforschung, in: Geist und Leben 64(1991)272-285.
[10] William W. Meissner SJ, Ignatius von Loyola. Psychogramm eines Heiligen. Aus dem Amerikanischen von Elisabeth Dieckmann, Freiburg/Br. 1997.

> „Vor seine Seele traten nämlich die Schwierigkeiten seines derzeitigen Lebens und es war so, als ob jemand in seinem Inneren zu ihm sagte: Wie wirst du ein derartiges Leben aushalten können während der siebzig Jahre, die du noch zu leben hast? Aber darauf erwiderte er, gleichfalls in seinem Inneren, mit einer großen Entschiedenheit, denn er merkte wohl, daß die Frage vom bösen Feind kam: Du Elender, kannst du mir auch nur eine einzige Stunde, die ich noch zu leben hätte, wirklich zusichern?"[11]

Der Akzent liegt gewiss auf diesem letzten Wort: „zusichern". Auch Ignatius sucht als typisches Kind seiner Zeit und in zum Teil verblüffender geistiger Verwandtschaft zu Martin Luther mit Furcht und Zittern wie dieser am Ende der *devotio moderna* und mitten im Nominalismus mit seinem verdunstenden Gottesbild und am Beginn der Neuzeit den barmherzigen Gott,[12] und auch er ist zunächst in Skrupeln und Rigorismus befangen: „Hinter den Skrupeln steckt bei Ignatius immer noch ein Sicherheitsdenken. Um einem richtenden und strafenden Gott keine Angriffsfläche zu bieten, muß jede Sünde, auch die geringste, gebeichtet sein."[13] Gemeinsam ist dieser *devotio moderna et ethica*, also einer neuzeitlichen und explizit ethischen Frömmigkeit bei Ignatius und bei Luther, der entschieden theozentrische Gesamtrahmen; allerdings hat sich das Gottesbild verändert: Die *via moderna* ist durch den Nominalismus bedingt, die Freiheit Gottes „wird nicht mehr als Selbstbindung des Schöpfers an die Schöpfung und an den Adressaten aller Schöpfung, den Menschen, sondern als absolute (als losgelöste) Freiheit im Sinne unbedingter Allmacht verstanden"; die Welt ist nicht mehr von Gott geordnet, sondern ein Chaos, „in das der Mensch selbst durch seine *nomina*, durch seine Methoden, schließlich durch seine Techniken Ordnung bringen muß."[14] Unterschiede sind hingegen in der Sicht der menschlichen Natur und ihrer Freiheit zu finden: „Ignatius hat mit Luther gemeinsam das Prinzip der Glorie Gottes. Er unterscheidet sich von ihm durch den

---

[11] Ignatius von Loyola, Der Bericht des Pilgers, Freiburg/Br. 1977, 56. Vgl. zum Hintergrund Hugo Rahner SJ, Ignatius von Loyola und das geschichtliche Werden seiner Frömmigkeit, Graz 1949; Ders., Ignatius von Loyola als Mensch und Theologe, Freiburg/Br. 1964.

[12] Vgl. zum Hintergrund Volker Leppin, Die fremde Revolution. Luthers mystische Wurzeln, München 2016.

[13] Johannes Herzgsell, Ignatius und der barmherzige Gott, in: Geist und Leben 70(1997)279-292, hier 281.

[14] Karl-Heinz Menke, Devotio moderna und Devotio postmoderna, in: Internationale katholische Zeitschrift Communio 24(1995)61-72, hier 62.

Gebrauch der natürlichen Fähigkeiten, die Indifferenz und die Unterscheidung der Geister."[15] Das ist eine interessante Anmerkung, der noch nachgegangen werden muss, denn alle drei genannten Elemente – die trotz der Erbsünde im Menschen verbliebenen natürlichen Fähigkeiten, also die Grundlage des Naturrechtes; die menschliche Fähigkeit zur Indifferenz; schließlich die Möglichkeit zur Unterscheidung verschiedener Strebungen und Neigungen im Menschen selbst[16] – sind bis heute wesentliche Bestandteile einer katholischen Spiritualität und Moraltheologie. Letztlich steht, nach der nominalistischen Wende, die menschliche Freiheit auf dem Prüfstand: Ist sie, nach dem Sündenfall und im Zustand des ungetauften Menschen, in der Lage, wenn schon nicht Christus aus eigenen Kräften, so doch einen guten Gott und überhaupt das Gute als Prinzip in den Blick zu nehmen und anzustreben? Und weiter: Ist die menschliche Freiheit durch die Taufe, verstanden als Gabe des neuen Charakters und Erschaffung des neuen Menschen, zum Guten und zur Gottesliebe wirklich befreit und bereit, das Gute leicht und willig zu vollbringen? Bei Luther ist die menschliche Freiheit eben „nicht intakt, sie bleibt tragisch".[17] Unordnung in ignatianischer Sicht oder Zerrüttung in reformatorischer Sicht, der Blick auf das Handeln Gottes oder der Blick auf die Verzweiflung des Menschen: An der Deutung der erbsündlichen Störung im Gottesverhältnis des Menschen und seiner verbliebenen und wiederhergestellten Freiheit zum Guten und zur Erlangung des vollkommenen Glücks entscheidet sich also grundlegend die nachfolgende Anthropologie und Ethik.

> „So wie für Luther durch den Sündenfall Adams nicht „Unordnung" in die Welt gekommen ist, sondern das Gottesverhältnis des Menschen zerstört wurde, so ist für ihn auch die Anfechtung in keiner

---

[15] Georges Chantraine, Ignatius von Loyola und die Reformation, in: Internationale katholische Zeitschrift Communio 16(1987)500-512, hier 509.
[16] Vgl. Leo Bakker, Freiheit und Erfahrung. Redaktionsgeschichtliche Untersuchungen über die Unterscheidung der Geister bei Ignatius von Loyola, Würzburg 1970; Norbert Baumert, Zur Unterscheidung der Geister, in: Zeitschrift für katholische Theologie 111(1989)183-191.
[17] Georges Chantraine, Ignatius von Loyola, aaO, 512; vgl. auch Heinz Schilling, Luther, Loyola, Calvin und die europäische Neuzeit: Archiv für Reformationsgeschichte 85(1994)5-31.

> Weise zu „ordnen", so wenig der Abgrund der Verzweiflung zu überspringen ist."[18]

Was also ist sicher im Leben? Die Antwort bleibt paradox: Letztlich nur die Objektivität Gottes und die Subjektivität der eigenen Person. Welche Art von Subjektivität aber ist gemeint? Zunächst rein faktisch die Selbstverwiesenheit des eigenen Ich: Ein Zugang zur umgebenden Wirklichkeit und auch zum geglaubten Gott gelingt immer nur im Medium des eigenen Selbst und der eigenen unverwechselbaren Persönlichkeit. Mein eigenes Bewusstsein steht allen anderen gegenüber – in diesem Sinn ist alles außerhalb meiner selbst mir objektiv entgegengesetzt und demzufolge zur Auseinandersetzung geeignet. Dies gilt nun in der ignatianischen Spiritualität auch für Gott, der mir in der Botschaft der Kirche und des Glaubens gegenübertritt und mich zur Stellungnahme auffordert. Zwar kann der Glaube für wahr halten, dass Gott sicher existiert, jedoch nur sicher erkannt wird im Akt des Selbstbewusstseins und der bewussten Wahrnehmung der unterschiedlichen Seelenstrebungen, die eigene Existenz und deren Bewegungen im Geist. Ignatius greift daher mit seiner Lehre von der Unterscheidung der Geister weit in die Geschichte der christlichen Spiritualität zurück;[19] insbesondere die frühen christlichen Wüstenväter und die monastische Theologie seit Johannes Cassian, Augustinus und Benedikt legten sich diese Fragen des geistlichen Lebens vor:

> „Wie kann ich in mir selbst – oder im Fall der geistlichen Leitung: bei anderen Menschen – gute Anregungen von bloßen Phantastereien oder gar Gefährdungen unterscheiden? Welche Bedeutung kommt generell Gefühlen und Stimmungen zu, speziell Empfindungen beim Gebet?"[20]

---

[18] Gottfried Maron, Ignatius von Loyola. Mystik – Theologie – Kirche, Göttingen 2001, 208; vgl. auch ebd. 209: „Es ist das Modell der Rechtfertigung, dem das Modell der *cooperatio* gegenübersteht. Geht es im Ersterem um das Handeln Gottes, so im Letzteren um das Handeln des Menschen, deshalb geht es für Ignatius dabei um die Erkenntnis des göttlichen Willens und die Erkenntnis der eigenen Kräfte."

[19] Vgl. Günter Switek SJ, Discretio spirituum. Ein Beitrag zur Geschichte der Spiritualität, in: Theologie und Philosophie 47(1972)36-76.

[20] Marianne Schlosser, Einleitung, in: Dies. (Hg.), Die Gabe der Unterscheidung. Texte aus zwei Jahrtausenden, St. Ottilien 2015, 11-19, hier 17; vgl. Josef Weismayer, Ein Blick in einen fernen Spiegel. Spätmittelalterliche Traktate über die Unterscheidung der Geister, in: Paul Imhof (Hg.), Gottes Nähe. Religiöse Erfahrung in Mystik und Offenbarung (FS J. Sudbrack), Würzburg 1990, 110-126.

Hier genau setzt die paradoxe Rede von Objektivität und Subjektivität an: Es gibt nicht einfach *den* objektiven Willen Gottes, sondern höchst unterschiedliche Wahrnehmungsweisen und unterschiedliche Perspektiven, die nach ignatianischer Auffassung vom je unterschiedlichen und individuellen Subjekt eingeübt werden müssen in Exerzitien.

Dann aber lautet die entscheidende Frage: Wie kommen im erkennenden und glaubenden Subjekt, im Individuum also, diese beiden Perspektiven zusammen? Anders gesagt: Wie gelingt eine Konvergenz der Sicht Gottes und der Sicht des Menschen, der lauteren Existenz Gottes und der Vielfalt der gemischten menschlichen Neigungen? Hier setzt die ignatianische Lösung an: Wenn es gelingt, die menschlichen verwirrten Neigungen zu ordnen und in die entschiedene Richtung auf Gott hin zu bringen, so weiß der Mensch sicher, was der Wille Gottes für das eigene Leben ist. Dieser Aufgabe der inneren geistlichen Ordnung mit dem Ziel der Vergewisserung des Willens Gottes widmet sich Ignatius schon bald nach seiner Bekehrung und nach seiner Rückkehr aus dem Heiligen Land und entwirft – für getaufte Laien, durchaus sehr ungewohnt im Kontext des Mittelalters![21] – das Programm seines Exerzitienbüchleins als „Geistliche Übungen"[22] mit dem zentralen Begriff der Indifferenz. Diese Exerzitien sind von zentraler und kaum zu überschätzender Bedeutung für Kirche und Theologie der Neuzeit, natürlich auch für die sich entwickelnde Moraltheologie und theologische Anthropologie, kurz: für das spezifisch katholische Verständnis vom Menschen vor Gott. Exerzitien sind nämlich nach Ignatius

> „jede Weise, die Seele vorzubereiten und in Bereitstellung zu setzen (disponer), dazu hin, alle ungeordneten Hinneigungen von sich zu tun, und nachdem sie abgelegt sind, den göttlichen Willen zu suchen und zu finden in der Einrichtung (disposición) des eigenen Lebens zum Heil der Seele."[23]

---

[21] Vgl. allerdings Hans Wolter SJ, Bernhard von Clairvaux und die Laien. Aussagen der monastischen Theologie über Ort und Berufung der Laien in der erlösten Welt, in: Scholastik 34(1959)161-189.

[22] Vgl. Rogelio Garcia Mateo SJ, Ignatius von Loyola – Mystik und Dramatik. Zur geistigen Gestalt der Geistlichen Übungen, in: Stimmen der Zeit 209(1991)345-356; Karlheinz Ruhstorfer, Das Prinzip ignatianischen Denkens. Zum geschichtlichen Ort der „Geistlichen Übungen" des Ignatius von Loyola, Freiburg/Br. 1998.

[23] Ignatius von Loyola, Die Exerzitien Nr. 1.

Solch ein Grundsatzprogramm zu entwerfen ist für Ignatius nur aufgrund einer klaren und eindeutigen Anthropologie möglich, gemäß derer sich der Mensch radikal auf Gott hin und als sein Instrument versteht. Dieser einfachen und nüchternen theologischen Anthropologie der Exerzitien folgt die Ethik und Spiritualität auf dem Fuß: Alle geschaffenen Dinge sind so zu gebrauchen, dass – ungeachtet entgegenstehender ungeordneter Neigungen – das ewige Ziel des Individuums, nämlich das Leben in der ewigen Liebe Gottes, erreicht wird. So ist der berühmte Anspruch des „Gott in allen Dingen finden" zu verstehen: Er wird geradezu zum „Signum der ignatianischen Lebenseinstellung"[24], das sich in den Geistlichen Übungen des Ignatius entfaltet. Und darin wiederum „nimmt die Betrachtung zur Erlangung der Liebe (Nr. 230-237) eine Schlüsselstellung ein, weil sie die Erfahrung der Exerzitien in den Alltag hinein vermitteln will."[25]

Nirgends in der Neuzeit werden Ethik und Ewigkeit so nah zusammen gesehen und gedacht, wie hier in der Frömmigkeit der ignatianischen Exerzitien: Der Mensch hat von seinem Schöpfer ein bestimmtes Ziel eingeschrieben bekommen, und jedes Individuum hat die Möglichkeit und zugleich die moralische Notwendigkeit, dieses Ziel in seinem unwiederholbaren und unverwechselbaren Leben und mit seinen unvergleichlichen Fähigkeiten zu verwirklichen, indem stets die Spur des göttlichen Willens im eigenen Leben und im eigenen Denken gesucht wird.

Was also ist der Mensch? Die Antwort des Exerzitienbüchleins ist wünschenswert knapp und eindeutig und gelingt mit dem Hinweis auf die entscheidende Haltung der Indifferenz:

> „Der Mensch ist geschaffen dazu hin, Gott unseren Herrn zu loben, Ihn zu verehren und Ihm zu dienen, und so seine Seele zu retten. Die anderen Dinge auf Erden sind zum Menschen hin geschaffen, und um ihm bei der Verfolgung seines Zieles zu helfen, zu dem hin er geschaffen ist. Hieraus folgt, daß der Mensch sie soweit zu gebrauchen hat, als sie ihm zu seinem Ziel hin helfen, und soweit zu lassen, als sie ihn daran hindern. Darum ist es notwendig, uns allen geschaffenen Dingen gegenüber gleichmütig (indiferentes) zu machen, überall dort, wo dies der Freiheit unseres Wahlvermögens

---

[24] Josef Sudbrack, „Gott in allen Dingen finden". Eine ignatianische Maxime und ihr metahistorischer Hintergrund, in: Geist und Leben 65(1992)165-186, hier 166.

[25] Philipp Graf, Auf Gottsuche in der Welt. Ignatianische Mystik und nachhaltiger Lebensstil, in: Geist und Leben 89(2016)39-44, hier 41.

eingeräumt und nicht verboten ist, dergestalt, daß wir von unserer Seite aus Gesundheit nicht mehr begehren als Krankheit, Reichtum nicht mehr als Armut, Ehre nicht mehr als Ehrlosigkeit, langes Leben nicht mehr als kurzes, und dementsprechend in allen übrigen Dingen, einzig das ersehnend und erwählend, was uns jeweils mehr zu dem Ziele hin fördert, zu dem wir geschaffen sind."[26]

Alles also steht und fällt mit der Haltung des Gleichmutes, der Indifferenz, den Ignatius als Eckstein seiner Exerzitien begreift. Dieser Begriff erweist sich von ungeheurer Sprengkraft für die neuzeitliche katholische Geistesgeschichte und damit auch für die theologische Ethik und Spiritualität; er kann zurück verfolgt werden bis auf Klemens von Alexandrien und noch weiter auf den stoischen Begriff der Apathie; er wird breiter entfaltet in der rheinischen Mystik und in der Theologie des Johannes vom Kreuz. Ignatius setzt ihn erstmals ein, um eine Grundentscheidung zum Guten und eine Lebensentscheidung für Gott zu ermöglichen – das ist ja das Ziel der Exerzitien innerhalb von vier Wochen – und zwar, wie es etwas rätselhaft heißt, innerhalb der Freiheit unseres Wahlvermögens: Gemeint ist konkret der Rahmen des Dekalogs. Innerhalb der Zehn Gebote ist der Mensch grundsätzlich frei in der Wahl seiner Zwischenziele und in der Wahl seiner Mittel, sich auf das von Gott ihm gesetzte letzte Ziel des ewigen Lebens zuzubewegen. Seine Freiheit ist von Gottes Gebot begrenzt, aber nur in grundsätzlicher Form, in konkreter Form hat er volle Entscheidungsfreiheit, und zwar nochmals unterschiedlich hinsichtlich der positiv formulierten Gebote im Gegenüber zu den negativ formulierten Geboten: Das Gebot „Du sollst Vater und Mutter ehren!" eröffnet einen größeren Handlungsspielraum (und eine größere Entscheidungslast) als das Gebot „Du sollst nicht töten!", abgesehen davon, dass niemand schon nur deswegen tugendhaft, geschweige denn heiligmäßig lebte, der einzig darauf verzichtete, andere Menschen zu töten.

Autonomie im Sinne von Selbstgesetzgebung und von eigener Überzeugtheit des Guten im Gegensatz zur Fremdbestimmung durch ein rein äußeres Gesetz ist das erklärte Ziel; das ist weit vor Immanuel Kant schon jetzt das Ideal einer neuzeitlichen Ethik. Gemeint ist letztlich im Blick auf die von Ignatius angestrebte Lebensentscheidung für ein Leben im Dienst Gottes folgendes:

---

[26] Ignatius von Loyola, Die Exerzitien Nr. 23; vgl. auch Erich Przywara, Deus semper maior. Theologie der Exerzitien, Bd. I, Freiburg/Br. 1938.

> „Gleichmut zu erlangen heißt also, beim Entscheidungsprozeß nicht mehr einem starken inneren Impuls oder der Verlockung durch eine der Alternativen unterworfen oder hörig zu sein, die uns von unserem Intellekt angeboten werden."[27]

Ignatius setzt den Begriff der Indifferenz gleichermaßen psychologisch wie theologisch ein, also gezielt im Blick auf die Vergewisserung des göttlichen Willens, der sich im Willen des konkreten Menschen widerspiegelt, sofern der Spiegel möglichst rein und ungetrübt ist. Indifferenz meint demnach eine radikale Freiheit des Herzens und des Geistes, ein Gleichgewicht der eigenen Person und ihrer Freiheit im Spannungsfeld von Eigeninteresse und Gott. Zu Recht kann man mit Blick auf die ignatianische Lehre von der Indifferenz geradezu von der „Relativitätstheorie der Spiritualität" sprechen.[28] Menschliche Indifferenz der Motivation soll einen Raum größerer Freiheit und größerer Dienstbereitschaft eröffnen; in dieser Sicht ist die Indifferenz die Einübung einer vollkommeneren Liebe zu Gott. Es ist eine radikale Ernstnahme christlicher Freiheit im Zeichen menschlicher Individualität: Das Subjekt öffnet sich entschlossen und vertrauensvoll der größeren Sicht Gottes auf das eigene gelingende Leben.

Die ignatianischen Exerzitien sind im Grunde über den Zeitraum von vier Wochen hinweg und im Durchgang verschiedener Übungen und Imaginationen der Gegenwart Christi, eine einzige Wahl der Freiheit zum Absoluten,[29] eine einzige Übung des grenzenlosen Vertrauens zu Gott, eine einzige Überformung und Vollendung der naturhaften Liebe des Ichs hin zur übernatürlichen Liebe zu Gott, ein entschiedener Sprung des Geistes:

> „Denn es bedenke ein jeder, daß er in allen Dingen des Geistes so weit gefördert werden wird, als er herausspringt aus seiner Eigenliebe, seinem Eigenwillen und seinem Eigennutz."[30]

Die Indifferenz hat ein zweifaches Ziel: Sie soll die Treue zum einmal erkannten Ziel des eigenen individuellen Lebens verbürgen,

---

[27] Peter Wolff, Den Gefühlen trauen und den Kopf gebrauchen. Die Kunst der Entscheidung nach der Methode des Ignatius von Loyola, Freiburg/Br. 1996, 94.
[28] Willi Lambert SJ, Aus Liebe zur Wirklichkeit. Grundworte ignatianischer Spiritualität, Mainz 1991, 60.
[29] Vgl. Peter Köster, Zur Freiheit befähigen. Kleiner Kommentar zu den großen Exerzitien des hl. Ignatius von Loyola, Leipzig 1999.
[30] Ignatius von Loyola, Die Exerzitien Nr. 189.

indem sie den ungeordneten Neigungen zu nur scheinbar guten Zielen oder zu kurzfristigen Bedürfnisbefriedigungen wehrt mit Blick auf das einmal erkannte Ideal der eigenen Existenz. Und sie soll sodann den Sprung aus der Natur in die Gnade, aus dem bloß sinnenhaften Glück in ein vergeistigtes Glück bei Gott ermöglichen. Denn natürlich und naturhaft wünscht der Mensch Gesundheit mehr als Krankheit und Reichtum mehr als Armut. Erst die entschlossen eschatologische Abstraktion der Indifferenz hin auf das Idealbild eines umfassend und überzeitlich gelungenen Lebens vermag die naturhafte Neigung in die übernatürliche Zielstrebung hin zu vollenden. Glück erscheint dann weder als etwas der eigenen Person rein Äußerliches noch als etwas zufällig Zufallendes, sondern ganz im Gegenteil als bewusst gewollte Formatierung des eigenen Lebens auf das Ideal und die Idee der Liebe Gottes hin, die seit der Menschwerdung Gottes nicht mehr bloße Idee, sondern geschichtlich-kirchliche konkrete Gestalt ist, bereit, alles vom Menschen zu fordern und zu verlangen. Diese Erkenntnis, nur im entschlossenen Ausgriff auf Gott das bedingungslose und daher überzeitliche Glück zu finden, dient als Prinzip und Fundament der Exerzitien wie des gesamten Lebensweges, den die Exerzitien im Brennglas höchster Denkanstrengung bündeln.

Die Einübung der Indifferenz dient, kurz gesagt, als Methode der Abstraktion des eigenen und zeitlich höchst begrenzten Lebens hin auf die überzeitliche Existenz der eigenen Person, also auf Gott. Die ewige Liebe Gottes wird zum Maßstab des zeitlichen Handelns des Menschen: Das ist das Programm neuzeitlicher Moraltheologie. So wird letztlich

„die ignatianische Indifferenz das entscheidende Zeichen der Liebe, soweit sie Geist der reinen Selbstübergabe ist zur Verfügung des Geliebten, der zum Maß all unseres Tuns wird. Die Indifferenz ist es, die das Übergewicht der göttlichen Liebe über die Eigenliebe erst bewirkt."[31]

Damit sind die Grundkonturen des modernen Menschen – des Menschen, der *modo*, also bald den Herrn im eigenen Leben und Handeln erwartet – festgelegt; es sind auch die Konturen der modernen Moraltheologie: Zuwendung zur Welt als Verwandlung der Welt nach dem Willen Gottes, der nicht in Naturgesetzen oder

---

[31] Jacques Servais, Einleitung, in: Hans Urs von Balthasar, Texte zum ignatianischen Exerzitienbuch, Freiburg/Br. 1993, 13-46, hier 44.

Gesetzbüchern, sondern zuallererst und ursprünglich im denkenden Beten des Menschen vor Gott greifbar wird:

> „Christus Unseren Herrn sich gegenwärtig und am Kreuz hängend vorstellen und *ein Gespräch* halten: wie Er denn als Schöpfer dazu kam, Sich zum Menschen zu machen und vom ewigen Leben zum zeitlichen Tod [niederzusteigen] und so für meine Sünden zu sterben. Dann den Blick auf mich selber richten und betrachten, was ich für Christus getan habe, was ich für Christus tue, was ich für Christus tun soll. Und angesichts des so Zugerichteten und so ans Kreuz Gehefteten durchgehen, was sich dargeboten hat."[32]

Scholastik und Nominalismus, Universalismus und Individualismus werden in dieser Spiritualität des Ignatius von Loyola unter dem Vorzeichen der Moderne zusammengeführt. Der Mensch hat ein allgemeines und ein individuelles Ziel: die Verherrlichung Gottes. Aber – und hier liegt die eigentlich neue Erkenntnis der ethischen Neuzeit – beide Ziele sind nicht einfach deckungsgleich, sondern die allgemeine Ehre Gottes muss vom Individuum übersetzt werden in die unverwechselbare Existenz des eigenen Lebens. Jedes Individuum steht mithin vor der Aufgabe, den konkreten Willen Gottes für das eigene Leben zu finden, vermittels des Willens und der inneren Seelenkräfte, und als Wesen der Freiheit. Es geht also nicht mehr um eine allgemein gültige Spiritualität, sondern um eine höchst individuelle Spiritualität konkreter Lebensführung. So schlägt hier auch die Geburtsstunde einer theologischen Moralpsychologie. Gottes Wille ist sicher, aber es ist eine gewissenhafte und lebenslange Unterscheidung der Geister im Subjekt gefordert, um diesen göttlichen Willen allmählich zum Heil der Seele zu entdecken. Erwartet wird ein langer und mühsamer Weg göttlicher Pädagogik, deren den Menschen zugewandte Seite von nun an theologische Ethik heißt. Die moderne Neuzeit und die moderne Moraltheologie sind geprägt von dieser ignatianischen Spiritualität einer alles entscheidenden und einer alles unterscheidenden Innenwelt des Menschen. Ignatius steht in der Tat

> „nicht nur chronologisch am Beginn der Neuzeit; seine geistliche Lehre hat die Neuzeit entscheidend mitgeprägt. Ein grundlegender

---

[32] Ignatius von Loyola, Die Exerzitien Nr. 53.

Zug dieser Spiritualität, der sie so modern macht, ist die Verschmelzung von geistlichem und psychologischem Erleben."[33]

---

[33] Peter Henrici, Tränen als Trost. Zur geistlichen Lehre des Ignatius von Loyola, in: Internationale katholische Zeitschrift Communio 20(1991)420-427, hier 420.

NARZISS UND GOTTESFREUND:
ZWEI MÖGLICHKEITEN DES MENSCHEN SEIT FRANZ VON SALES

Ignatius von Loyola ist gut zehn Jahre tot, da wird auf der Burg Sales in Savoyen Francois de Boisy geboren, auch bekannt als Franz von Sales.[1] Noch einmal beginnt nach den theologischen Disputen und den politischen Wirren der Reformationszeit eine mit dem Konzil von Trient (1545-1563) angestoßene Suche nach der alten Ordnung im neuen Gewand, vornehmlich nach der alten Einheit von Theologie und Philosophie, nunmehr aber unter dem Vorzeichen gegenreformatorischer Abgrenzung und barockscholastischer Systematik, die ohne die spätmittelalterliche und spanische Mystik nicht denkbar wäre. Besonders in der franziskanischen Tradition kommt es in der Barocktheologie zu einem neuen Denken theologischer Psychologie: Die (noch) fromme, theologisch grundierte, aber (schon) reine Vernunft wird sich ihrer Selbst bewusst und fragt nach der letzten Motivation des guten Handelns, nach der Attraktivität des Guten und Liebenswerten, nach der reinen Liebe. Es entstehen umfangreiche Abhandlungen zu menschlicher Freundschaft und Liebe; das vollzieht sich explizit in der Tradition des Augustinus; von einem kontaminierenden Schatten des Augustinus kann nicht die Rede sein.

> „Das mondäne Publikum, an das die Abhandlungen gerichtet waren, und ganz besonders die Frauen, hegten schon lange ein ausgeprägtes Interesse für die Fragen der Liebeskasuistik. Bestärkt wurde diese Tendenz durch das Ansehen, das der Augustinismus in der Theologie genoß. Nach Thomas von Aquin setzte Franz von Sales die Liebe an die „erste Stelle unter den Leidenschaften der Seele: sie ist die Königin aller Regungen des Herzens, sie bekehrt alle übrigen zu sich und macht uns zu Geschöpfen , die sie liebt" (Introduction à la

---

[1] Vgl. zur Person konzis Guatav Schnürer, Katholische Kirche und Kultur in der Barockzeit, Paderborn 1937, 523-533.

vie dévote, Lyon 1608, Teil 3, Kap. 17), und er schrieb mehrere Kapitel über die menschliche Liebe."[2]

Die Welt des Franz von Sales ist ohne Zweifel die Welt und die Theologie des Barock, obwohl er der geistigen Herkunft nach am Beginn eines genuin christlichen Humanismus der späten Renaissance steht.[3]

Was in der Renaissance begann, nämlich die bühnenhafte Inszenierung und Selbstdarstellung des unverwechselbaren und unersetzbaren Individuums, wird nun vollendet im Barock und seiner Vorstellung von der Welt als Hof Gottes und als Theater des Menschen.

> „Die Metapher der Welt als Bühne war in der frühen Neuzeit womöglich noch weiter verbreitet als in anderen Epochen... Das gilt insbesondere für den „Hofmann" Castigliones mit seinen detaillierten Anweisungen, wie man – notfalls durch sorgfältiges Einstudieren – die Illusion der Spontaneität erzeugt."[4]

Das barocke Universaltheater soll ein Abbild von Kosmos und Schöpfung sein, das gilt für den Barockgarten als Theaterbühne, wie auch für den theatralischen Raum der Barockstadt, man denke etwa an so unterschiedliche Projekte wie Karlsruhe oder Lissabon.[5] Der Mensch wird in dieser Perspektive als Akteur und Protagonist[6] im Theater Gottes gesehen, das den Namen „Welt" trägt: Leben, Geschichte und Schicksal bilden das große *theatrum mundi*, auf dessen Bühne der Mensch nun aber nicht einfach eine beliebige Rolle spielt oder gar eine von Anfang an statisch festgelegte Rolle ausfüllen müsste, vielmehr soll er gerade im Verlauf des Spieles seine eigene und unverwechselbare Rolle immer mehr erkennen und ausfüllen. Wiederum gewinnt, wie schon bei Bonaventura, der

---

[2] Jean Lafond, Die Theorie der Leidenschaften und des Geschmacks, in: Jean-Pierre Schobinger (Hg.), Die Philosophie des 17. Jahrhunderts, Bd. 2, Basel 1993, 167-198, hier 181.
[3] Vgl. Henri Bremond, Histoire littéraire du sentiment religieux en France, Bd. 1, Paris 1935, 72ff.
[4] Peter Burke, Städtische Kultur in Italien zwischen Hochrenaissance und Barock, Frankfurt/M. 1996, 166.
[5] Vgl. Gilles Deleuze, Die Falte: Leibniz und der Barock, Frankfurt/M. 1995, 201: „Diese extensive Einheit der Künste bildet ein Universaltheater, das Luft und Erde aufweist, und sogar Feuer und Wasser. Die Skulpturen sind darin handelnde Personen, und die Stadt ist ein Bühnenbild." Vgl. auch Michel Clévenot, Licht und Schatten – das Zeitalter des Barock, Luzern 1997.
[6] Vgl. Rosario Villari (Hg.), Der Mensch des Barock, Frankfurt/M. 1997.

Begriff des biographischen und moralischen Fortschritts neue Farbe und neue Bedeutung: Im fortschreitenden und fortschrittlichen Verlauf des Lebens entdeckt das Individuum durch sein Denken und Handeln genau jene Rolle, die Gott ihm als Berufung seiner Lebensgeschichte zugedacht hat. Das Verständnis vom konkreten Willen Gottes, das seit der berühmten Erörterung des Thomas von Aquin[7] fortwährend von der christlichen Ethik thematisiert worden war und das Ignatius in seinen Exerzitien in den Mittelpunkt der Überlegungen stellt, gewinnt ganz neue Konturen: Das „Menschengemäße" ist eben nicht einfach das „Naturgemäße" im Sinne des „Giraffengemäßen", sondern es ist das „Vernunftgemäße" und muss im Blick auf das „Gottgemäße" aufgeschlüsselt werden:

> „Nicht was Gott will, sollen wir wollen, sondern das, wovon Gott will, daß wir es wollen. Was Gott will, erfahren wir immer erst nachträglich, belehrt durch den Gang der Ereignisse. Wovon er will, daß wir es wollen, das lehren uns Natur und gute Sitten."[8]

Ein zuweilen grenzenlos anmutender anthropologischer Optimismus führt das Wort, auch im Werk des Franz von Sales.[9] Im gesamten Barock vollzieht sich, wie Hans Urs von Balthasar treffend bemerkt, nicht mehr so sehr ein Kampf zwischen Dogmen, sondern ein „Kampf zwischen Lebensformen" und dies „zum Teil auf der Jesuitenbühne."[10] Dies wird besonders deutlich im Blick auf die theologische und pädagogische Funktion des Jesuitentheaters in den vom Jesuitenorden geführten höheren Schulen und Kollegien. Die Bühne wird in der Tat zur Kanzel, das heißt: Die Lebensgeschichte eines Menschen wird zur lebendigen Verkündigung Gottes und zur Illustrierung seiner Berufung des Menschen zu Tugend und Heiligkeit. Überall wird von den Jesuiten zum Theaterspiel angehalten, ja sogar verpflichtet, gerade wegen der hintergründigen Spiritualität und Pädagogik: Das Theater dient als Bild für die

---

[7] Thomas von Aquin, Summa Theologiae I-II q. 19. a. 10: „Wie schon aus dem Gesagten hervorgeht, ist der Wille in der Weise auf sein Objekt bezogen, wie ihm dieses von der Vernunft vorgestellt wird. Es kann aber etwas von der Vernunft auf verschiedene Weise betrachtet werden, so daß es in der einen Hinsicht gut, in einer anderen jedoch nicht gut ist."
[8] Robert Spaemann, Einleitung, in: Rolf Schönberger (Hg.), Thomas von Aquin: Über sittliches Handeln. Summa theologiae I-II q. 18-21, Stuttgart 2001, 7-18, hier 10.
[9] Vgl. William Marceau, L'optimisme dans l'oeuvre de saint Francois de Sales, Paris 1973.
[10] Hans Urs von Balthasar, Prometheus, aaO, 33.

spielerische Entfaltung des eigenen Lebens und der eigenen Berufung, sodass Gottes Bild im Individuum zur Entfaltung kommen kann.

> „Was das Ordenstheater in seiner Vielfalt, seiner Extrovertiertheit wie in seiner jeweiligen Aktualität erhält, ist die jesuitische Spiritualität, die auf der Grundlage des thomistischen Realismus die Weltdinge als Wert begreift, weil sie in ihnen Abbilder des göttlichen Wirkens und mehr oder weniger verkappte Hinweise auf die göttliche Ordnung der Schöpfung sieht."[11]

Leitend ist also eine Art von positiver Prädestination, die in deutlichem und natürlich durchaus gewolltem Gegensatz zur negativen Prädestination des Calvinismus[12] – und später auch der katholischen Variante des Jansenismus mit seinem Kampf gegen das Theaterspiel[13] – steht, auch wenn die eigentliche theologische Auseinandersetzung mit Calvins Theologie noch nicht mit Franz von Sales erblüht, sondern erst in der „jansenistischen Reflexion über die Prädestination und die eigene Auserwähltheit"[14] bei Blaise Pascal (1623-1662) ihren Gipfel erreicht.[15] Diesem Calvinismus jedoch steht auch Franz von Sales als Mensch des barocken *theatrum mundi* diametral gegenüber; von diesem untergründigen Gegensatz ist seine gesamte Spiritualität zutiefst geprägt.[16] Joseph Ratzinger notiert zutreffend:

---

[11] Ruprecht Wimmer, Die Bühne als Kanzel: Das Jesuitentheater des 16. Jahrhunderts, in: Hildegard Kuester (Hg.), Das 16. Jahrhundert. Europäische Renaissance, Regensburg 1995, 149-166, hier 164; vgl. auch Willi Flemming, Geschichte des Jesuitentheaters in den Landen deutscher Zunge, Berlin 1913; Peter M. Maier, Einleitung, in: Ders., (Hg.), P. Augustinus Turrianus SJ: Comoedia de Divi Augustini pueritia et adolescentia (Paderborn 1604), Aachen 2006, 7-13.

[12] Vgl. Susanne Drees, Calvins Prädestinationslehre und ihre Rezeption im Calvinismus, in: Michael Basse (Hg.), Calvin und seine WirkungsgeschichteBerlin 2011, 119-141. Vgl. zum geistesgeschichtlichen Zusammenhang Dale K. Van Kley, The Religious Origins oft he French Revolution. From Calvin to the Civil Constitution, 1560-1791, New Haven 1996.

[13] Vgl. Hellmut Thomke, Die Kritik am Theaterspiel im Pietismus, Jansenismus und Quietismus, in: Hartmut Lehmann u.a. (Hgg.), Jansenismus, Quietismus, Pietismus, Göttingen 2002, 159-171.

[14] Hans Urs von Balthasar, Herrlichkeit, Bd. III, 1, aaO, 468.

[15] Vgl. Françoise Hildesheimer, Le Jansénisme, Paris 1992; Anne Lagny, Francke, Madame Guyon, Pascal: drei Arten der „écriture de moi", in: Hartmut Lehmann u.a. (Hgg.), Jansenismus, aaO, 119-135.

[16] Vgl. Francois Corrignan, La spiritualité de Francois de Sales. Un chemin de vie, Paris 1989; Paul-Werner Scheele, Abba – Amen: Beten und Leben, Würzburg 1999, 18-40.

„Franz von Sales, der in dem eigentlichen Wirkraum des Kalvinismus aufgewachsen war, ist in seinem Studium mit der kalvinistischen Prädestinationslehre zusammengetroffen, die behauptet, daß Gott von Ewigkeit her festgelegt habe, welche Menschen zur Seligkeit und welche zur Verdammnis bestimmt seien. Diese Lehre hat ihm geradezu das Herz zusammengeschnürt. Sie hat ihn so tief getroffen, daß er nicht mehr loskam von der Angst, die sie in sich enthielt, ja sicher zu sein glaubte, daß er einer von den zur Hölle Bestimmten sei. In diesem abgründigen Dunkel eines Gottes, der keinen Ausweg mehr läßt, hat er seinen Weg nur dadurch finden können, daß er am Ende sagte: Nun, wenn Gott mich verdammen will, dann soll er es tun. Ich will mich darum nicht bekümmern, sondern ihn trotzdem lieben."[17]

Damit ist Franz von Sales auf der Suche nach der letzten Sicherheit und nach einer letzten Echtheit der mystischen Erfahrung des Menschen, der auf der Suche nach Gott ist; er ist darin, insbesondere vermittels seines Schülers Jean-Pierre Camus (1584-1652) und dessen Lehre von der reinen Liebe, auf den großen französischen Bischof und Mystiker Fénelon (1651-1715) vorausweisend.

„Die Idee der reinen Liebe hatte in Frankreich bereits eine bemerkenswerte Geschichte gehabt. Ihre Ursprünge liegen im „Traktat von der Gottesliebe" des Franz von Sales. 1640 hatte Franz' Schüler, Bischof Jean-Pierre Camus, seine nicht ganz unumstrittene „Défense du pur amour" (Verteidigung der reinen Liebe) veröffentlicht. In der quietistischen Bewegung hat die reine Liebe immer eine wichtige Stelle eingenommen. Aber erst mit Fénelon wurde sie zum Mittelpunkt."[18]

Und Franz von Sales ist nun, aus einer ganz anderen Richtung kommend, ganz nah an jenem ignatianischen Begriff der Indifferenz, der sich verbindet mit Selbstverleugnung und echter Armut[19], den Fénelon später zuspitzen wird, bis hin zu jener berühmten These – die freilich schon bei Franz von Sales vorgedacht ist – der

---

[17] Joseph Ratzinger, Heiligenpredigten, München 1997, 19.
[18] Louis Dupré, Jansenismus und Quietismus, in: Bernard McGinn (Hg.), Geschichte der christlichen Spiritualität, Bd. 3, Würzburg 1997, 145-167, hier 164.
[19] Vgl. Jacques Le Brun, Die französische Mystik und die Philosophie: Einleitung, in: Jean-Pierre Schobinger (Hg.), Die Philosophie des 17. Jahrhunderts, aaO, 839-872: „Und schon bei Franz von Sales, aber noch viel ausgeprägter im Werk Fénelons, sind der Verzicht auf Eigentum, die uneigennützige Liebe und die vollkommene Selbstverleugnung Merkmale der Echtheit der Erfahrung" (843f.).

geistlichen Tradition, man müsse Gott auch in der Hölle lieben,[20] eine theologisch radikalisierte Wahrheit, die sich nur noch im Paradoxon aussagen lässt: Aufgabe des Zieles um der Reinheit des Verlangens nach diesem Ziel willen – das verstehe, wer will, oder aber: wer Gott mehr liebt als seine Gaben.

> „Umfaßte diese völlige Hingabe, dieses entschlossene Hinschauen mehr auf den Geber als auf die Gabe auch das Verlangen nach der ewigen Seligkeit? Unter Umständen ja; man kann sich – per impossibile – Situationen denken, in denen die Seele tatsächlich wünscht, verlorenzugehen. Die Seele soll ihre Seligkeit aufgeben und bereitwillig zu ihrer Verdammnis eilen (...), das war die Lehre des heiligen Franz von Sales."[21]

Der durchaus hypothetische Charakter dieser paradoxen Aussage dient freilich in der gesamten Tradition – und so auch bei Franz von Sales bis hin zu Fénelons augustinischer Mystik[22] – der psychologischen Zuspitzung einer letztmöglichen Selbstgewissheit und Selbstvergewisserung des handelnden Subjekts unter Gottes Anspruch. Allerdings fasst Franz von Sales nun diese Indifferenz schärfer, indem er, in deutlicher Anlehnung an Ignatius von Loyola, das formale Wesen der Indifferenz vom Inhalt her als Liebe oder Gottesfreundschaft bestimmt. Man kann dies als theologische Ästhetik bezeichnen, denn als letzter Grund der Gottesliebe bleibt nur die vollkommen zweckfreie Schönheit Gottes. Spätestens hier kommt freilich die Verschattung jener anstrengenden, „sehr strengen und aszetisch anfordernden Liebeslehre" in den Blick, nämlich die reine Askese unter Absehung von jedem Interesse und jeder Strebung:

> „Aber sollte in dieser Anweisung, Gott nur deshalb zu lieben, „weil er schön ist", nicht eine umgekehrte Gefahr verborgen liegen? Nämlich die Interesselosigkeit der christlichen Liebe jetzt zu verwechseln mit ästhetischer Interesselosigkeit?"[23]

---

[20] Vgl. Robert Leuenberger, „Gott in der Hölle lieben." Bedeutungswandel einer Metapher im Streit Fénelons mit Bossuet um den Begriff des „amour pur", in: Zeitschrift für Theologie und Kirche 82(1985)153-172.

[21] Ronald A. Knox, Christliches Schwärmertum, Köln 1957, 232, und erläuternd 233: „Aber es ist bekannt, daß Franz von Sales als junger Mensch eine derartige Prüfung zu bestehen hatte und heil hindurchkam, weil er den Entschluß faßte, Gott weiterhin zu lieben, obwohl er sich verdammt wußte."

[22] Vgl. Henk Hillenaar, L'Augustinisme de Fénelon face à l'Augustinisme des Jansénistes, in: Hartmut Lehmann u.a. (Hgg.), Jansenismus, aaO, 40-53.

[23] Hans Urs von Balthasar, Herrlichkeit, aaO, 470.

Franziskus und Bonaventura strebten nach radikaler leiblicher Armut, Ignatius von Loyola setzte sich in seinem Exerzitienbuch den Sprung des Individuums aus Eigenwillen und Eigennutz zum Ziel, um den Einklang und die Gleichförmigkeit mit Gott und seinem Willen, also die Gottesfreundschaft zu erreichen. Franz von Sales wagt in seinem großen Werk „Traité de l'amour de Dieu" den entscheidenden Sprung einer Bekehrung[24] des erbsündlichen Willens in den absichtslosen Willen, den er geradezu als das Wesen des formalen Aktes der Liebe bestimmt: Diese Liebe zu Gott will nicht mehr etwas von Gott, sondern einzig Gott und dessen Willen für das eigene Leben, und sei es auch um den Preis der Selbstaufgabe. Zunächst wird in guter aristotelischer und scholastischer Tradition näherhin der Akt der Liebe definiert:

> „Die Liebe ist das spontane Wohlgefallen am Guten, darum geht sie dem Verlangen voraus. Wie sollte man nach etwas verlangen, das man nicht liebt? Sie geht auch der Lust voraus; könnte man sich wohl an etwas freuen, das man nicht liebt? Auch der Hoffnung geht sie voraus, denn man hofft nur auf ein Gut, das man liebt. Ebenso geht sie dem Haß voraus, denn wir hassen das Böse nur wegen des Guten, das wir lieben. Gleiches gilt von allen anderen Leidenschaften und Gefühlen, da sie insgesamt aus der Liebe als ihrer Wurzel und Quelle hervorgehen."[25]

Sodann bestimmt er das Verhältnis von Liebe und Willen: Der Wille wird nur durch seine Neigungen bewertet, und von diesen ist die Liebe die stärkste, ohne doch deswegen den Willen zu beherrschen; vielmehr herrscht ein korrelatives Abhängigkeitsverhältnis. Zwar wird der Wille durch die Neigungen bewegt, aber seinerseits vermag er die Liebe in der Freiheit des Wollens zu bewegen:

> „Das besagt jedoch nicht, daß der Wille nicht Herr über die Liebe wäre, denn er liebt nur, wen er lieben will, und er kann wählen, was er lieben will. Wäre es anders, so könnte es keine verbotene und keine gebotene Liebe geben. (...) Die Freiheit des Willens zeigt sich ja auch darin, daß er sich von einer Liebe lossagen und sich einer andern zuwenden kann. Wollen wir zum Beispiel, daß die Gottesliebe in uns lebt und herrscht, dann müssen wir die Eigenliebe bekämpfen; und können wir sie auch nicht völlig ertöten, so schwä-

---

[24] Vgl. Peter Schallenberg, Mystik – Moral – Mission. Innere Bekehrung und äußere Mission bei Franz von Sales, in: Thomas Schäfers u.a. (Hgg.), Zur Mission herausgefordert. Evangelisierung als kirchlicher Auftrag, Paderborn 1999, 137-149.
[25] Franz von Sales, Über die Gottesliebe, Einsiedeln 1958, 47.

chen wir sie doch wenigstens so weit, daß sie nicht mehr das Zepter führt."[26]

Damit unterstreicht Franz von Sales in guter augustinischer Tradition zugleich von neuem die wichtige Unterscheidung von zu erbsündlicher Eigenliebe (*amour de soi même*) und natürlicher Selbstliebe (*amour propre*): Beide sind zu verlassen, die erstere zu verwerfen oder die letztere zu vollenden.[27] Jene Gottesliebe freilich ist von Natur aus nicht zu erreichen, sondern nur in der Haltung des Gehorsams, der erst das in seiner natürlichen Spontaneität gehemmte Ich von sich befreit und zu Gott springen lässt. Der Sprung braucht ein objektives Ziel außerhalb der eigenen Person, sondern wäre es nur ein Sprung in das eigene Wollen zurück:

> „Der Gehorsam gegen Gott muß sich, soll er nicht bloß Gehorsam gegen eine besonders sublime Form des Eigenwillens sein, konkretisieren als Gehorsam gegen eine von meinem Willen unterschiedene äußere Instanz."[28]

Robert Spaemann kennzeichnet die Spannung von Selbstverfallenheit und Selbstvergessenheit, vom Willen zum Behalten der Seele und Willen zum Hergeben der Seele mit den Begriffen von Spontaneität (des Willens zur Liebe und zum Guten) und Reflexion (des Willens auf sich selbst); er unterstreicht:

> „Die Reflexion kann nur Hochmut oder Verzweiflung bewirken. Ihr gegenüber ist die Funktion der Gehorsamshaltung zunächst einfach eine therapeutische. Diese Funktion ist sehr deutlich schon in der Korrespondenz des Franz von Sales mit Franziska von Chantal, und sie ist heute jedem Psychotherapeuten bekannt."[29]

Nichts anderes als die Einsicht in die Notwendigkeit jenes objektiven Gehorsams zeigt übrigens das berühmte Bekehrungserlebnis, von dem Romano Guardini in seinen Lebenserinnerungen berichtet.[30]

---

[26] Ebd. 48.
[27] Vgl. kritisch Jörg Splett, Leben als Mit-sein. Vom trinitarisch Menschlichen, Frankfurt/M. 1990, 105: „In der Tat, Liebe ist Blick auf den anderen. Darum bleibt die Rede von Selbstliebe mißlich, und diese Mißlichkeit zeigt sich bereits im sprachlichen Unbehagen angesichts der Wörter „Selbst-„ und „Eigenliebe"."
[28] Robert Spaemann, Reflexion und Spontaneität. Studien zu Fénelon, Stuttgart 1990, 193.
[29] Ebd. 192.
[30] Vgl. Romano Guardini, Berichte über mein Leben. Autobiographische Aufzeichnungen, Düsseldorf 1985, 72: „...denn wenn der Mensch es nur mit Gott

Zwar erkennt der menschliche Verstand auch schon von Natur aus in unstillbarer Sehnsucht den unendlichen und absoluten Wert Gottes, jedoch der Wille unterliegt nach Einschätzung des Franz von Sales in ungleich stärkerem Maß der erbsündlichen Verkrümmung in sich selbst. Dennoch wird, gegen die reformatorische Betonung der sündhaften und gebrochenen menschlichen Natur, festgehalten an der Bezogenheit von Natur und Gnade und an der Vollendbarkeit der menschlichen Natur durch die göttliche Gnade in den Sakramenten der Kirche. Die natürliche Sehnsucht des Menschen nach Gott vermag von der Gnade zur übernatürlichen Gottesliebe vollendet zu werden. Es ist in gewisser Weise allerdings die Tragik der französischen Mystik und postjansenistischen Theologie, diese feine Unterscheidung von Eigenliebe und Selbstliebe in der Kontroverse zwischen Bossuet und Fénelon verloren zu haben.[31] Franz von Sales dagegen unterscheidet scharf, insbesondere zwischen Verstand und Wille:

> „Obwohl unsere Natur nicht mehr die ursprüngliche Geradheit und Unversehrtheit besitzt, sondern durch die Sünde schwer geschädigt wurde, ist uns doch das heilige Verlangen geblieben, Gott über alles zu lieben. Und wir vermögen auch noch zu erkennen, daß seine unendliche Güte liebenswerter ist, als alle übrigen Dinge. Es ist uns sogar leichter, mit dem Verstande zu erkennen, wie liebenswert Gott ist, als ihn mit dem Willen tatsächlich zu lieben, denn die Sünde hat weit mehr den Willen geschwächt, als sie den Verstand verdunkelt hat. Die rebellische Begehrlichkeit trübt zwar das Erkennen, doch ihre Verführungskünste richten sich vor allem gegen den Willen. Die unaufhörlichen Angriffe der Begierlichkeit hindern den Willen daran, so große Fortschritte in der Gottesliebe zu machen, wie Vernunft und natürliche Neigung es von ihm fordern. Darum vermag das Menschenherz zwar schon kraft seiner natürlichen Fähigkeiten zum Beginn der Gottesliebe zu gelangen; aber Gott über alles lieben, wie es dem höchsten Gut gebührt, kann es nur, wenn es durch die Gnade dazu angeregt und gestärkt wird."[32]

---

zu tun haben will, dann sagt er Gott und meint sich selbst. Es muß also eine objektive Instanz sein, die meine Antwort aus jeglichem Schlupfwinkel der Selbstbehauptung herausziehen kann. Das aber ist nur eine einzige: die katholische Kirche in ihrer Autorität und Präzision. Die Frage des Behaltens oder Hergebens der Seele entscheidet sich letztlich nicht vor Gott, sondern vor der Kirche."

[31] Vgl. Peter Schallenberg, Liebe und Subjektivität. Das Gelingen des Lebens im Schatten des „amour pur" als Programm theologischer Ethik, Münster 2003.
[32] Franz von Sales, Über die Gottesliebe, aaO, 54.

Mit der scharfsinnigen Unterscheidung von erbsündlicher Eigenliebe und natürlicher Selbstliebe gelingt so, in durchaus orthodoxem Anschluss an die klassische Rede vom *desiderium naturale*,[33] die eindrucksvolle Antwort auf die calvinistische Absage an eine nach der Erbsünde verbliebene normative Restnatur des Menschen. Das Band zwischen Schöpfer und Geschöpf bleibt nicht bloß äußerlich, forensisch oder fideistisch bestimmt, sondern ontologisch geknüpft, auch wenn dieses Band sich oftmals nur als „zarter Faden" – eine durchaus originelle salesianische Übertragung der scholastischen *potentia oboedientialis*, die doch immer mehr meinte als nur eine „Nichtwidersprüchlichkeit" der menschlichen Natur zur göttlichen Gnade[34] – darstellen mag: „So gleicht unsere natürliche Neigung, Gott über alles zu lieben, einem zarten Faden, mit dem Gott uns an sich zieht, wenn es ihm gefällt."[35]

Somit entsteht auch unter den traditionellen Vorzeichen von *desiderium naturale* und *potentiae oboedientialis* als den Ansatzpunkten natürlicher Selbstliebe eine durchaus neue Verhältnisbestimmung der klassischen Trias von Selbstliebe, Nächstenliebe und Gottesliebe, indem nämlich immer schärfer innerhalb der Selbstliebe unterschieden wird zwischen einer – modern gesprochen – narzisstischen Selbstbezogenheit und einer geordneten Selbstliebe.[36] Das Denken des Franz von Sales erweist sich hier als sehr modern hinsichtlich einer Unterscheidung von Motivationen im handelnden Individuum und zugleich hinsichtlich einer Überwindung und Vollendung der bedürftigen Eigenliebe: „Mort des désirs égocentriques"[37] – Tod des egozentrischen Verlangens ist das ersehnte Ziel, ganz in der Sicht des Johannes vom Kreuz: „Verleug-

---

[33] Vgl. Henri de Lubac, Die Freiheit der Gnade. Bd. I: Das Erbe Augustins, Einsiedeln 2007, 204-248.
[34] Karl Rahner, Über das Verhältnis von Natur und Gnade, in: Schriften I 323-345, hier 336: „Die Paradoxie einer natürlichen Begierde des Übernatürlichen als Band zwischen Natur und Gnade ist denkbar und notwendig, wenn man unter Begierde eine Offenheit für das Übernatürliche versteht, und sie wird in jeder katholischen Theologie gelehrt, wenn diese die *potentia oboedientialis* auch oft zu sehr bloß formal und rein negativ als bloße Nichtwidersprüchlichkeit interpretiert."
[35] Franz von Sals, Über die Gottesliebe, aaO, 55.
[36] Vgl. Hans Jürgen Fuchs, Entfremdung und Narzißmus. Semantische Untersuchungen zur Geschichte der „Selbstbezogenheit" als Vorgeschichte von französisch „amour propre", Stuttgart 1977.
[37] Henri Bremond, Histoire litteraire, aaO, Bd. 7. Paris 1929, 63.

ne deine Begierden, und du findest, was dein Herz begehrt!"[38] Der Mythos des Narziss wird nicht ohne Grund und nicht zufällig zum eigentlichen barocken Gemälde und zum unzählige Male dargestellten Mythos: Schmal ist der Grat zwischen Liebe und Selbstverliebtheit,[39] schärfer noch: Wo genau verläuft die Grenze zwischen Liebe zum anderen Menschen und Liebe zum eigenen Menschen? Hier beginnt die neuzeitliche Psychologie der Gnade auf den Grund der Seele des zutiefst vereinzelten Individuums zu schauen. An der fast unsichtbaren Grenze von unbedingtem innerem Ideal und „der Narziß-Verliebtheit in dieses eigene Ideal zeigt sich der wahre Grund dieser Seele."[40] Dies bleibt ein roter Faden des Denkens in der neuzeitlichen Moderne und ihrer Moraltheologie; das Phänomen des Narzissmus dient zur Illustrierung dessen, was die Theologie oft zu allgemein und unklar erbsündliches Streben nennt.[41]

Indem Franz von Sales an der klassischen teleologischen Lehre von der naturhaften Ausrichtung des Menschen auf Gott und das Gute und an der Festlegung des Konzil von Trient, die Seligkeit des Menschen sei Gnade und gleichzeitig von Gott dem Menschen geschenktes Verdienst, festhält, gelingt ihm auch die fragile Verhältnisbestimmung von Natur und Übernatur in Hinsicht auf die Gottesliebe, der eine solch radikale Priorität zukommt, dass zu Recht vom „Theozentrismus des heiligen Franz von Sales"[42] gesprochen werden kann. Der Mensch sieht sich der reinen Gnade der Gottesliebe einer (theoretisch gedachten) rein abstrakten Natur gegenüber, an die er keinen Anspruch des Bedürfnisses hat, zu der er aber kraft natürlicher Neigung, Begehrens und Sehnsucht doch hingeordnet ist.[43] Der neuzeitliche Impuls des Zweifels und der Verzweiflung und der Frage nach letzter existentieller Sicherheit,

---

[38] Zitiert nach Henri de Lubac, Die Freiheit der Gnade. Bd. II: Das Paradox des Menschen, Einsiedeln 2006, 305.
[39] Vgl. die Interpretation des Gemäldes „Rinaldo und Armida" von Nicolas Poussin aus dem Jahre 1625 bei Giovanni Carreri, Der Künstler, in: Rosario Villari (Hg.), Der Mensch des Barock, aaO, 313-318.
[40] Hans Urs von Balthasar, Prometheus, aaO, 33.
[41] Vgl. Martin Altmeyer, Narzissmus und Objekt. Ein intersubjektives Verständnis der Selbstbezogenheit, Göttingen 2000; Wilhelm Meng, Narzißmus und christliche Religion, Zürich 1997; Siegfried Zepf, Lust und Narzißmus, Göttingen 1997.
[42] Ronald A. Knox, Christliches Schwärmertum, aaO, 234.
[43] Vgl. die Unterscheidung von Bedürfnis und Begehren bei Emmanuel Lévinas, Totalität und Unendlichkeit, Freiburg/Br. 1993, 36.

die gleichermaßen Ignatius von Loyola wie Martin Luther bewegte, wird von Franz von Sales aufgenommen und wünschenswert mit der deutlichen Unterscheidung von Liebe und Willen zugespitzt: Nicht unserer Liebe und Motive können wir sicher sein; nur unser Wunsch zu lieben, mehr als nur uns selbst, ist sicher.

> „Ob wir Gott über alles lieben, können wir nicht wissen, wenn nicht er selbst es uns offenbart. Doch wir können wissen, ob wir uns sehnen, ihn zu lieben. Der Wunsch zu lieben und die Liebe selber entspringen derselben Seelenkraft. Sobald wir daher den aufrichtigen Wunsch haben, zu lieben, fangen wir zu lieben an. Und in dem Maß, in dem unser Wunsch stärker wird, wächst auch unsere Liebe. Wer innig zu lieben verlangt, der wird bald innig lieben."[44]

Diese Sehnsucht nach dem erlösenden Sprung in die reine Liebe zu Gott bleibt als Bestandteil des neuzeitlichen Erbes der Moraltheologie.

Henri Bremond scheut sich nicht, in Franz von Sales – der immerhin den angeblichen Vorwurf von Michel de Montaigne (1533-1592) entkräftete, „die Christenheit lebe nicht, was sie zu glauben vorgäbe"[45] – den unhintergehbaren Beginn der modernen Zivilisation zu sehen, der aus dem Geist des christlichen Humanismus der Renaissance erwächst.[46] Es ist ein Humanismus, der sich gerade in der Renaissance zwar an heidnisch-antiken Vorbildern inspiriert, dennoch aber in der Bewegung der katholischen Gegenreformation eine vom reformatorischen Bibelhumanismus deutlich unterschiedene und unverwechselbare theologisch-katholische Form des Denkens und der Frömmigkeit, auch der Kunst, findet.[47] Es ist dennoch typisch neuzeitlich ein theologisch gespeister Humanismus des Individuums, der ausgeht von der Offenbarung des wahren Humanums im Gottmenschen Jesus Christus und von der Notwendigkeit einer Vollendung des menschlichen Strebens durch die göttliche Gnade. Diesen Humanismus drückt Franz von Sales nachhaltig einer Moraltheologie als Stempel auf, die sich als Spiritualität versteht:

---

[44] Franz von Sales, Über die Gottesliebe, aaO, 175.
[45] Karl Eder, Die Geschichte der Kirche im Zeitalter des konfessionellen Absolutismus (1555-1648), Wien 1949, 86.
[46] Henri Bremond, Histoire littéraire, aaO, Bd. 1, Paris 1935, 127.
[47] Vgl. Jörg Traeger, Renaissance und Religion. Die Kunst des Glaubens im Zeitalter Raphaels, München 1997, 37: „In der Tat: Die Renaissance war katholisch, und sie blieb es auch da, wo sie heidnische Themen ins Blickfeld gerückt hat."

„Seine Seelenleitung ist der feinste Ausfluß jenes aus besten Grundsätzen christlicher Frömmigkeit gespeisten Humanismus, der zur Selbstbehandlung der Seele ohne Härte und Stolz anregen soll und darin gipfelt".[48]

---

[48] Gustav Schnürer, Katholische Kirche und Kultur in der Barockzeit, aaO, 526.

AUSBLICK:
MYSTIK UND MORAL

Was hat die theologische Ethik mit der Ewigkeit Gottes zu tun? Die Frage lässt sich schlechterdings nicht ohne Bezug zur christlichen Spiritualität – früher hätte man arglos gesagt: Mystik – beantworten. Freilich müsste es, wie Johann Baptist Metz einmal gesagt hat, eine „Mystik der offenen Augen" sein, also eine Mystik und Frömmigkeit, die sich der säkularen Zeit und der Ortlosigkeit Gottes in einer säkularisierten Welt bewusst und nüchtern stellt. Daher sollte mit Hilfe einiger Wegmarken der christlichen Spiritualität gezeigt und illustriert werden, dass sich eine theozentrische Mystik vollendet als christozentrische Lebenshaltung, als eine Spiritualität des Individuums im Blick auf den erlösenden Christus. Mystik ist immer Nachfolge eines individuellen Menschen in der Erfahrung anderer und vorausgegangener Menschen mit Gott, und sie entlässt aus sich eine theologische Ethik und Moraltheologie als Nachfolge der Praxis. Beide Wege, des Individuums und der Gemeinschaft der Gläubigen, sind Übersetzungen der einzigartigen Gotteserfahrung Jesu selbst, in das eigene, unverwechselbare Leben hinein, ohne dass zwischen jesuanischer und individueller je eigener Gotteserfahrung ein Konkurrenzverhältnis entstehen könnte.

Dies vollzieht sich zwischen Zeit und Ewigkeit, oder besser: unter dem Anspruch der Ewigkeit Gottes, aber im Medium der menschlichen Zeit. Genau hier liegt der oft verborgene und nur stellenweise zutage tretende schmerzliche Spagat der Moraltheologie, der dem Spagat des alttestamentlichen Dulders Hiob gleicht: angesichts offenkundiger Sinnlosigkeit Gottes am verborgenen Sinn seiner Güte festzuhalten. Hiob jedenfalls lässt sich nicht beeindrucken und nichts einreden; er bleibt sich selbst und der in der Lebenszeit duldenden und geduldigen Suche nach Gottes oft rätselhaftem Willen verpflichtet. Seit der Menschwerdung Gottes in Jesus Christus ist dieser duldende und geduldige Mensch Christus verpflichtet: Wer ihn sieht und hört, der sieht und hört den Vater. Das wird in der Ewigkeit genügen; in der Zeit bleibt das ethische Ungenügen, das die heilsame und notwendige Ungeduld der Moraltheologie ausmacht. Darin genau liegt die große Zumutung der christlichen Ethik:

> „Die Ewigkeitsbedeutung des zeitlichen Handelns einzusehen ist allerdings eine hohe Zumutung. Gegenüber diesem Anspruch macht sich eher eine Tendenz der Nivellierung breit. Vielen Christen ist eine Grundwahrheit des Christentums abhanden gekommen: daß die Zeit Gnadenzeit und Träger ewiger Verheißung ist."[1]

Erst hier ist letztlich das Proprium christlicher Mystik erreicht: „Als Grundinhalt christlicher Mystik gilt einzig die Erfahrung, die Christus macht: Christus ist Objekt wie auch Subjekt christlicher Glaubenserfahrung."[2] Die Offenbarung Gottes in Christus aber findet statt in jeder personalen Lebensgeschichte. Das heißt: Die Erscheinung Gottes in der Wirklichkeit von Welt und Person darf nie zum bloßen Schein degradiert werden; Mystik erweist sich als Geschichtstheologie; dies unterstreicht die Einheit von göttlicher und menschlicher Natur in Jesus Christus; diese Einheit übersetzt sich in die Einheit von personaler Lebenswahrheit und Wahrheit Gottes über das eigene Leben. Es ist zugleich damit Vorausblick aus der Zeit auf die Ewigkeit Gottes: Vorschau auf die von Gott zu schenkende und zu erbittende Einheit von Liebe zu Gott und Liebe Gottes zum konkreten Menschen.

Dies sollte in den vorliegenden Überlegungen illustriert werden mit Hilfe einiger Wegmarken der christlichen Spiritualität. Es sollte gezeigt werden, dass sich eine theozentrische Mystik vollendet als christozentrische Lebenshaltung, als eine Spiritualität des Individuums im Blick auf den erlösenden Christus. Was aber heißt hier „Erlösung"? Ein Blick auf Theodor Adorno mag helfen, der aus der Sicht der Philosophie notiert:

„Philosophie, wie sie im Angesicht der Verzweiflung einzig noch zu verantworten ist, wäre der Versuch, alle Dinge so zu betrachten, wie sie vom Standpunkt der Erlösung aus sich darstellten. Erkenntnis hat kein Licht, als das von der Erlösung her auf die Welt scheint: alles andere erschöpft sich in der Nachkonstruktion und bleibt ein Stück Technik. Perspektiven müssten hergestellt werden, in denen die Welt ähnlich sich versetzt, verfremdet, ihre

---

[1] Klaus Demmer, Optionalismus, aaO, 82.
[2] Michael Schneider, Mystik: Zwischen Denken und Erfahrung, Köln 1997, 12.

Risse und Schründe offenbart, wie sie einmal als bedürftig und entstellt im Messianischen Lichte daliegen wird."³

Erlösung geschieht durch Eröffnung einer neuen Perspektive, die erlaubt, die Beschädigungen des zeitlichen Lebens zu sehen und deren Wiedergutmachung zu erhoffen, nein: jetzt schon zu beginnen, jetzt in der Zeit und vor der Ewigkeit. Christlich gesprochen handelt es sich um die Perspektive Gottes, die Sicht der Liebe, in der alle Verfremdungen und Bedürftigkeiten des menschlichen Lebens offenbar werden und endgültige Wiedergutmachung und Heilung erwarten. Diese Erwartung aber liegt weit jenseits jeder Art von Technik und Konstruktion, sie liegt im weiten Feld der Philosophie und Theologie und deren eigentümlicher Art von Ethik.

Mystik ist Nachfolge in der Erfahrung mit Gott. Sie entlässt aus sich eine theologische Ethik und Moraltheologie, als Nachfolge der Praxis, einer Kette von Ausdruckshandlungen als Antwort auf die konkret spürbare Liebe Gottes im eigenen Leben. Immer handelt es sich um Übersetzungen der einzigartigen Gotteserfahrung Jesu selbst in das eigene Leben hinein, ohne dass zwischen jesuanischer und individueller und je eigener Gotteserfahrung ein Konkurrenzverhältnis entstehen dürfte. Immer handelt es sich um innere Ergriffenheit von der Größe göttlicher Liebe und äußere Lebensführung in ernster und treuer Verantwortung gegenüber dieser Liebe Gottes. Wenn das in der Ethik eines eigenen Lebens gelingt, ist der Weg hin zur Ewigkeit Gottes nicht mehr weit.

---

[3] Thedor W. Adorno, Minima Moralia. Reflexionen aus dem beschädigten Leben, Frankfurt/M. 2012, 283.

LITERATURVERZEICHNIS

Adorno, Thedor W. (2012): Minima Moralia. Reflexionen aus dem beschädigten Leben, Frankfurt/M.
Agamben, Giorgio (2012):Höchste Armut. Ordensregel und Lebensform, Frankfurt/M.
Altmeyer, Martin (2000): Narzissmus und Objekt. Ein intersubjektives Verständnis der Selbstbezogenheit, Göttingen.
Ansorge, Dirk (2009): Gerechtigkeit und Barmherzigkeit Gottes. Die Dramatik von Vergebung und Versöhnung in bibeltheologischer, theologiegeschichtlicher und philosophiegeschichtlicher Perspektive, Freiburg/Br.
Anzenbacher, Arno (2015): Moralität, Gewissen und der Wille Gottes. Überlegungen zur Summa Theologiae I-II q. 19, in: ET-Studies 6(2015)273-300.
Arendt, Hannah (1929): Der Liebesbegriff bei Augustin, Berlin.
Arendt, Hannah (1958): The Human Condition, Chicago.
Arendt, Hannah (2015): Zwischen Vergangenheit und Zukunft. Übungen im politischen Denken I, München.
Askami,Hans C. (2009): La parabole du „fils prodigue" dans la Bible et chez André Gide, in: Positions luthériennes 57(2009)1-21.
Augustinus, (1844ff) Contra Julianum. In: Migne, (1844ff): Patrologia latina (PL) 44, 641-874.
Augustinus (2006): Confessiones. Hrsg. von Manlio Simonetti. Roma.
Augustinus (1844ff): De beata vita. In: Migne: Patrologia latina (PL) 32, 959-976.
Augustinus (1997): De civitate Dei, hrsg. von Christoph Horn. Berlin.
Augustinus (2007): De vera religione, eingeleitet, übers. und hrsg. von Josef Lössl. Paderborn.
Augustinus (1962): De peccatorum meritis et remissione et de baptismo parvulorum. Reprint der Ausgabe von vinobonum 1912, hrsg. von Karl Franz Urba. New York.
Augustinus (1900): De bono coniugali. In: Corpus Scriptorium Ecclesiasticorum Latinorum (CSEL) 41, Hrsg. von Joseph Zycha. Prag, 185-231.
Augustinus (2001f): De Trinitate. Hrsg. von Johann Kreuzer. Darmstadt.
Backhaus, Knut (2000): „Maranatha. Unser Herr, komm!" Das Neue Testament über den Sinn der Geschichte, in: Theologie und Glaube 90(2000)93-115.
Bakker, Leo (1970): Freiheit und Erfahrung. Redaktionsgeschichtliche Untersuchungen über die Unterscheidung der Geister bei Ignatius von Loyola, Würzburg.

Balthasar, Hans Urs von (1947): Prometheus. Studien zur Geschichte des deutschen Idealismus, Heidelberg.
Balthasar, Hans Urs von (1965): Herrlichkeit, Bd. III, 1, Teil 2: Neuzeit, Einsiedeln.
Baumert, Norbert (1986): Ehelosigkeit und Ehe im Herrn. Eine Neuinterpretation von 1 Kor 7, Würzburg.
Baumert, Norbert (1989): Zur Unterscheidung der Geister, in: Zeitschrift für katholische Theologie 111(1989)183-191.
Baumert, Norbert (2001): Paulus zur Beziehung der Geschlechter. Zu 1 Kor 6, 12-7,40; 11,3-16; 14,33-36, in: Ders., Studien zu den Paulusbriefen, Stuttgart, 19-42.
Becker, Marcel (2006): Art. „Praxis / Poiesis", in: Jean-Pierre Wils / Christoph Hübenthal (Hgg.): Lexikon der Ethik, Paderborn, 302-305.
Bellarmin, Robert (1601): Disputationes de controversiis christiani fidei, Bd. 3, Ingolstadt.
Berman, Harold (1991): Recht und Revolution. Die Bildung der westlichen Rechtstradition, Frankfurt/M.
Berner, Ulrich (1997): Auslegung der Genesis im Spannungsfeld zwischen Monotheismus und Dualismus, in: Erwin Sedlmayr (Hg.): Schlüsselworte der Genesis II, Berlin, 279-294.
Bigi, Vincenzo Cherubino (1992): Tempo e temporalità in San Bonaventura, in: Doctor Seraphicus 39(1992)65-74.
Bloch, Marc (1982): Die Feudalgesellschaft, Frankfurt/M. 1982.
Blumenberg, Hans (1997): Schiffbruch mit Zuschauer, Frankfurt/M.
Blumenkranz, Bernhard (1948): La parabole de l'enfant prodigue chez Saint Augustin et Saint Césaire de Arles, in: Vigiliae Christianae 2 (1948)102-105.
Bonacker, Marco (2016): Zwischen Genese und Geltung. Religiöse Identität bei John Rawls als Paradigma einer theologischen Ethik, Paderborn.
Bonaventura (1961): Itinerarium mentis in Deum – Pilgerbuch der Seele zu Gott, eingeleitet und übersetzt von Julian Kaup, München.
Bonino, Serge-Thomas (2015): Brève histoire de la philosophie latine au Moyen Âge, Fribourg.
Boyer, Charles (1920): Christianisme et néo-platonisme dans la formation de Saint Augustin, Paris.
Bozzolo, Andrea (2015): Fede dei nubendi e forma del consenso. Due questioni aperte nella teologia del matrimonio, in: Teologia 40(2015)212-249.
Brague, Rémi (2006): Die Weisheit der Welt. Kosmos und Welterfahrung im westlichen Denken, München.
Bremond, Henri (1935): Histoire littéraire du sentiment religieux en France, Bd. 1, Paris.
Bretschneider, Wolfgang (1978): Die Parabel vom verlorenen Sohn. Die biblische Geschichte in der Entwicklung der europäischen Literatur, Berlin.

Brieskorn, Norbert (1997): Das Grundgesetz in seinem Verhältnis zur abendländischen Theologie, in: Jakob Kraetzer (Hg.): Das Menschenbild des Grundgesetzes. Philosophische, juristische und theologische Aspekte, Berlin, 27-47.
Brown, Peter (1994): Die Keuschheit der Engel. Sexuelle Entsagung, Askese und Körperlichkeit im frühen Christentum, München.
Bubner, Rüdiger (1982): Handlung, Sprache und Vernunft, Frankfurt/M.
Büchner, Christine (2010): Wie kann Gott in der Welt wirken? Überlegungen zu einer theologischen Hermeneutik des Sich-Gebens, Freiburg/Br.
Burckhardt, Jacob (1928): Die Kultur der Renaissance in Italien, Leipzig.
Burke, Peter (1996): Städtische Kultur in Italien zwischen Hochrenaissance und Barock, Frankfurt/M.
Burke, Peter (1996): Die Geschicke des „Hofmanns". Zur Wirkung eines Renaissance-Breviers über angemessenes Verhalten, Berlin.
Carpin, Attilio (1991): Il sacramento del matrimonio nella teologia medievale. Da Isidoro da Siviglia a Tommaso d'Aquino, Bologna.
Carpin, Attilio (2014): Indissolubilità del Matrimonio. La Tradizione della Chiesa Antica, Bologna .
Carreri, Giovanni (1997): Der Künstler, in: Rosario Villari (Hg.): Der Mensch des Barock, Frankfurt/M., 313-318.
Casarella, Peter (2006): Selbstgestaltung des Menschen nach Nikolaus von Kues und modernes Verständnis des Menschen. Aufgezeigt an Hans-Georg Gadamer, in: Mitteilungen und Forschungsbeiträge der Cusanus-Gesellschaft 31(2006) 29-52.
Castiglione, Baldassare (1996): Der Hofmann. Lebensart in der Renaissance, Berlin 1996.
Chantraine, Georges (1987): Ignatius von Loyola und die Reformation, in: Internationale katholische Zeitschrift Communio 16(1987)500-512.
Chaunu, Pierre (1991): Bartolomé de Las Casas, Francisco de Vitoria und die Entdeckung Amerikas, in: Internationale katholische Zeitschrift Communio 20(1991)195-203.
Chenu, Marie-Dominique (1957): La théologie au douzième siècle, Paris.
Chiarinelli, Lorenzo (2014): Il lignum vitae di san Bonaventura, in: Doctor Seraphicus 62(2014)65-72.
Chiodi, Maurizio (2015): La teologia morale matrimoniale. Interpretazione storico-sistematica del concilio Vaticano II, in: Teologia 40(2015)182-211.
Clark, Elizabeth A. (1986): „Adam's Only Companion": Augustine and the Early Christian Debate on Marriage, in: Recherches Augustiniennes XXI(1986)139-162.
Clévenot, Michel (1997): Licht und Schatten – das Zeitalter des Barock, Luzern.
Cohn, Norman (1998): Die Sehnsucht nach dem Millenium. Apokalyptiker, Chiliasten und Propheten im Mittelalter, Freiburg/Br.

Corecco, Eugenio (1974): Die Lehre von der Untrennbarkeit des Ehevertrags vom Sakrament im Lichte des scholastischen Prinzips „gratia perficit, non destruit naturam", in: Archiv für katholisches Kirchenrecht 143(1974)379-442.
Corrignan, Francois (1989): La spiritualité de Francois de Sales. Un chemin de vie, Paris 1989.
Courth, Franz (1993): Die Logik der Gottesliebe. Zum Theologieverständnis des hl. Bernhard von Clairvaux, in: Forum katholische Theologie 9(1993)11-22.
Corvino, Francesco (2006): Bonaventura di Bagnoregio, francescano e pensatore, Roma.
Crouzel, Henri (1955): Théologie de l'image de Dieu chez Origène, Paris.
Crouzel, Henri (1986) Origene, Roma.
Cruciani, Maria (2013): Teologia dell'affettività coniugale: La forma cristica della fedeltà in una prospettiva rinnovata delle virtù, Assisi.
Dautzenberg, Gerhard (1989): Pheugete ten porneian (1 Kor 6, 18). Eine Fallstudie zur paulinischen Sexualethik in ihrem Verhältnis zur Sexualethik des Frühjudentums, in: Helmut Merklein (Hg.): Neues Testament und Ethik, Freiburg/Br., 271-298.
Deissler, Alfons (1985): Wer bist du, Mensch?, Freiburg/Br.
Deleuze, Gilles (1995): Die Falte: Leibniz und der Barock, Frankfurt/M.
Demandt, Alexander (2002): Über allen Wipfeln. Der Baum in der Kulturgeschichte, Köln.
Deming, Will (2004): Paul on Marriage and Celibacy. The Hellenistic Background of 1 Corinthians 7, Grand Rapids.
Demmer, Klaus (1961): Ius Caritatis. Zur christologischen Grundlegung der augustinischen Naturrechtslehre, Roma.
Demmer, Klaus (1976): Entscheidung und Verhängnis. Die moraltheologische Lehre von der Sünde im Licht christologischer Anthropologie, Paderborn.
Demmer, Klaus (1988): Die Lebensgeschichte als Versöhnungsgeschichte. Ein paradigmatisches Thema spiritueller Moraltheologie, in: Freiburger Zeitschrift für Philosophie und Theologie 31(1988)375-398.
Demmer, Klaus (1999): Fundamentale Theologie des Ethischen, Fribourg.
Demmer, Klaus (2009): Erfahrung der Sünde in der Hoffnung, in: Theologie und Glaube 99(2009)291-309.
Demmer, Klaus (2011): Moraltheologische Kasuistik – ein umstrittenes Erbe, in: Theologie und Glaube 101(2011)250-264.
Demmer, Klaus (2014): Selbstaufklärung theologischer Ethik, Paderborn.
Denzinger, Heinrich (2014): Kompendium der Glaubensbekenntnisse und kirchlichen Lehrentscheidungen. Hrsg. von Peter Hünermann. 44. Aufl., Freiburg i. Br.
Díaz, Rafael (2015): Natur und Gnade in der Ehe, in: Stefan Mückl (Hg.)(2015): Ehe und Familie. Die „anthropologische Frage" und die Evangelisierung der Familie, Berlin, 53-74.

Dinzelbacher, Peter (1994): Mittelalterliche Sexualität – die Quellen, in: Ders. (Hg.), Die Privatisierung der Triebe. Sexualität in der frühen Neuzeit, Frankfurt/M., 47-110.
Disse, Jörg (2001): Kleine Geschichte der abendländischen Metaphysik. Von Platon zu Hegel, Darmstadt.
Dodaro, Robert (2004): Christ and the just society in the thought of Augustine, Cambridge.
Dohmen, Christoph (1996): Schöpfung und Tod. Die Entfaltung theologischer und anthropologischer Konzeptionen in Gen 2/3, (SBB 35) Stuttgart.
Drees, Susanne (2011): Calvins Prädestinationslehre und ihre Rezeption im Calvinismus, in: Michael Basse (Hg.): Calvin und seine Wirkungsgeschichte, Berlin, 119-141.
Duchrow, Ulrich (1970): Christenheit und Weltverantwortung. Traditionsgeschichte und systematische Struktur der Zweireichelehre, Stuttgart.
Dünzl, Franz (2015): Fremd in dieser Welt? Das frühe Christentum zwischen Weltdistanz und Weltverantwortung, Freiburg.
Dupré, Louis (1997): Jansenismus und Quietismus, in: Bernard McGinn (Hg.) (1997): Geschichte der christlichen Spiritualität, Bd. 3, Würzburg, 145-167.
Eder, Karl (1949): Die Geschichte der Kirche im Zeitalter des konfessionellen Absolutismus (1555-1648), Wien.
Eickhoff, Georg (1987): Christliche Abenteurer. Narrheit und Ritterlichkeit bei Ignatius von Loyola und Don Quijote von der Mancha, in: Geist und Leben 60(1987)284-298.
Elias, Norbert (1969): Die höfische Gesellschaft, Neuwied.
Elias, Norbert (1997): Die höfische Gesellschaft. Untersuchungen zur Soziologie des Königtums und der höfischen Aristokratie, Frankfurt/M.
Ellis, Edward J. (2007): Paul and Ancient Views of Sexual Desire: Paul's Sexual Ethics in 1 Thessalonians 4,1, 1 Corinthians 7 and Romans 1, London.
Endara, Miguel A. (2015): Imaging God through Marital Unity, in: The Heythrop Journal 56(2015)723-733.
Eßer, Kajetan / Grau, Engelbert (1966): Der Bund des hl. Franziskus mit der Herrin Armut, Werl.
Falkner, Andreas (1988): Was las Iñigo de Loyola auf seinem Krankenlager? Zum Prooemium der „Vita Jesu Christi", in: Geist und Leben 61(1988)258-264.
Ferrari, Leo Charles (1971): Symbols of Sinfullness in book 2 of Augustine's Confessions, in: Augustinian Studies 2(1971)93-104.
Ferrari, Leo Charles (1977): The theme of the prodigal son in Augustine's „Confessions", in: Recherches Augustiniennes 12(1977)105-118.
Ferrisi, Pietro Antonio (2015): Carne, corpo, esistenza nella teologia agostiniana, in: Rivista di Ascetica e Mistica 40(2015)403-424.
Fiedler, Peter (2010): Sexualität, Stuttgart.

Flasch, Kurt (1980): Nikolaus von Kues und Pico della Mirandola, in: Mitteilungen und Forschungsbeiträge der Cusanusgesellschaft 14(1980)113-120.
Flasch, Kurt (1995): Logik des Schreckens. Augustinus von Hippo, Die Gnadenlehre von 397, Mainz.
Flasch, Kurt (2004): Eva und Adam. Wandlungen eines Mythos, München.
Flasch, Kurt (2013): Augustin. Einführung in sein Denken, Stuttgart.
Flemming, Willi (1913): Geschichte des Jesuitentheaters in den Landen deutscher Zunge, Berlin.
Flood, David (1977): Art. „Armut", in: Theologische Realenzyklopädie I (1977)88-98.
Forthomme, Bernard (2014): Histoire de la Théologie Franciscaine. De saint Francois d'Assise à nos jours, Clamecy .
Franz von Sales (1958): Über die Gottesliebe, Einsiedeln.
Freund, Walter (1957): Modernus und andere Zeitbegriffe des Mittelalters, Köln.
Frevel, Christian (2006): Wie Tau aus dem Schoß des Morgenrots. Zur Würde des Menschen nach dem Alten Testament, in: Internationale Katholische Zeitschrift Communio 36(2006)120-131.
Frick, Eckhard (1991): Nicht begrenzt werden vom Größten... Die Wandlung des Iñigo de Loyola aus der Sicht der Narzißmusforschung, in: Geist und Leben 64(1991)272-285.
Friedell, Egon (1996): Kulturgeschichte der Neuzeit, München.
Fuchs, Hans Jürgen (1977): Entfremdung und Narzißmus. Semantische Untersu-chungen zur Geschichte der „Selbstbezogenheit" als Vorgeschichte von französisch „amour propre", Stuttgart.
Fuchs, Josef (1949): Die Sexualethik des hl. Thomas von Aquin, Köln.
Garcia y Garcia, Antonio (1991): Die Herausforderung der Neuen Welt und die Vordenker Francisco de Vitorias, in: Internationale katholische Zeitschrift Communio 29(1991)204-213.
Garcia Mateo, Rogelio (1991): Ignatius von Loyola – Mystik und Dramatik. Zur geistigen Gestalt der Geistlichen Übungen, in: Stimmen der Zeit 209(1991)345-356.
Garcia Mateo, Rogelio (1992): Universelles Völkerrecht. Francisco de Vitorias Anschauung einer Weltgemeinschaft, in: Stimmen der Zeit 210(1992)831-840.
Gatti, Roberto (2012): Storie dell'Anima. Le Confessioni di Agostino e Rousseau, Brescia.
Gerken, Alexander (1963): Theologie des Wortes. Das Verhältnis von Schöpfung und Inkarnation bei Bonaventura, Düsseldorf
Gerl-Falkovitz, Hanna Barbara (1989): Pax Christiana. Friedensvisionen des Renaissancehumanismus, in: Internationale katholische Zeitschrift Communio 18(1989)143-154.
Gerl-Falkovitz, Hanna-Barbara (1994): „Das Ich ist dem Jupiter ähnlich": Zur Anthropologie der Renaissance, in: Dies., Die zweite Schöpfung

der Welt. Sprache, Erkenntnis, Anthropologie der Renaissance, Mainz, 145-198.

Gerl-Falkovitz, Hanna-Barbara (2016): Verzeihung des Unverzeihlichen. Anmerkun-gen zu Schuld und Vergebung, in: Internationale katholische Zeitschrift Communio 45(2016)250-259.

Gerwing, Manfred (1986): Malogranatum oder der dreifache Weg zur Vollkommenheit. Ein Beitrag zur Spiritualität des Spätmittelalters, München.

Gerwing, Manfred (2015): Devotio moderna, oder: Zur Spiritualität des Mittelalters, in: Ders., Glaube in Geschichte und Gegenwart, Münster, 249-269.

Gerwing, Manfred (2015): „Multas autem figuras facit". Zum Menschenverständnis des Nikolaus von Kues, in: Ders., Glaube in Geschichte und Gegenwart, Münster, 187-205.

Gide, André (1951): Le Retour de l'enfant prodigue (1907), Paris.

Gillner, Matthias (1996):Bartolomé de Las Casas und die Eroberung des indianischen Kontinents. Das friedensethische Profil eines weltgeschichtlichen Umbruchs aus der Perspektive eines Anwalts der Unterdrückten, Stuttgart.

Gilson, Étienne (1974): La philosophie de saint Bonaventure, Paris 1974.

Gilson, Étienne (2005): Les métamorphoses de la cité de Dieu, Paris 2005.

Ginters, Rudolf (1973): Versprechen und Geloben. Begründungsweisen ihrer sittlichen Verbindlichkeit, Düsseldorf.

Ginters, Rudolf (1976): Die Ausdruckshandlung. Eine Untersuchung ihrer sittlichen Bedeutsamkeit, Düsseldorf.

Görg, Manfred (2012): Beobachtungen zu den biblischen Bildern vom „Garten (in) Eden", in: Münchner Theologische Zeitschrift 63(2012)98-108.

Goertz, Stephan (2010): Gratia supponit naturam. Theologische Lektüren, praktische Implikationen und interdisziplinäre Anschlußmöglichkeiten eines Axioms, in: Ottmar John / Magnus Striet (Hgg.): „...und nichts Menschliches ist mir fremd." Theologische Grenzgänge, Regensburg, 221-243.

Goody, Jack (1989): Die Entwicklung von Ehe und Familie in Europa, Frankfurt/M.

Gradl, Hans-Georg (2102): Echos aus Eden. Die Vorstellung und Botschaft vom Paradies im Neuen Testament, in: Münchner Theologische Zeitschrift 63(2012)122-133.

Graf, Philipp (2016): Auf Gottsuche in der Welt. Ignatianische Mystik und nachhaltiger Lebensstil, in: Geist und Leben 89(2016)39-44.

Granados, José (2014): The sacramental Character of Faith: Consequences for the Question of the Relation between Faith and Marriage, in: Communio. International Catholic Review 41(2014)245-268.

Gregor von Rimini (2010): Moralisches Handeln und rechte Vernunft. Kommentar zu den Distinktionen 34-37 des zweiten Sentenzenbuches, eingeleitet und übersetzt von Isabelle Mandrella, Freiburg/Br.
Gregory, Eric (2010): Politics and the Order of Love: An Augustinian Ethic of Democratic Citizenship, Chicago.
Greshake, Gisbert (1972): Gnade als konkrete Freiheit. Eine Untersuchung zur Gnadenlehre des Pelagius, Mainz.
Greshake, Gisbert (1986): Gott in allen Dingen finden. Schöpfung und Gotteserfahrung, Freiburg/Br.
Guardini, Romano (1951): Der Herr (1937), Würzburg.
Guardini, Romano (1967): Freiheit, Gnade, Schicksal (1948), München 1967.
Guardini, Romano (1985): Berichte über mein Leben. Autobiographische Aufzeichnungen, Düsseldorf 1985.
Guardini, Romano (1987): Der Anfang aller Dinge. Meditationen über Genesis Kapitel 1-3, Mainz.
Guardini, Romano (1989): Augustinus. Der innere Vorgang in seinen Bekenntnissen (1935), Mainz.
Guitton, Jean (1933): Le Temps et Eternité chez Plotin et Saint Augustine, Paris.
Gurjewitsch, Aaron J. (1994): Das Individuum im europäischen Mittelalter, München.
Gutiérrez, Gustavo (1990): Gott oder das Gold. Der befreiende Weg des Bartolomé de Las Casas, Freiburg/Br.
Hart, Mark D. (1990): Reconciliation of Body and Soul: Gregory of Nyssa's Deeper Theology of Marriage, in: Theological Studies 51(1990)450-478.
Hartenstein, Friedhelm (2005): „Und sie erkannten, dass sie nackt waren..." (Gen 3,7). Beobachtungen zur Anthropologie der Paradieserzählung, in: Evangelische Theologie 65(2005)277-293.
Hattrup, Dieter (1993): Ekstatik der Geschichte. Die Entwicklung der christologischen Erkenntnislehre Bonaventuras, Paderborn.
Hauke, Manfred (1993): Heilsverlust in Adam. Stationen griechischer Erbsünden-lehre: Irenäus – Origenes – Kappadozier (KKTS 58), Paderborn.
Heim, Maximilian Heinrich (2011): Ekklesiologische Linien in den Bonaventura-Studien Joseph Ratzingers, in: Marianne Schlosser / Franz-Xaver Heibl (Hgg.): Gegenwart der Offenbarung. Zu den Bonaventura-Forschungen Joseph Ratzingers, Regensburg, 104-115.
Henrici, Peter (1991): Tränen als Trost. Zur geistlichen Lehre des Ignatius von Loyola, in: Internationale katholische Zeitschrift Communio 20(1991)420-427.
Henry, Michel (2011): Inkarnation. Eine Philosophie des Fleisches, Freiburg/Br.
Herzgsell, Johannes (1997): Ignatius und der barmherzige Gott, in: Geist und Leben 70(1997)279-292.

Hildesheimer, Francoise (1992): Le Jansénisme, Paris.
Hillenaar, Henk (2002): L'Augustinisme de Fénelon face à l'Augustinisme des Jansénistes, in: Hartmut Lehmann u.a. (Hgg.): Jansenismus, Quietismus, Pietismus, Göttingen, 40-53.
Hobbes, Thomas (1984): Leviathan, Frankfurt/M.
Höffner, Joseph (1972): Kolonialismus und Evangelium. Spanische Kolonialethik im Goldenen Zeitalter, Trier.
Höver, Gerhard (1997): Leiden, Münster.
Hoffmann, Fritz (1998): Ockham-Rezeption und Ockham-Kritik im Jahrzehnt nach Wilhelm von Ockham in Oxford 1322-1332 (Beiträge zur Geschichte der Philosophie und Theologie des Mittelalters NF 50), Münster.
Hoffmann, Monika (2001): Selbstliebe. Ein grundlegendes Prinzip von Ethos, Paderborn.
Holzapfel, Heinrich (1903): Die Anfänge der Montes Pietatis 1462-1515, München.
Hoye, William (2002): Würde des Menschen – Licht der Vernunft. Thomas von Aquin über den Kern der Moral, Münster.
Hunter, David G. (2007): Marriage, Celibacy, and Heresy in Ancient Christianity. The Jovinianist Controversy, Oxford.
Ignatius von Loyola(1977): Der Bericht des Pilgers, Freiburg/Br.
Ignatius von Loyola (2010): Die Exerzitien. 14. Aufl., Einsiedeln.
Inselmann, Anke (2007): Affektdarstellung und Affektwandel in der Parabel vom Vater und seinen beiden Söhnen. Eine textpsychologische Exegese von Lk 15, 11-32, in: Gerd Theißen / Petra von Gemünden (Hgg.): Erkennen und Erleben. Psychologische Beiträge zur Erforschung des Urchristentums, Gütersloh, 271-300.
Jankélévitch, Vladimir (2003): Pardonner?, in: Ders., Das Verzeihen, hg. von Ralph Konersmann, Frankfurt/M., 243-282.
Janowski, Bernd (2005): Der Mensch im alten Israel. Grundfragen alttestamentlicher Anthropologie, in: Zeitschrift für Theologie und Kirche 101(2005)143-175.
Jeanrond, Werner G. (2010): A Theology of Love, London / New York.
Johannes Paul II. (1981): Apostolisches Schreiben „Familiaris consortio", Roma / Bonn.
Johnston, Eric (2015): „Natural", „Family", „Planning", and Thomas Aquinas's Teleological Understanding of Marriage, in: The Thomist 79(2015)265-314.
Kaiser, Gerhard / Mathys, Hans-Peter (2015): Il libro di Giobbe: poesia come teologia, Brescia.
Kamlah, Wilhelm (1935): Apokalypse und Geschichtstheologie. Die mittelalterliche Auslegung der Apokalypse vor Joachim von Fiore, Berlin.
Kamlah, Wilhelm (1951): Christentum und Geschichtlichkeit. Untersuchungen zur Entstehung des Christentums und zu Augustins Bürgerschaft Gottes, Köln.

Kennedy, Terence (2015): Marriage in the Theology of St. Thomas Aquinas, in: Studia Moralia 53(2015)61-82.
Kleber, Karl-Heinz (1985): Einführung in die Geschichte der Moraltheologie, Passau.
Van Kley, Dale K. (1996): The Religious Origins of the French Revolution. From Calvin to the Civil Constitution, 1560-1791, New Haven.
Kligerman, Charles (1957): A Psychoanalytical Study of the Confessions of St. Augustine, in: Journal of the American Psychoanalytic Association 5(1957)469-484.
Klinge, Hendrik (2016): Politische Ethik sub specie aeternitatis, Überlegungen zum Verhältnis von Eschatologie und politischer Theologie im 20. Jahrhundert, in: Marie-Christine Kajewski / Jürgen Manemann (Hgg.): Politische Theologie und Politische Philosophie, Baden-Baden, 175-189.
Knieps-Port le Roi, Thomas (2010): Die Ehe als Prozeß aus sakramententheologischer Perspektive, in: Zeitschrift für katholische Theologie 132(2010)273-292.
Knox, Ronald A. (1957): Christliches Schwärmertum. Ein Beitrag zur Religionsgeschichte, Köln.
Köpf, Ulrich (2002): Bernhard von Clairvaux. Monastische Theologie, in: Ders. (Hg.), Theologen des Mittelalters, Darmstadt, 79-95.
Köster, Peter (1999): Zur Freiheit befähigen. Kleiner Kommentar zu den großen Exerzitien des hl. Ignatius von Loyola, Leipzig .
Kolbinger, Florian (2011): Tempus, aevum, aeternitas. Einige Gedanken zu Bonaventuras Begriff von Zeit und Ewigkeit, in: Marianne Schlosser / Franz-Xaver Heibl (Hgg.): Gegenwart der Offenbarung, Zu den Bonaventura-Forschungen Joseph Ratzingers, Regensburg, 166-206.
Kremer, Jakob (1990): Der barmherzige Vater. Die Parabel vom verlorenen Sohn (Lk 15, 11-32) als Antwort Gottes auf die Fragen der Menschen zu „Leid – Schuld – Versöhnung", in: Paulus Gordan (Hg.) (1990), Leid – Schuld – Versöhnung: die Vorlesungen der Salzburger Hochschulwochen 1989, Graz 1990, 91-117.
Krings, Hermann (1999): Der Preis der Freiheit. Zum Verhältnis von Idee und Wirklichkeit der Freiheit im 20. Jahrhundert, in: Ders., System und Freiheit. Gesammelte Aufsätze, Freiburg/Br. 209-230.
Kristeva, Julia (2007): Geschichten von der Liebe, Frankfurt/M.
Kristeva, Julia (2013): Fremde sind wir uns selbst, Frankfurt/M.
Krüger, Thomas (2008): Sündenfall? Überlegungen zur theologischen Bedeutung der Paradiesgeschichte, in: Konrad Schmid / Christoph Riedweg (Hgg.): Beyond Eden. The Biblical Story of Paradise (Genesis 2-3) and its Reception History, Tübingen, 95-109.
Kübel, Paul (2007): Metamorphosen der Paradieserzählung, Göttingen 2007.
Kutzer, Mirja (2015): Gottesliebe – Menschenliebe. Zum Zusammenhang von Theologie und Anthropologie, in: Theologisch-praktische Quartalschrift 163(2015)368-378.

Kuzmicki, Tadeusz (2015): Umkehr und Grundentscheidung. Die moraltheologische optio fundamentalis im neueren ökumenischen Gespräch, Regensburg.
Ladaria, Luis F. (1995): Antropologia teologica, Casale Monferrato.
Lafond, Jean (1993): Die Theorie der Leidenschaften und des Geschmacks, in: Jean-Pierre Schobinger (Hg.): Die Philosophie des 17. Jahrhunderts, Bd. 2, Basel, 167-198.
Lagny, Anne (2002): Francke, Madame Guyon, Pascal: drei Arten der „écriture de moi", in: Hartmut Lehmann u.a. (Hgg.): Jansenismus, Quietismus, Pietismus, Göttingen, 119-135.
Lamberigts, Matthijs (2014): Augustine's View on Love as Grace in the Controversy with Julian of Aeclanum, in: Augustiniana 64(2014)75-91.
Lambert, Malcolm (1961): Franciscan Poverty, The Doctrine of the absolute Poverty of Christ and the Apostles in the Franciscan Order 1210-1323, London.
Lambert, Willi (1991): Aus Liebe zur Wirklichkeit. Grundworte ignatianischer Spiritualität, Mainz.
Lambertini, Roberto (2000): La povertà pensata. Evoluzione storica della definizione dell'identità minorita da Bonaventura a Ockham, Modena.
Landmesser, Christoph (2002): Die Rückkehr ins Leben nach dem Gleichnis vom verlorenen Sohn (Lukas 15, 11-32), in: Zeitschrift für Theologie und Kirche 99(2002)239-261.
Langemeyer, Georg B. (1984): Als Mann und Frau leben. Biblische Perspektiven der Ehe, Zürich.
Lane Fox, Robin (2015): Augustine: Conversion to Confession, New York.
Le Brun, Jacques (1993): Die französische Mystik und die Philosophie: Einleitung, in: Jean-Pierre Schobinger (Hg.): Die Philosophie des 17. Jahrhunderts, Bd. 2, Basel 1993,839-872.
Leftow, Brian: Time and Eternity, Ithaca / London 2009.
Lehmann, Leonhard (2011): Das Franziskusbild Bonaventuras in den Studien Joseph Ratzingers, in: Marianne Schlosser / Franz-Xaver Heibl (Hgg.): Gegenwart der Offenbarung. Zu den Bonaventura-Forschungen Joseph Ratzingers, Regensburg, 116-151.
Leinkauf, Thomas (2005): Nicolaus Cusanus und Bonaventura. Zum Hintergrund von Cusanus' Gottesname possest, in: Recherches de Théologie et Philosophie Mediévales 72(2005)113-132.
Leppin, Hartmut (2009): Politik und Pastoral – Politische Ordnungsvorstellungen im frühen Christentum, in: Friedrich-Wilhelm Graf / Klaus Wiegandt (Hgg.): Die Anfänge des Christentums, Frankfurt/M., 308-338.
Leppin, Volker (2015): Ehe bei Martin Luther. Stiftung Gottes und „weltlich ding", in: Evangelische Theologie 75(2015)22-33.
Leppin, Volker (2016): Die fremde Revolution. Luthers mystische Wurzeln, München.

Leuenberger, Robert (1985): „Gott in der Hölle lieben." Bedeutungswandel einer Metapher im Streit Fénelons mit Bossuet um den Begriff des „amour pur", in: Zeitschrift für Theologie und Kirche 82(1985)153-172.
Lévinas, Emmanuel (1993): Totalität und Unendlichkeit, Freiburg/Br.
Levermann, Aloisia M. (2009): Wachsen in der Gottesfreundschaft. Theologie des Verdienstes bei Thomas von Aquin, Freiburg/Br.
Lintner, Martin (2016): Kultivierung der Sexualität. Über das vierte Kapitel der Augustinusregel, in: Geist und Leben 89(2016)29-38.
Loader, William (2005): Sexuality and the Jesus Tradition, Grand Rapids.
Loader, William (2010): Sexuality in the New Testament, Understanding the Key Texts, London.
de Lubac, Henri (1979/1981): La posterité spirituelle de Joachim de Flore, 2 Bde, Paris 1979/1981.
de Lubac, Henri (2006/2007): Die Freiheit der Gnade. 2. Bde, Einsiedeln.
Lutterbach, Hubertus (1999): Sexualität im Mittelalter. Eine Kulturstudie anhand von Bußbüchern des 6.-12. Jahrhunderts, Frankfurt/M. 1999.
Lutterbach, Hubertus (2003): Die mittelalterlichen Bußbücher, in: Zeitschrift für Kirchengeschichte 114(2003)227-244.
Maier, Peter M. (2006): Einleitung, in: Ders., (Hg.), P. Augustinus Turrianus: Comoedia de Divi Augustini pueritia et adolescentia (Paderborn 1604), Aachen 2006, 7-13.
Maldamé, Jean-Michel (2008): Le péché originel. Foi chrétienne, mythe et métaphysique, Paris.
Marceau, William (1973): L'optimisme dans l'oeuvre de saint Francois de Sales, Paris.
Marion, Jean-Luc (2015): Gabe und Verzeihung. Die Rückkehr des verlorenen Sohnes, in: Walter Schweidler / Émilie Tardivel (Hgg.): Gabe und Gemeinwohl. Die Unentgeltlichkeit in Ökonomie, Politik und Theologie: Jean-Luc Marions Phänomenologie in der Diskussion, München, 155-165.
Maron, Gottfried (2001): Ignatius von Loyola. Mystik – Theologie – Kirche, Göttingen.
Marquard, Odo (1978): Glück im Unglück. Zur Theorie des indirekten Glücks zwischen Theodizee und Geschichtsphilosophie, in: Günther Bien (Hg.), Die Frage nach dem Glück, Stuttgart, 93-111.
Marquard, Odo (1996): Neuzeit vor der Neuzeit? Zur Entdramatisierung der Mittelalter-Neuzeit-Zäsur, in : Jan P. Beckmann u.a. (Hgg.): Philosophie im Mittelalter. Entwicklungslinien und Parallelen, Hamburg, 369-374.
Marquard, Odo (2015): Der angeklagte und der entlastete Mensch in der Philosophie des 18. Jahrhunderts, in: Ders.: Abschied vom Prinzipiellen, Stuttgart, 39-66.
Marramao, Giovanni (1989): Macht und Säkularisierung, Frankfurt/M.
Marramao, Giovanni (1996): Die Säkularisierung der westlichen Welt, Frankfurt/M.

Marschler, Thomas (2015): Thomas von Aquin über die Barmherzigkeit, in: George Augustin / Markus Schulze (Hgg.): Freude an Gott. Auf dem Weg zu einem lebendigen Glauben (FS K. Koch), Freiburg/Br. 2015, 93-112.

Martinek, Martina (1996): Wie die Schlange zum Teufel wurde. Die Symbolik in der Paradiesgeschichte von der hebräischen Bibel bis zum Koran (StOR 37) Wiesbaden.

Mausbach, Joseph (1929): Die Ethik des heiligen Augustinus, 2 Bde, Freiburg/Br.

May, Alistair S. (2004): The Body for the Lord: Sex and Identity in 1 Corinthians 5-7, London.

McGinn, Bernard (1999): Die Mystik im Abendland, Bd. 3, Freiburg/Br.

McGoldrick, Terence (2015): The ascent of Marriage as Vocation and Sacrament. Francis de Sales' Christian Humanist Theology of Marriage, in: Salesianum 77(2015)207-249.

Meng, Wilhelm (1997): Narzißmus und christliche Religion, Zürich.

Meier, Johannes / Nebgen, Christoph (2010): Religion und Armut. Die historische Entwicklung des Armutsstreits in den ersten beiden Jahrhunderten der franziskanischen Bewegung, in: Christian Spieß (Hg.): Freiheit – Natur – Religion. Studien zur Sozialethik, Paderborn, 457-474.

Meissner, William W. (1997): Ignatius von Loyola. Psychogramm eines Heiligen. Aus dem Amerikanischen von Elisabeth Dieckmann, Freiburg/Br.

Melani, Gaudenzio (1963): Introduzione, in: Bonaventura, Itinerario della mente in Dio, Città di Castello.

Melani, Gaudenzio (1968): Ispirazione e aspetti filosofici nell' „Itinerarium mentis in Deum" di san Bonaventura, in: Doctor Seraphicus 15(1968)2-17.

Métral, Marie O. (1981): Die Ehe. Analyse einer Institution, Frankfurt/M.

Menke, Karl-Heinz (1995): Devotio moderna und Devotio postmoderna, in: Internationale katholische Zeitschrift Communio 24(1995)61-72.

Miethke, Joachim (1969): Ockhams Weg zur Sozialphilosophie, Berlin.

della Mirandola, Pico (1992): Über die Würde des Menschen, Zürich.

Moltmann, Jürgen (2001): Fortschritt und Abgrund. Erinnerungen an die Zukunft der Moderne, in: Orientierung 65(2001)6-9.

Müller, Michael (1954): Die Lehre des hl. Augustinus von der Paradiesesehe und ihre Auswirkung in der Sexualethik des 12. und 13. Jahrhunderts bis Thomas von Aquin, Regensburg.

Münch, Christian (2009): Der barmherzige Vater und die beiden Söhne (Lk 15, 11-32): Annäherungen an eine allzu bekannte Geschichte, in: Internationale katholische Zeitschrift Communio 38(2009)481-493.

Münk, Hans J. (2011): Sexualpessimismus im Kontext der Erbsündenlehre. Gedanken im Anschluß an die Ehelehre des Hl. Augustinus, in: Konrad Hilpert (Hg.): Zukunftshorizonte katholischer Sexualethik, Freiburg/Br., 72-84.

Neiman, Susan (2006): Das Böse denken, Frankfurt/M.
Nemo, Philippe (2001): Job et l'excès du mal, Paris.
Nemo, Philippe (2005): Was ist der Westen? Die Genese der abendländischen Zivilisation, Tübingen.
Nemo, Philippe (2014): Esthéthique de la liberté, Paris.
Nikolaus von Kues (2000): Vis creativa: Grundlagen eines modernen Menschenbildes. Eine lateinische Auswahl. Eingeleitet, erläutert und herausgegeben von H. Schwaetzer, Münster.
Nisula, Timo (2012): Augustine and the Functions of Concupiscence (SVigChr 116), Leiden / Boston.
Nygren, Anders (1927): Eros und Agape. Gestaltwandlungen christlicher Liebe, Gütersloh.
Oberman, Heiko A. (1967): The Tridentine Decree on Justification in the Light of Late Medieval Theology, in: Journal for Theology and the Church 3(1967)28-54.
Oberman, Heiko A. (1992): Duns Scotus, Nominalism, and the Council of Trent, in: Ders., The Dawn of the Reformation: Essays in Late Medieval and Early Reformation Thought, Grand Rapids, 204-233.
Oberman, Heiko A. (2000): The Harvest of Medieval Theology: Gabriel Biel and Late Medieval Nominalism, Grand Rapids.
O'Donovan, Oliver (1980): The Problem of Self-Love in St. Augustine, New Haven.
Oliva, Adriano (2014): Essence et finalité du marriage selon Thomas d'Aquin, in: Revue des Sciences Philosophiques et Théologiques 98(2014)601-668.
Ostmeyer, Karl-Heinrich (2007): Dabeisein ist alles (Der verlorene Sohn) Lk 15, 11-32, in: Ruben Zimmermann (Hg.): Kompendium der Gleichnisse Jesu, Gütersloh, 618-633.
Ostritsch, Sebastian (2015): Welche Ewigkeit wir weder wirklich wollen noch wirklich denken können, in: Zeitschrift für philosophische Forschung 69(2015)306-325.
Pagels, Elaine (1988): Adam, Eve, and the Serpent, New York.
Parisi, Stefana (2014): La caduta di Adamo e la redenzione nel pensiero di san Bonaventura, in: Doctor Seraphicus 62(2014)25-42.
Peperzak, Adrian (2011): Das Begehren: Platon – Augustinus – Bonaventura, in: Tobias Schlicht (Hg.): Zweck und Natur. Historische und systematische Untersuchungen zur Teleologie, München, 37-52.
Perkams, Matthias (2001): Liebe als Zentralbegriff der Ethik nach Peter Abaelard (= Beiträge zur Geschichte und Philosophie des Mittelalters, N.F. 58) Münster.
Pesch, Otto Hermann (1967): Theologie der Rechtfertigung bei Martin Luther und Thomas von Aquin, Mainz.
Pesch, Otto Hermann (1988): Thomas von Aquin, Mainz.
Peterson, Brandon (2015): Critical voices: The reactions of Rahner and Ratzinger to „Schema XIII" (Gaudium et spes), in: Modern Theology 31(2015)1-26.

Pfeffer, Georg (1997): Alter als Kategorie: Der Antagonismus der Brüder, in: Erwin Sedlmayr (Hg.): Schlüsselworte der Genesis II, Berlin, 243-264.

Pfeiffer, Henrik (2000): Der Baum in der Mitte des Gartens. Zum überlieferungsgeschichtlichen Ursprung der Paradieserzählung (Gen 2,4b-3,24), Teil I: Analyse, in: Zeitschrift für alttestamentliche Wissenschaft 112(2000)487-500.

Pfeiffer, Henrik (2001): Der Baum in der Mitte des Gartens. Zum überlieferungsgeschichtlichen Ursprung der Paradieserzählung (Gen 2,4b-3,24), Teil II: Prägende Traditionen und theologische Akzente, in: Zeitschrift für alttestamentliche Wissenschaft 113(2001)2-16.

Pieper, Josef (1962): Über die Liebe, Frankfurt/M.

Pitkin, Barbara (1999): Nothing but Concupiscence: Calvin's Understanding of Sin and the Via Augustini, in: Calvin Theological Journal 34(1999)347-369.

Plessner, Helmuth (1975): Die Stufen des Organischen und der Mensch, Berlin.

Potestà, Gian Luca / Vian, Giovanni (2014): Storia del cristianesimo, Bologna.

Prodi, Paolo (2000): Una storia della giustizia, Bologna.

Pruss, Alexander (2013): One Body: An Essay in Christian Sexual Ethics, Indiana.

Przywara, Erich (1938): Deus semper maior. Theologie der Exerzitien, Bd. I, Freiburg/Br.

Raffelt, Albert (2003): „profectus sum abs te in regionem longinquam" (conf. 4, 30). Das Gleichnis vom „verlorenen Sohn" in den „Confessiones" des Aurelius Augustinus, in: Theologie und Glaube 93(2003)208-22.

Rahner, Hugo (1949): Ignatius von Loyola und das geschichtliche Werden seiner Frömmigkeit, Graz.

Rahner, Hugo (1964): Ignatius von Loyola als Mensch und Theologe, Freiburg/Br.

Rahner, Karl:(1954): Über das Verhältnis von Natur und Gnade, in: Ders. (1954): Schriften zur Theologie Bd. I, Einsiedeln, 323-345.

Raith II., Charles (2014): Aquinas and Calvin on Romans. God's Justification and Our Participation, Oxford.

Rambaux, Claude (1979): Tertullien face aux morales des trois premiers siècles, Paris.

Ratzinger, Joseph (1962): Gratia praesupponit naturam, in: Ders. / Heinrich Fries (Hgg.): Einsicht und Glaube, Freiburg/Br., 135-149.

Ratzinger, Joseph (1969): Zur Theologie der Ehe, in: Ders. (Hg.) : Theologie der Ehe, Regensburg, 81-115.

Ratzinger, Joseph(1997): Heiligenpredigten, München.

Ratzinger, Joseph (2007): Jesus von Nazareth, Bd. I, Freiburg/Br.

Ratzinger, Joseph (2009): Offenbarungsverständnis und Geschichtstheologie Bonaventuras. Habilitationsschrift und Bonaventurastudien (= Gesammelte Schriften Bd. 2), Freiburg/Br.
Ratzinger, Joseph (2014): Zur Frage nach der Unauflöslichkeit der Ehe, in: ders., Einführung in das Christentum (= Gesammelte Schriften Bd. 4), Freiburg/Br. 2014. 600-621.
Ratzinger, Joseph (2014): Einleitung, in: Rudolf Voderholzer (Hg.): Zur Seelsorge wiederverheirateter Geschiedener. Dokumente, Kommentare und Studien der Glaubenskongregation, Würzburg, 13-32.
Reiners, Hans (1966): Grundintention und sittliches Tun, Freiburg/Br.
Riedl, Matthias (2004): Joachim von Fiore. Denker der vollendeten Menschheit, Würzburg.
Rohde, Andreas (2013): Lebensgeschichte und Bekehrung. Leben aus Gottes Anerkennung, Paderborn.
Rosen, Klaus (2015): Augustinus. Genie und Heiliger, Darmstadt.
Rosenstock-Huessy, Eugen (1938): Out of Revolution: The Autobiography of Western Man, New York.
Rosenstock-Huessy, Eugen (1960): Die europäischen Revolutionen und der Charakter der Nationen, Stuttgart.
Rüsenberg, Irmgard (2012): Verbotene Lust. Grenzziehung und Selbstermächtigung im zweiten Schöpfungsbericht, in: Münchner Theologische Zeitschrift 63(2012)109-121.
Ruhstorfer, Karlheinz (1998): Das Prinzip ignatianischen Denkens. Zum geschichtlichen Ort der „Geistlichen Übungen" des Ignatius von Loyola, Freiburg/Br. 1998.
Saarinen, Risto (2014): Liebe, Anerkennung und die Bibel. Die Gabetheorien der heutigen Theologie, in: Jahrbuch für Biblische Theologie 29(2014)321-338.
Salucci, Stefano (2013): Il Sacramento della Nuova Alleanza. Il pensiero maturo di San Tommaso d'Aquino sul Matrimonio, in: Anthropotes 29(2013)323-344.
Sánchez-Navarro, Luis (2013): Marriage Revisited: Reading Matt 19, 3-9 Contextually, in: Anthropotes 29(2013)223-248.
Sand, Alexander (1983): Reich Gottes und Eheverzicht im Evangelium nach Matthäus, Stuttgart.
Sandler, Willibald (2003): Wie kommt das Böse in die Welt? Zur Logik der Sündenfallerzählung, in: Josef Niewiadomski / Nikolaus Wandinger (Hgg.): Dramatische Theologie im Gespräch, Münster, 127-153.
Sandler, Willibald (2007): Hat Gott dem Menschen eine Falle gestellt? Theologie des Sündenfalls und Sündenfall der Theologie, in: Zeitschrift für katholische Theologie 129(2007)437-458.
Scafi, Alessandro (2006): Mapping Paradise – A History of Heaven on Earth, London.
Scalco, Eugenio (1993): „Sacramentum connubii" et institution nuptiale. Une lecture du „De bono coniugali" et du „De sancta virginitate" de S. Augustin, in: Ephemerides Theologicae Lovaniensis 69(1993)27-47.

Schallenberg, Peter (1999): Mystik – Moral – Mission. Innere Bekehrung und äußere Mission bei Franz von Sales, in: Thomas Schäfers u.a. (Hgg.): Zur Mission herausgefordert. Evangelisierung als kirchlicher Auftrag, Paderborn, 137-149.

Schallenberg, Peter (2003): Liebe und Subjektivität. Das Gelingen des Lebens im Schatten des „amour pur" als Programm theologischer Ethik, Münster.

Scheele, Paul-Werner (1999): Abba – Amen: Beten und Leben, Würzburg.

Scheffczyk, Leo (1981): Urstand, Fall und Erbsünde. Von der Schrift bis Augustinus (HDG 2, 3a, 1 Teil), Freiburg/Br.

Schellenberger, Bernhardin (1990): Hinführung, in: Bernhard von Clairvaux, Das Buch über die Gottesliebe, in: Ders. (Hg.): Der Weg der Liebe. Aus der geistlichen Lehre des Bernhard von Clairvaux, Leipzig, 209-218.

Schlegelberger, Bruno (1980): Vor- und außerehelicher Geschlechtsverkehr. Die Stellung der katholischen Moraltheologen seit Alphons von Liguori, Remscheid.

Schilling, Heinz (1994): Luther, Loyola, Calvin und die europäische Neuzeit, in: Archiv für Reformationsgeschichte 85(1994)5-31.

Schlosser, Marianne (2015): Einleitung, in: Dies. (Hg.): Die Gabe der Unterscheidung. Texte aus zwei Jahrtausenden, St. Ottilien, 11-19.

Schmid, Konrad (2002): Die Unteilbarkeit der Weisheit. Überlegungen zur sogenannten Paradieserzählung in Gen 2f. und ihrer theologischen Tendenz, in: Zeitschrift für alttestamentliche Wissenschaft 114(2002)21-39.

Schmidt, Andreas (2015): Taufe, Glauben und Unauflöslichkeit der Ehe, in: Internationale katholische Zeitschrift Communio 44(2015)427-440.

Schnackenburg, Rudolf (1986): Die sittliche Botschaft des Neuen Testaments. Bd. I: Von Jesus zur Urkirche, Freiburg/Br.

Schneider, Michael (1997): Mystik: Zwischen Denken und Erfahrung, Köln.

Schnürer, Gustav (1937): Katholische Kirche und Kultur in der Barockzeit, Paderborn.

Schockenhoff, Eberhard (2012): Der lange Schatten des Augustinus – oder: Was heißt menschenwürdige Sexualität?, in: Internationale katholische Zeitschrift Communio 41(2012)197-212.

Schröder, Winfried (2011): Athen und Jerusalem. Die philosophische Kritik am Christentum in Antike und Neuzeit, Stuttgart – Bad Cannstatt.

Schürmann, Heinz (1990): Neutestamentliche Marginalien zur Frage nach der Institutionalität, Unauflöslichkeit und Sakramentalität der Ehe, in: Ders.: Studien zur neutestamentlichen Ethik, Stuttgart 1990, 119-146.

Schürmann, Heinz (1990): Die Verbindlichkeit konkreter sittlicher Normen nach dem Neuen Testament, bedacht am Beispiel des Eheschei-

dungsverbotes und im Lichte des Liebesgebotes, in: Ders.: Studien zur neutestamentlichen Ethik, Stuttgart, 147-171.
Schuster, Josef (2006): Das Bekenntnis der Sünden. Überlegungen zum Bußsakrament, in: Theologische Revue 102(2006)89-102.
Schwaetzer, Harald (2002): „Semen universale". Die Anthropologie bei Nikolaus von Kues und Giovanni Pico della Mirandola, in: Martin Thurner (Hg.): Nicolaus Cusanus zwischen Deutschland und Italien, Berlin, 555-576.
Schwaibold, Matthias (1988): Mittelalterliche Bußbücher und sexuelle Normalität, in: Ius Commune. Zeitschrift für Europäische Rechtsgeschichte 15(1988)107-129.
Servais, Jacques (1993): Einleitung, in: Ders. (Hg): Hans Urs von Balthasar, Texte zum ignatianischen Exerzitienbuch, Freiburg/Br., 13-46.
Siedentop, Larry (2015): Die Erfindung des Individuums. Der Liberalismus und die westliche Welt, Stuttgart.
Simonis, Walter (1983): Anliegen und Grundgedanke der Gnadenlehre Augustins, in: Münchner Theologische Zeitschrift 34(1983)1-21.
Söding, Thomas (2016): Eine Frage der Barmherzigkeit. Das Gleichnis vom verlorenen Sohn (Lk 15, 11-32), in: Internationale katholische Zeitschrift Communio 45(2016)215-229.
Spaemann, Robert (1990): Reflexion und Spontaneität. Studien zu Fénelon, Stuttgart .
Spaemann, Robert (1996): Personen. Versuche über den Unterschied zwischen „etwas" und „jemand", Stuttgart.
Spaemann, Robert (2001): Einleitung, in: Rolf Schönberger (Hg.): Thomas von Aquin: Über sittliches Handeln. Summa theologiae I-II q. 18-21, Stuttgart, 7-18.
Specht, Rainer (1987): Spanisches Naturrecht – Klassik und Gegenwart, in: Zeitschrift für philosophische Forschung 41(1987)169-182.
Spieckermann, Hermann (2001): Die Liebeserklärung Gottes. Entwurf einer Theologie des Alten Testaments, in: Ders., Gottes Liebe zu Israel. Studien zur Theologie des Alten Testaments (FAT 33), Tübingen, 197-223.
Spira, Gabriele (2015): Paradies und Sündenfall. Stoffe und Motive der Genesis 3-Rezeption von Tertullian bis Ambrosius, Frankfurt/M.
Splett, Jörg (1990): Leben als Mit-sein. Vom trinitarisch Menschlichen, Frankfurt/M.
Steck, Odil Hannes (1970): Die Paradieserzählung. Eine Auslegung von Gen 2,4b-3,24 (Bst 60) Neukirchen-Vluyn.
Steinbüchel, Theodor (1935): Christliches Mittelalter, Leipzig.
Steins, Georg (2015): Zum Ansatzpunkt alttestamentlicher Schöpfungstheologie. Ein Vorschlag in kanonischer Perspektive, in: Theologie der Gegenwart 58(2015)242-260.
Stoeckle, Bernhard (1954): Die Lehre von der erbsündlichen Konkupiszenz in ihrer Bedeutung für das christliche Leibethos, Ettal.

Straub, Eberhard (1991): Spanien und die Neue Welt, in: Internationale katholische Zeitschrift Communio 20(1991)241-250.
Strayer, Joseph R. (1970): On the Medieval Origins of the Modern State, Princeton.
Stumpp, Barbara (1998): Prostitution in der römischen Antike, Berlin.
Sudbrack, Josef (1992): „Gott in allen Dingen finden". Eine ignatianische Maxime und ihr metahistorischer Hintergrund, in: Geist und Leben 65(1992)165-186.
Switek, Günter (1972): „In Armut predigen". Untersuchungen zum Armutsgedanken bei Ignatius von Loyola, Würzburg.
Switek, Günter (1972): Discretio spirituum. Ein Beitrag zur Geschichte der Spiritualität, in: Theologie und Philosophie 47(1972)36-76.
Taylor, Charles (2009): Ein säkulares Zeitalter, Frankfurt/M.
Teichtweier, Georg (1956): Die aszetisch-mystische Methode im Itinerarium mentis in Deum, in: Theologische Quartalschrift 136(1956)436-461.
Tellechea, Ignacio (1991): Ignatius von Loyola. „Allein und zu Fuß". Aus dem Spanischen von Georg Eickhoff, Zürich.
Theiner, Johann (1970): Die Entwicklung der Moraltheologie zur eigenständigen Disziplin, Regensburg.
Theobald, Michael (2001): Röm 1, 26f: Eine paulinische Weisung zur Homosexualität?, in: Ders., Studien zum Römerbrief, Tübingen, 511-518.
Thieme, Karl (1960): Augustinus und der „ältere Bruder". Zur patristischen Auslegung von Lk 15, 25-32, in: Ludwig Lenhart (Hg.): Universitas. Dienst an Wahrheit und Leben, Bd. I, Mainz, 79-85.
Thomas von Aquin (1933ff): Summa theologiae. Vollständige, ungekürzte deutsch-lateinische Ausgabe. Salzburg.
Thomas von Aquin (1974ff): Summa contra gentiles. (Texte zur Forschung, Bd. 16-19), Darmstadt.
Thomke, Hellmut (2002): Die Kritik am Theaterspiel im Pietismus, Jansenismus und Quietismus, in: Hartmut Lehmann u.a. (Hgg.): Jansenismus, Quietismus, Pietismus, Göttingen, 159-171.
Thon, Johannes (2010): Adams Sprache und die Stimme Gottes: Der Zusammenhang von Sprache und Gottebenbildlichkeit in der Urgeschichte, in: Jürgen Tubach u.a. (Hgg.): Sehnsucht nach dem Paradies. Paradiesvorstellungen in Judentum, Christentum, Manichäismus und Islam, Wiesbaden, 49-59.
Todeschini, Giacomo (1996): La banca e il ghetto. Una storia italiana, Roma.
Todeschini, Giacomo (2004): Ricchezza francescana. Dalla povertà volontaria alla società di mercato, Bologna.
Todisco, Orlando (2015): La solidarietà nella libertà. Motivi francescani per una nuova democrazia, Assisi.
Todorov, Tzvetan (1985): Die Eroberung Amerikas. Das Problem des Anderen, Frankfurt/M.

Träger, Jörg (1997): Renaissance und Religion. Die Kunst des Glaubens im Zeitalter Raphaels, München.
Tremblay, Réal (2006): La figura del buon Samaritano, porta d'entrata nell'Enciclica di Benedetto XVI „Deus Caritas est", in: Studia Moralia 44(2006)393-409.
Tremblay, Réal (2012): L'"Esodo" tra protologia ed escatologia, in: Ders. / Stefano Zamboni: Ritrovarsi donandosi. Alcune idee chiave della teologia di Joseph Ratzinger – Benedetto XVI, Città del Vaticano, 43-65.
Ullmann, Walter (1955): The Growth of Papal Government, London.
VanDrunen, David (2006): Medieval Natural Law and the Reformation: A Comparison of Aquinas and Calvin, in: American Catholic Philosophical Quarterly 80(2006)77-98.
Vannini, Marco (2015): Storia della mistica occidentale, Firenze.
Villari, Rosario (Hg.) (1997): Der Mensch des Barock, Frankfurt/M.
Vogel, Manuel (2015): Die Ethik der „besseren Gerechtigkeit" im Matthäusevangelium, in: Zeitschrift für Neues Testament 36(2015)57-63.
Volp, Ulrich (2006): Die Würde des Menschen. Ein Beitrag zur Anthropologie in der Alten Kirche (SVigChr 81), Leiden / Boston.
Vowinckel, Annette (2014): Hannah Arendt, Stuttgart.
Washburn, Christian D. (2015): The Transformative Power of Grace and Condign Merit at the Council of Trent, in: The Thomist 79(2015)173-212.
Wawrykow, Joseph (1995): God's Grace and Human Action: „Merit" in the Thought of Thomas Aquinas, Notre Dame / In.
Weber, Helmut (1973): Todsünde – lässliche Sünde, in: Trierer Theologische Zeitschrift 82(1973)93-119.
Weber, Helmut (1991): Allgemeine Moraltheologie, Graz.
Weismayer, Josef (1990): Ein Blick in einen fernen Spiegel. Spätmittelalterliche Traktate über die Unterscheidung der Geister, in: Paul Imhof (Hg.), Gottes Nähe. Religiöse Erfahrung in Mystik und Offenbarung (FS J. Sudbrack), Würzburg 1990, 110-126.
Werner, Ernst (1956): Pauperes Christi. Studien zur sozial-religiösen Bewegung in der Zeit des Reformpapsttums, Berlin.
Westermann, Claus (1983): Genesis. 1. Teilband Genesis 1-11, Neukirchen-Vluyn.
Wetz, Franz Josef (Hg.) (2011): Texte zur Menschenwürde, Stuttgart.
Wimmer, Ruprecht (1995): Die Bühne als Kanzel: Das Jesuitentheater des 16. Jahrhunderts, in: Hildegard Kuester (Hg.): Das 16. Jahrhundert. Europäische Renaissance, Regensburg, 149-166.
Winkler, Gerhard B. (1991): Bernhard von Clairvaux und die Tradition der christlichen Mystik, in: Theologisch-praktische Quartalschrift 139(1991)67-73.
Winterer, Angelica (2005): Verkehrte Sexualität – ein umstrittenes Pauluswort. Eine exegetische Studie zu Röm 1, 26f in der Argumentations-

struktur des Römerbriefes und im kulturhistorisch-sozialgeschichtlichen Kontext, Frankfurt/M.
Wirz, Christian (2005): Der gekreuzigte Odysseus, Regensburg.
Witte, John (2008): Vom Sakrament zum Vertrag. Ehe, Religion und Recht in der abendländischen Tradition, Gütersloh.
Wolbert, Werner (1981): Ethische Argumentation und Paränese in 1 Kor 7, Düsseldorf.
Wolff, Peter (1996): Den Gefühlen trauen und den Kopf gebrauchen. Die Kunst der Entscheidung nach der Methode des Ignatius von Loyola, Freiburg/Br.
Wolter, Hans (1959): Bernhard von Clairvaux und die Laien. Aussagen der monastischen Theologie über Ort und Berufung der Laien in der erlösten Welt, in: Scholastik 34(1959)161-189.
Woschitz, Karl Matthäus (1984): De Homine: Existenzweisen. Spiegelungen, Konturen, Metamorphosen des antiken Menschenbildes, Graz.
Yisraeli, Oded (2016): Cain as the Scion of Satan: The Evolution of a Gnostic Myth in the Zohar, in: Harvard Theological Review 109(2016)56-74.
Yonnet, Paul (2011): La ritirata della morte. L'avvento dell' uomo contemporaneo, S. Maria Capua Vetere.
Zahner, Paul (1999): Die Fülle des Heils in der Endlichkeit der Geschichte. Bonaventuras Theologie als Antwort auf die franziskanischen Joachiten, Werl.
Zahner, Paul (2011): Bonaventura, der franziskanische Joachitismus und Joachim von Fiore. Die weitere Forschung nach den Bonaventura-Studien von Joseph Ratzinger, in: Marianne Schlosser / Franz-Xaver Heibl (Hgg.): Gegenwart der Offenbarung, Zu den Bonaventura-Forschungen Joseph Ratzingers Regensburg, 152-165.
Zepf, Siegfried (1997): Lust und Narzißmus, Göttingen.
Zuckmayer, Carl (1983): Die Fastnachtsbeichte, Frankfurt/M.

Personenregister

Agamben, Giorgio 53
Alkuin 112
Anselm von Canterbury 100
Arendt, Hannah 40, 110
Augustinus 16, 20, 28f, 40f, 43-51, 53ff, 56, 62-66, 69f, 85, 91f, 96, 98, 101f, 105, 126, 133
Bartolomé de Las Casas 119
Benedikt von Nursia 122, 126
Bernhard von Clairvaux 70, 102, 106
Blaise Pascal 136
Bonaventura 85, 91, 95ff, 102-106, 108, 134, 138
Brague, Rémi 101
Bremond, Henri 143
Calvin 63, 136, 141
Cyprian von Karthago 16
De Molina, Luis 33
Erasmus von Rotterdam 74
Flasch, Kurt 42
Francois Fénelon 137f, 141
Franziskus von Assisi 86, 107ff, 138
Franz von Sales 74, 133-144
Gelasius I. 50, 98
Gerl-Falkowitz, Hannah Barbara 35
Giovanni Pico della Mirandola 112
Gregor der Große, Papst 102
Gregor VII., Papst 93f, 99
Gregor von Nyssa 61
Gregor von Rimini 119
Guardini, Romano 32, 57, 140
Henri Bremond 143
Hiob 4, 16
Hugo Grotius 119
Ignatius von Loyola 121-124, 126-129, 131ff, 135, 138, 143
Innozenz III., Papst 86
Jacobus de Voragine 122

Jacques Bénigne Bossuet 141
Jean Pierre Camus 137
Joachim von Fiore 94ff, 103, 115f
Johannes Cassian 126
Johannes Paul II., Papst 82
Johannes vom Kreuz 128, 142
Juan Azor 90
Julian von Eclanum 65
Laktanz 17
Ludolf von Sachsen 122
Martin Luther 73, 124, 143
Meister Eckhart 70
Michel de Montaigne 143
Moltmann, Jürgen 116
Nikolaus I., Papst 67
Nikolaus von Kues 95, 112, 115
Origenes 62
Paulus 21f, 60f
Pelagius 65
Peter Abaelard 70
Plessner, Helmuth 114
Ratzinger, Joseph/Benedikt XVI. 66, 136
Robert Bellarmin 77
Rousseau, Jean-Jacques 6
Söding, Thomas 24
Spaemann, Robert 140
Taylor, Charles 51, 54
Tertullian 16
Tommaso Campanella 115
Thomas Hobbes 26
Thomas Morus 115
Thomas von Aquin 13, 67ff, 74, 85, 88, 90ff, 111, 121, 133f
Balthasar, Hans Urs von 113, 116, 135
Westermann, Claus 10, 14
Wilhelm von Ockham 91f, 111
Xenophon 7